高等学校人工智能通识教育系列教材

人工智能基础

主　编　曾安平　刘　益　覃凤清

副主编　万　敏　朱利红　黄　艳

参　编　周耀东　宋　敏　肖　倩　王毓乾
　　　　解启娜　赵云龙　周　海

中国教育出版传媒集团

高等教育出版社·北京

内容提要

　　本书以"积木式学习"为核心，旨在通过模块化、可视化的方式，让读者轻松掌握人工智能的核心技术与应用。本书以 BAIPLE 积木编程语言和 Python 编程语言双平台为载体，将复杂的 AI 知识拆解为可组合的"智能积木"，从编程基础到机器学习、深度学习，再到计算机视觉、自然语言处理等前沿领域，循序渐进地引导读者构建完整的 AI 认知体系。

　　书中不仅涵盖技术原理，还通过手写数字识别、斑马线检测、情感分析等生动案例，展示 AI 如何赋能现实场景。同时，本书融入生成式 AI（AIGC）和伦理思考，帮助读者在技术探索中培养人文视野。无论是零基础学习者还是专业开发者，都能通过本书在"玩转积木"的过程中激发创新潜能，迎接人机共生的智能时代。

　　本书适合作为高等学校非计算机专业的人工智能通识课程教材，也可作为相关技术人员的入门读物。

图书在版编目（CIP）数据

　　人工智能基础 / 曾安平，刘益，覃凤清主编 ；万敏，朱利红，黄艳副主编. -- 北京 ：高等教育出版社，2025. 9. -- ISBN 978-7-04-065620-6

　　Ⅰ. TP18

　　中国国家版本馆 CIP 数据核字第 2025GV5916 号

Rengong Zhineng Jichu

| 策划编辑　刘　娟 | 责任编辑　马　奔 | 封面设计　张　志 | 版式设计　马　云 |
| 责任绘图　杨伟露 | 责任校对　高　歌 | 责任印制　赵　佳 | |

出版发行	高等教育出版社	网　　址	http://www.hep.edu.cn
社　　址	北京市西城区德外大街 4 号		http://www.hep.com.cn
邮政编码	100120	网上订购	http://www.hepmall.com.cn
印　　刷	涿州市星河印刷有限公司		http://www.hepmall.com
开　　本	787 mm×1092 mm　1/16		http://www.hepmall.cn
印　　张	14.5		
字　　数	320 千字	版　　次	2025 年 9 月第 1 版
购书热线	010-58581118	印　　次	2025 年 9 月第 1 次印刷
咨询电话	400-810-0598	定　　价	29.50 元

前　言

人工智能（artificial intelligence，AI）正以革命性的力量重塑人类社会，从家庭音箱到智能家居，从自动驾驶到智慧城市，再到创意生成，其影响已渗透至生活的各个维度。在人工智能重塑世界的今天，学习 AI 不应只是复杂的公式推导，对非专业的读者而言，学习 AI 更应像搭积木般充满探索的乐趣。本书以"积木启智"为理念，将 AI 知识拆解为可组合、易于理解的模块。从编程基础、机器学习、深度学习等基础概念到自动驾驶等实践应用，从技术原理到伦理思考，每个章节都如一块积木，帮助读者循序渐进地构建认知体系。对于专业读者，本书也提供了由浅入深理解积木模块化生成的 Python 代码，便于读者修改并优化。同时，本书深度融合了"AI 赋能"理念，通过真实案例展示 AI 如何赋能产业、改变生活，并引导读者思考人机协同的未来。无论您是零基础学习者，还是希望拓展认知边界的探索者，本书都将以生动的语言和可视化的逻辑，带您在探索"智能积木"的过程中，理解 AI 的本质，激发创新潜能，共同迎接人机共生的新时代。

本书分为 8 章，内容涵盖绪论、BAIPLE 编程基础、机器学习、人工神经网络与深度学习、计算机视觉及其应用、自然语言处理、AIGC 以及人工智能伦理与安全等内容。各章的主要内容如下：

第 1 章对计算机和人工智能的概念，人工智能的发展历史、基本内容和主要研究领域进行了全面介绍。

第 2 章首先介绍积木式人工智能编程语言环境 BAIPLE，然后介绍数据、变量、输入输出、三大基本结构、函数等编程基础以及它们分别在 BAIPLE 和 Python 中的实现方式。最后，介绍了常用的 Python 库及其安装方式。

第 3 章介绍机器学习的相关概念、常用的分类与聚类算法原理，以及这些算法在应用场景中的 BAIPLE 与 Python 实现。

第 4 章主要介绍人工神经元与人工神经网络、BP 神经网络及其学习算法、深度学习、卷积神经网络、循环神经网络和生成对抗网络等基本概念与原理。同时，结合手写数字识别、猫狗分类等典型案例，阐述其在 BAIPLE 平台与 Python 中的实现方法和原理。

第 5 章聚焦计算机视觉及其应用，以 BAIPLE 与 Python 实现斑马线检测为具体案例，系统阐述了从图像采集、特征提取到目标识别的完整感知处理流程。

第 6 章介绍自然语言处理相关技术，通过 BAIPLE 平台与 Python 语言实现文本处理、酒店评论情感分析和语音识别等案例，系统介绍其基础概念、典型应用场景、文本处理、情感分析以及语音识别与合成等相关技术的实现与前沿。

第 7 章介绍生成式人工智能的相关概念、提示词和提示工程、自动生成文档、表格、演示文档、多模态数据、代码等。

第 8 章探讨人工智能伦理与安全、人工智能发展与挑战。

本书由宜宾学院曾安平总体设计，刘益和覃凤清进行策划、设计和统筹，内容分别由万敏、朱利红、黄艳、周耀东、宋敏、肖倩、王毓乾、解启娜、赵云龙等撰写和整理，部分案例由北京中软国际教育科技股份有限公司周海提供。

希望本书能成为读者探索人工智能的起点，在这个可能的领域里发现更多精彩。本书编写团队力求保障内容的准确性和可读性，但难免会有疏漏之处。若读者在阅读过程中发现任何问题或对某些问题有更深入的见解，欢迎随时与编写团队交流。编者邮箱：zengap@126.com。

编 者

2025 年 6 月

目　录

第1章　绪论

计算机是 20 世纪最伟大的科技发明之一，是人类科学技术发展史上的一个重要里程碑。随着现代科技的发展，计算机技术与信息技术已经渗透到人类社会的各个领域，成为人们学习、工作、生活中不可或缺的重要工具之一。而人工智能是研究如何使用计算机来模拟人类思维过程和智能行为的学科。当前，人工智能已经成为引领新一轮科技革命和产业变革的重要驱动力，人类正在飞速进入一个由人工智能驱动的全新时代。

1.1　计算机概述

1.1.1　计算机的发展

计算机是现代信息技术的核心，它的发展和应用对人类社会产生了深远的影响，并将继续推动人类文明的进步。本文将从以下几个方面对计算机进行介绍。

1. 什么是计算机

计算机是能存储程序和数据并且能在程序的控制下自动完成相应任务的一种电子设备，其主要任务是进行科学计算和数据处理。在科学计算方面，主要是对数值进行加工处理和计算，而数据处理则是对字符（包括文字）、图形、图像、声音等数据信息进行采集、组织、存储、加工、检索及发布的过程。计算机具有运算速度快、计算精度高、存储容量大、逻辑判断能力强、自动化程度高等特点。

2. 计算机的诞生与发展

计算机的诞生源自人类对计算工具的需求，出现过诸如绳结、算筹、算盘、计算尺、手摇机械计算机、电动机械计算机等多种计算工具。它们在不同的历史时期发挥了各自的作用，也孕育了电子计算机的设计思想和雏形。

1936 年，英国科学家艾伦·麦席森·图灵（Alan Mathison Turing）提出了一种抽象的计算模型——图灵机（Turing machine），这对现代数字计算机的一般结构、可实现性和局限性产生了深远的影响，为计算机的诞生和发展提供了理论基础。1946 年，美籍匈牙利裔科学家冯·诺依曼在图灵机的基础上设想了计算机的基本结构和工作方式，提出了存储程序的概念及计算机的组成和框架，最终制造出了实用的计算机。

1946年2月14日，世界上第一台电子数字积分计算机（electronic numerical integrator and computer，ENIAC）在美国宾夕法尼亚大学公之于世，如图1.1所示。ENIAC主要元件是电子管，最初是用于炮弹的弹道计算，经多次改进后成为可以进行各种科学计算的通用计算机，ENIAC的诞生标志着计算机发展史上的一个里程碑。

图1.1　ENIAC

从第一台计算机ENIAC诞生至今，主要经历了电子管、晶体管、集成电路、大规模集成电路四个发展阶段。各阶段计算机的基本情况如表1.1所示。

表1.1　各阶段计算机的基本情况

时代	电子元器件	存储部件	系统软件	应用范围
第一代（1946—1958年）	采用电子管，体积大、耗电多、速度低、成本高	采用磁鼓作为存储器	使用机器语言和汇编语言编制程序	主要用于科学计算
第二代（1958—1964年）	采用晶体管，体积小、速度快、功耗低、性能稳定	内存储器主要采用磁芯，外存储器主要采用磁盘和磁带	开始使用高级语言编制程序，出现了管理程序（操作系统的前身）	从科学计算逐步扩展到数据处理、事务管理和工业控制等方面
第三代（1965—1970年）	采用中、小规模集成电路（晶体管集成度达100~1 000个），体积更小、价格更低、可靠性更高、计算速度更快	采用半导体存储器，存储容量和存取速度大幅度提高	出现了操作系统、结构化程序设计等	进一步拓展到文字处理、自动控制与信息管理等方面
第四代（1971年至今）	采用大规模和超大规模集成电路（晶体管集成度达1 000~100万），性能大幅度提高，价格大幅度降低	半导体存储器集成度越来越高，外存储器还采用光盘、移动存储等	出现了数据库技术、网络通信技术、多媒体技术、面向对象的程序设计	社会、生产、军事和生活的各个领域

1.1.2　计算机系统组成及功能

1．冯·诺依曼体系结构

1946 年，冯·诺依曼提出了奠定现代计算机基础的冯·诺依曼体系结构，该结构指出了计算机系统结构的三个基本原则：①计算机采用二进制逻辑；②计算机遵循"存储程序控制"原理；③计算机由运算器、存储器、控制器、输入设备和输出设备五大部分组成。"存储程序控制"原理确立了现代计算机的基本工作方式，其基本思想就是将需要由计算机处理的问题，按确定的解决方法和步骤，编成程序，将计算机指令和数据用二进制形式存放在存储器中，由处理部件完成计算、存储、通信工作，并对所有计算进行集中的顺序控制，重复寻找地址→取出指令→翻译指令→执行指令这一过程，如图 1.2 所示。

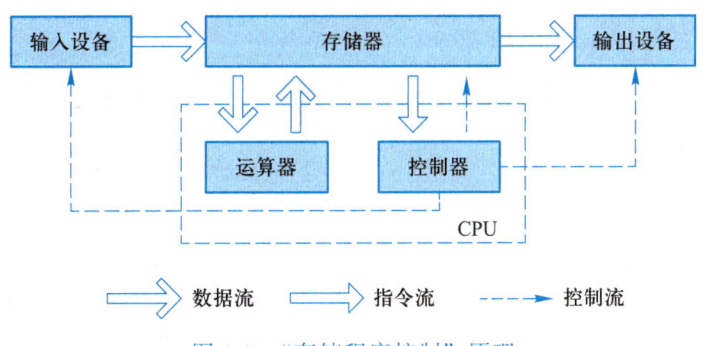

图 1.2　"存储程序控制"原理

2．计算机系统组成

一个完整的计算机系统是由硬件系统和软件系统两大部分组成的，如图 1.3 所示。硬件是指构成计算机的物理设备，而软件是为运行、管理和维护计算机而编制的各种程序、数据和文档的总称。计算机硬件系统和软件系统是不可分割的两大部分。没有软件支持的计算机是无法实现任何信息处理任务的，也叫做"裸机"，不能做任何事情；反之，软件若没有硬件设备支持，也无法运行。因此，硬件系统与软件系统之间是相辅相成的，缺一不可。

（1）计算机硬件系统

计算机硬件系统由运算器、存储器、控制器、输入设备和输出设备五大部分组成，各部分具体功能如下。

运算器又称算术逻辑单元（arithmetic logic unit，ALU），是计算机的核心部件，负责对信息的加工处理，它的主要功能是进行算术运算和逻辑运算。控制器（control unit，CU）是计算机的"神经中枢"和指挥中心，负责读取指令、分析指令，并发出各种控制信号协调计算机各部件运行，以完成各种操作任务。

存储器（main memory）是计算机记忆或暂存数据的部件，用来存放控制计算机工作过程的指令序列（程序）和数据。存储器分为主存储器和辅助存储器两部分。主存储器用于存放正在执行的程序和使用的数据，其成本高、容量小，但速度

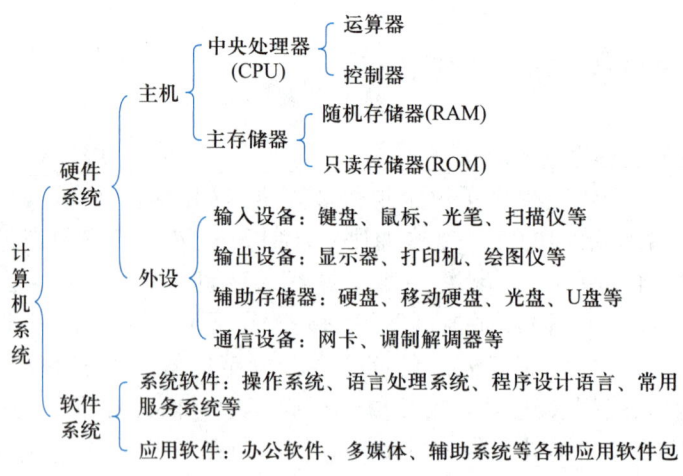

图 1.3　计算机系统组成图

快。辅助存储器可用于长期保存大量程序和数据，其成本低、容量大，但速度较慢。中央处理器只能直接访问主存储器中的数据，外存中的数据只有先调入主存储器后，才能被中央处理器访问和处理。

输入设备（input devices）负责向计算机输入命令、程序、数据等信息。常用的输入设备有键盘、鼠标、光笔、扫描仪等。输出设备（output devices）负责将计算机运算结果的二进制信息转换成人类或其他设备能接收和识别的形式，如字符、文字、图形、图像等。处理的结果或在屏幕上显示，或在打印机上打印，或在外部存储器上存放。常用的输出设备有显示器、打印机、绘图仪等。

（2）计算机软件系统

计算机软件系统主要由系统软件和应用软件两大部分组成。系统软件是负责管理、控制、协调和维护计算机硬件和软件资源的一种软件，主要包括操作系统、语言处理系统、程序设计语言和常用服务程序等，其核心是操作系统。应用软件则是为解决人们在生活或生产中各种具体问题或休闲娱乐而开发的各种程序，如 WPS Office 系列办公软件、多媒体工具软件、游戏休闲类软件等。应用软件必须有相应的硬件和系统软件支撑才能正常运行。

操作系统（operating system，OS）是管理和控制计算机中的硬件资源和软件资源，合理地组织计算机的工作流程，控制程序运行并为用户提供交互操作界面的程序集合。操作系统也是计算机与用户之间的接口，用户通过操作系统来管理和控制计算机。常见的操作系统有 Windows 系列、UNIX 操作系统、Linux 操作系统、Android 等手机操作系统、鸿蒙（Harmony）和欧拉（Euler）等华为操作系统（图 1.4）。

1999 年，时任中国科学技术部部长的徐冠华说，"中国信息产业缺芯少魂"，其中的芯指的是芯片，而魂则是指操作系统。为了解决"缺芯少魂"的问题，我国科研工作者做了不懈努力，其中就有华为的"铸魂"工程，华为着力打造的两个操作系统"鸿蒙+欧拉"，其中鸿蒙操作系统服务于智能终端、物联网和工业终端，欧拉不仅服务鲲鹏，也支持 X86。坚持核心技术的自主化是我国走向高质量发展的必经之路，也是我国自主研制操作系统的意义所在。

图 1.4　Windows 11 与鸿蒙操作系统（Harmony OS）

3. 算法、计算机语言与程序

计算的自动化需要依靠计算机语言、程序和算法。算法是计算系统中程序的灵魂，是计算机求解问题的步骤的表达。计算机语言又叫程序设计语言，是人与计算机之间通信的语言，它将算法描述成计算机可执行的程序指令。程序是为解决某一问题而设计的一系列有序的指令或语句的集合。算法要通过计算机语言来实现，用计算机语言将算法编写成程序之后，计算机就能够理解解决问题的步骤并执行相应的程序，三者关系如图 1.5 所示。

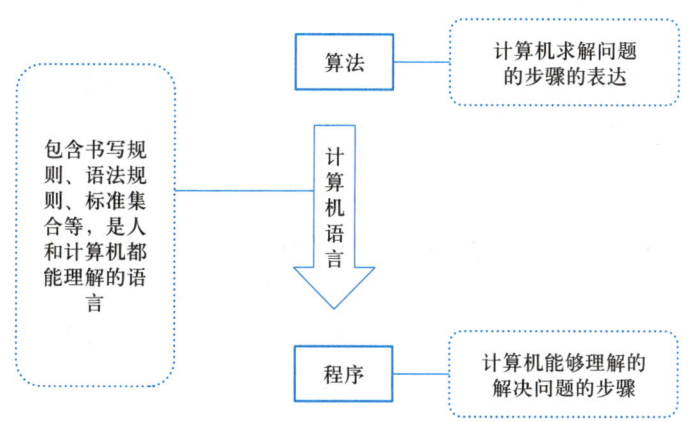

图 1.5　算法、计算机语言与程序之间的关系

通过一个查找纸质书籍页码的问题来理解这三者的关系和流程。问题的背景是，在书本里，每个页面的页码都是按照一定的顺序编排的，假设有这样一本书，一共有 100 页，现在要找到第 78 页。我们通常的查找方式是：①翻开书本约一半的页数，查看该页的页码是什么；②假设本页为 60，由于 78 位于 60 之后，所以排除书本前半部分，查找范围缩小到后半部分。不断重复步骤 1 和步骤 2，直至找到页码为 78 的页为止。看书找页码这个日常生活习惯，实际上就是著名的"二分查找"算法。然后用具体的计算机编程语言（如 C、Java、Python）编写程序代码来实现。

1.1.3　信息的表示

信息是有意义的数据，是被加工过的数据，计算机中信息的存储和传送都是用二进制数来表示的。

1.　信息的单位

（1）位

位又叫比特（bit，b），是二进制数位（binary digit）的缩写，在计算机中，位表示的是一个二进制数的一个数位，是计算机中信息存储的最小单位。一个位可以表示二进制中的"0"或"1"。

（2）字节

字节（Byte，B）是计算机中信息表示的基本存储单位，一个字节由8个二进位组成，即1 Byte=8 bit。除了字节外还有KB、MB、GB及TB等，它们之间的换算是：1 KB=1 024 B、1 MB=1 024 KB、1 GB=1 024 MB、1 TB=1 024 GB。

2.　计算机常用数制

计算机中常用的数制有二进制、八进制、十进制及十六进制。

（1）数码

表示进位数制的符号就是数码（数符），如二进制的数码是0和1。

（2）基数

基数（基）是指进位数制中的数码的个数，如十进制数的数码有10个，因此十进制的基数是10，同样的道理，二进制的基数是2，八进制的基数是8，十六进制的基数是16。

（3）位权

某进位计数制中各位数字符号所表示的数值大小等于该数字符号值乘以一个与数字符号有关的常数，该常数称为"位权"，简称"权"。位权的大小是以基数为底，数字符号所处的位置的序号为指数的整数次幂。例如，二进制1000，基数为2，数符1的位权是2的3次方（2^3），从右到左数，所以是3次方。十进制269中，基数为10，2的位权是10的2次方（10^2）。

3.　字符编码

在计算机中，字母、数字符号、符号等统称为"字符"，最常用的字符编码是1967年美国国家标准学会所制定的美国标准信息交换码（American standard code for information interchange，ASCII码），这个编码方案也是现在广泛采用的一种字符统一编码方案。

ASCII码用7位二进制（或最高位为0的8位二进制）编码来表示，编码范围为00000000~01111111，相当于十进制数的0~127，即2^7=128个字符，表1.2描述了ASCII码字符。其中，有96个可打印字符，包括常用的十进制数、英文字母和常用符号如运算符、括号、标点符号、标识符等，另外还有32个控制字符。

表 1.2 ASCII 码字符

后四位 $b_3b_2b_1b_0$ ＼ 前三位 $b_6b_5b_4$	000	001	010	011	100	101	110	111
0000	NUL	DLE	SP	0	@	P	`	p
0001	SOH	DC1	!	1	A	Q	a	q
0010	STX	DC2	`	2	B	R	b	r
0011	ETX	DC3	#	3	C	S	c	s
0100	EOT	DC4	$	4	D	T	d	t
0101	ENQ	NAK	%	5	E	U	e	u
0110	ACK	SYN	&	6	F	V	f	v
0111	BEL	ETB	'	7	G	W	g	w
1000	BS	CAN	(	8	H	X	h	x
1001	HT	EM	)	9	I	Y	i	y
1010	LF	SUB	*	:	J	Z	j	z
1011	VT	ESC	+	;	K	[	k	{
1100	FF	FS	,	<	L	\	l	|
1101	CR	GS	_	=	M	]	m	}
1110	SO	RS	.	>	N	^	n	~
1111	SI	US	/	?	O	_	o	DEL

1.2 人工智能的概念

人工智能又被称为机器智能或者计算机智能。区别于自然智能，人工智能是一门研究、开发用于模拟、延伸和扩展人的智能的理论、方法、技术及应用系统的新兴科学技术。

与其他新兴技术一样，要给人工智能下一个统一、公认、准确的定义目前而言是比较困难的。人类的自然智能（人类智能）与人类的活动紧密相依。人类的许多活动，如下棋、运动、解题、讨论、编程等都需要"智能"。如果机器可以实现包括但不限于以上的一些类似任务，就可以说机器已经具备了某种"智能"。不同学科背景和不同科学的学者对人工智能有不一样的理解，并提出了不一样的观点，人们将这些观点称为联结主义（connectionism）、符号主义（symbolism）、演化主义

（evolutionism）、行为主义（behaviorism）等。

1.2.1 智能的概念

智能可以被描述为感知或推断信息的能力，并将其作为知识保留下来，以便应用于不同的环境或背景中。它通常包括逻辑、理解、自我意识、学习、情感知识、推理、规划、创造力、批判性思维和解决问题的能力等多个方面。智能不仅存在于人类身上，也存在于其他动物身上，被称为自然智能（biological intelligence）。"智能"是一个复杂且多维的概念，在不同的学科领域和语境下有不同的含义。

从心理学角度来说，智能通常被视为个体在认知、学习、记忆、思维、问题解决、适应环境和心理加工等活动中的能力。例如，一个学生在解决复杂数学问题时，需要运用逻辑思维、对已有知识的记忆以及灵活的认知调整，这些过程体现了他的智能水平。

从生物学角度来说，智能是生物进化过程中形成的一种适应机制，与神经系统的结构和功能密切相关。在动物界，不同物种的智能水平与其大脑结构和复杂程度相关。

从人工智能领域来说，智能是指机器通过算法和程序所表现出来的能够模拟人类智能行为的能力。这种能力使机器可以完成诸如识别、理解、推理、决策、规划等任务。

1.2.2 智能的特征

智能的特征可以从多个角度进行描述。

1. 感知能力

智能体（包括人类、动物和智能机器）能够通过各种感官（如人类的五官、动物的特殊感觉器官、机器的传感器）来获取外界环境的信息。

2. 学习能力

智能体具有从经验、数据或环境中获取新知识、新技能或改变自身行为模式的能力。学习能力是智能体不断发展和适应变化的重要支撑。

3. 记忆能力

智能体能够存储和提取过去获取的信息，以便在需要时使用。记忆为学习、推理和决策等活动提供了数据支持，是智能体行为连续性和稳定性的保障。

4. 推理能力

智能体能够根据已知的事实、规则和知识，推导出新的结论、判断或预测。推理能力是思维的高级形式，体现了智能体对信息的加工和处理深度。

5. 解决问题的能力

智能体能够识别问题的存在，并利用自身的资源（如知识、技能、工具等）来找到解决问题的方案。解决问题能力是智能在实际应用中的综合体现，反映了智能体应对挑战和变化的能力。

6．适应性

智能体能够根据环境的变化来调整自己的行为、思维模式或内部状态，以保持良好的性能或生存能力。适应性是智能体在动态环境中的生存和发展之道。

7．创造性

智能体具有产生新颖、独特且有价值的想法、产品或行为的能力。创造性是智能的高级属性，它突破了常规思维和既有模式的束缚，为智能体的发展和进步提供了动力。

1.2.3　人工智能

人工智能是研究、开发用于模拟、延伸和扩展人的智能的理论、方法、技术及应用系统的一门新的技术科学。它涉及多个学科领域，包括哲学和认知科学、数学、神经生理学、心理学、计算机科学、信息论、控制论、不定性论等。人工智能的研究范畴广泛，涵盖自然语言处理、知识表现、智能搜索、推理、规划、机器学习、知识获取、组合调度问题、感知问题、模式识别、逻辑程序设计、软计算、不精确和不确定的管理、人工生命、神经网络、复杂系统、遗传算法等。

各国政府纷纷出台政策支持人工智能的发展，将其视为提升国家竞争力的关键。美国 2016 年首次发布《国家人工智能研发战略计划》（并于 2019 年更新），持续加大对 AI 研发的资金投入，在 AI 芯片、算法研发等核心领域处于领先地位，在自动驾驶、医疗诊断、金融分析等领域占据了重要地位。欧盟注重 AI 技术的伦理规范和可持续发展，在制定 AI 道德准则和监管框架方面走在世界前列，发布了《通用数据保护条例》，推动 AI 技术在智能交通、智慧城市等领域的应用。日本、韩国等国家也纷纷制定了各自的 AI 发展战略，积极参与全球竞争。当地时间 2024 年 3 月 21 日，联合国大会投票通过了第一个有关人工智能的决议草案，以确保这项新技术能够惠及所有国家、尊重人权并且是"安全、可靠和值得信赖的"技术。

我国政府高度重视 AI 技术的发展，并将其纳入国家战略规划之中，出台了一系列支持政策以促进产业发展。2017 年 7 月，国务院印发了《新一代人工智能发展规划》（简称《规划》），《规划》揭出了面向 2030 年我国新一代人工智能发展的指导思想、战略目标、重点任务和保障措施，为我国人工智能的进一步加速发展奠定了重要基础。2024 年 7 月，工业和信息化部、中央网络安全和信息化委员会办公室、国家发展和改革委员会、国家标准化管理委员会印发《国家人工智能产业综合标准化体系建设指南（2024 版）》（图 1.6），作为进一步加强人工智能标准化工作系统，加快构建满足人工智能产业高质量发展和"人工智能+"高水平赋能需求的标准体系的指南。在国家政策的大力支持和庞大市场需求的拉动下，中国的 AI 研究团队和企业在深度学习、自然语言处理等关键技术领域同样取得了不俗的成绩，中国企业数量占全球总量的 16%，并拥有大量的独角兽公司。

标　　题：	四部门关于印发国家人工智能产业综合标准化体系建设指南（2024版）的通知	发文机关：	工业和信息化部 中央网络安全和信息化委员会办公室 国家发展改革委 国家标准委
发文字号：工信部联科〔2024〕113号		来　　源：工业和信息化部网站	
主题分类：工业、交通\其他		公文种类：通知	
成文日期：2024年06月05日			

首页 > 政策 > 国务院政策文件库 > 国务院部门文件　　字号：**默认** 大 超大　｜　打印 收藏 留言　　

工业和信息化部 中央网络安全和信息化委员会办公室 国家发展和改革委员会 国家标准化管理委员会关于印发国家人工智能产业综合标准化体系建设指南（2024版）的通知

工信部联科〔2024〕113号

图 1.6　国家人工智能产业综合标准化体系建设指南（2024 版）

1.3　人工智能的发展简史

1.3.1　孕育期（1956 年以前）

人工智能技术经过了漫长的发展时期。早在公元前 384 年，亚里士多德（Aristotle）研究提出的三段论演绎推理就开始迈向人工智能发展的早期发展时期，可以将其视为原始的知识表示规范。三段论是以真言推理为前提的一种演绎推理，它借助一个共同的选项，把两个直言判断联系起来，从而得出最终结论。

1936 年，图灵创立了理想计算机模型的自动机理论，提出以离散量的递归函数作为智能描述的数学基础，同时给出了著名的图灵测试（turing test），为判断机器是否具有智能提供了行为主义的标准，即"如果一个机器设备与人类对话时，人类完全不能分辨出其与人类的差别，那么就可以认为这类设备具备思考的能力，也就是拥有了人类智能"，这为后来的人工智能研究提供了重要的理论基础。图灵关于人工智能早期的设想，使他当之无愧地被称为"人工智能之父"，图灵奖被称为"计算机界的诺贝尔奖"。1954 年 6 月 7 日，年仅 41 岁的图灵被发现死于家中的床上，床头还放着一个被咬了一口的苹果，这位计算机和人工智能的先驱就这样走完了一生，22 年后，乔布斯在创立个人计算机公司时，为纪念图灵，选择了一个被咬了一口的苹果作为公司的 Logo（图1.7）。在英伟达（NVIDIA）公司推出的高性能计算卡中，"图灵"被作为第六代计算架构的名称。

1943 年，麦克洛奇和皮兹发表了关于神经网络的数学模型，即 M-P 神

图 1.7　苹果公司 Logo

经网络模型（图 1.8），开创了神经计算时代，为后来人工智能中的神经网络研究提供了重要基础。1945 年冯·诺依曼提出存储程序概念，1946 年第一台计算机 ENIAC 研制成功，为人工智能的诞生奠定了物质基础，使得复杂的计算和数据处理成为可能。1948 年，香农发表了《通信的数学理论》，这标志着信息论的诞生，他提出人的心理活动可以用信息形式研究并给出数学模型。同年维纳创立控制论，为根据动物心理和行为科学进行计算机模拟研究和分析奠定了基础。

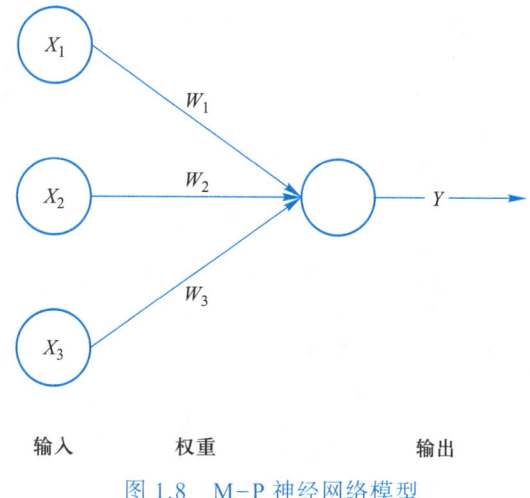

图 1.8　M-P 神经网络模型

1.3.2　形成期（1956—1970 年）

1956 年的达特茅斯会议具有重大历史意义，会上麦卡锡提议正式采用了"人工智能"这一术语，这标志着人工智能作为一门新兴学科正式诞生。此次会议聚集了众多领域的专家学者（图 1.9），之后美国形成了多个人工智能研究组织，如纽厄尔和西蒙的 Carnegie-RAND 协作组，明斯基和麦卡锡的 MIT 研究组，塞缪尔的 IBM 工程研究组等，并有力推动了人工智能的研究。

图 1.9　达特茅斯会议合影

在这一时期，符号主义是人工智能研究的主要方法，通过符号表示和逻辑推理来模拟人类智能。例如，1955 年，纽厄尔和西蒙编写了"逻辑专家"程序，这被认为是第一个人工智能程序；1957 年，该小组又开发了"通用解题机"，可解决诸多常识问题。1958 年，麦卡锡开发的 LISP 程序设计语言，成为后来 AI 研究所用语言的基础。1968 年，斯坦福研究所开发了 Shakey 机器人，首次整合了感知、推理与行动能力，成为现代机器人学的先驱。至此，人工智能在定理证明、模式识别、问题求解等领域取得初步成果，在自然语言处理领域，也有了一些早期的探索和尝试。

1.3.3 发展（1970 年至今）

知识工程（knowledge engineering，KE）与专家系统（expert system，ES）兴起（1970—1980 年）：1970 年卡内基梅隆大学开始在计算机系内研究人工智能，麻省理工学院、斯坦福大学、卡内基梅隆大学成为人工智能和计算机科学的三大中心。这一时期，专家系统成为研究热点，它通过模拟人类专家的决策过程，在特定领域解决复杂问题，如 DENDRAL 系统在化学领域用于预测有机化合物的结构，MYCIN 系统用于医学诊断等。1977 年，费根鲍姆提议使用"知识工程"这一名词，强调了知识在人工智能系统中的重要性。

神经网络（neural network，NN）与机器学习（machine learning，ML）的发展（1980—1990 年）：随着专家系统局限性的逐渐暴露，20 世纪 80 年代起，人工智能研究转向神经网络和机器学习。反向传播算法（back propagation，BP）等技术的出现推动了神经网络的发展，使其在模式识别（pattern recognition，PR）等领域取得了一定成果。同时，支持向量机（support vector machine，SVM）等机器学习算法也不断涌现，为数据挖掘（data mining）、数据分析（data analysis）等提供了有力工具。

大数据（big date）与深度学习（deep learning）的爆发（21 世纪初至今）：进入 21 世纪，计算机硬件性能大幅提升，大数据技术快速发展，为人工智能提供了海量的数据资源。深度学习技术在此基础上取得重大突破，如卷积神经网络（convolutional neural network，CNN）在图像识别、语音识别等任务上接近甚至超越了人类水平，自然语言处理领域的大型语言模型（如 Chat GPT 等）在文本生成、机器翻译、对话系统等任务中表现出色。同时，人工智能技术在医疗、金融、交通、教育等众多领域广泛应用，推动了各行业的智能化发展，如自动驾驶汽车、医疗影像分析、智能金融风险控制等。

1.3.4 国内发展历程

我国的人工智能主要从 20 世纪 70 年代末期开始起步，并蓬勃发展于 21 世纪初期，现已上升到国家战略层面。我国的人工智能历程基本分为发展起步期、蓬勃发展期、全面推进期。

1. 发展起步期

1978 年 3 月，全国科学大会在北京召开，会上号召"向科学技术现代化进军"，同时派遣大批留学生赴发达国家学习研究现代科技，其中就包括人工智能和模式识别等学科领域。20 世纪 80 年代初期，钱学森等科学家主张开展人工智能研究，中国的人工智能研究活跃了起来。1986 年，智能计算机系统、智能机器人和智能信息处理等重大项目均被列入国家高技术研究发展计划（简称 863 计划）。1989 年，首次召开了中国人工智能联合会议。

2. 蓬勃发展期

进入 21 世纪后，开展了更多的人工智能与智能系统研究课题，并与我国国民经济和科技发展的重大需求相结合，代表性的研究有视觉与听觉的认知计算、面向 agent 的智能计算机系统、中文智能搜索引擎关键技术、智能化农业专家系统、虹膜识别、语音识别、人工心理与人工情感、未知环境中移动机器人导航与控制等。

3. 全面推进期

2017 年国务院印发的《新一代人工智能发展规划》提出了新一代人工智能发展分三步走的战略目标。2018 年 1 月，成立国家人工智能标准化总体组、专家咨询组，负责全面统筹规划和协调管理我国人工智能标准化工作。2019 年 5 月 16 日，国际人工智能与教育大会在北京召开，会上强调，中国愿同世界各国一道聚焦人工智能发展前沿问题，深化合作。2024年 7 月，《国家人工智能产业综合标准化体系建设指南（2024 版）》发布，为进一步加快人工智能产业高质量发展和"人工智能+"高水平赋能提供了指南。

在我国，人工智能已广泛赋能智慧金融、智慧医疗、智能制造、智慧能源等领域（图 1.10），在全球 AI 版图中的核心地位日益凸显。

图 1.10　2023 世界人工智能大会（上海）

1.3.5　三大驱动要素

人工智能的三大驱动因素为数据、算力和算法，接下来详细介绍一下这三个因素。

1. 数据

随着互联网的普及、物联网设备的广泛应用以及移动互联网的发展，数据呈现爆发式增长。社交媒体、在线购物、智能设备等产生了海量的文本、图像、音频、视频等多类型数据，为人工智能提供了丰富的学习素材，如医疗领域的大量病例数据、金融领域的交易记录等。

高质量的数据是训练出优秀人工智能模型的基础，数据标注则是让数据更具价值的关键环节。准确、一致的数据标注有助于模型理解数据的含义和特征，从而更好地进行学习和预测。例如，在图像识别中，对图像中的物体进行准确标注，可使模型学会识别不同物体的特征。

数据的多样性对于人工智能的发展也至关重要。不同来源、不同领域的数据能够让模型学习到更广泛的知识和模式，从而提高其在各种复杂场景下的泛化能力和适应性，使其能够更好地应对现实世界中的多样性问题。

2. 算力

随着计算机硬件技术的不断进步，特别是图形处理器（GPU）、张量处理器

（TPU）等专用计算芯片的出现和发展，极大地提高了计算机的处理速度和并行计算能力，能够满足人工智能复杂模型训练和大规模数据处理的需求。例如，英伟达的 GPU 在深度学习中广泛应用，大大加快了模型训练的速度。华为推出了基于达芬奇架构的昇腾系列 AI 芯片。

云计算为人工智能提供了强大的计算资源支持，使得企业和研究机构不需要购置大量昂贵的硬件设备，即可通过网络按需获取计算能力，降低了人工智能的应用门槛，著名的如阿里云、华为云、腾讯云、天翼云等云服务提供商（图 1.11）。

图 1.11   著名云服务商

除了硬件升级外，通过算法优化、任务调度策略和资源管理技术等手段，对算力进行合理优化和分配，可以进一步提高算力的利用率和整体性能，使人工智能系统在有限的计算资源下发挥出更大的效能。

3. 算法

传统机器学习算法如决策树、支持向量机、朴素贝叶斯、逻辑回归等算法，在数据分类、预测、回归分析等方面有着广泛应用，为人工智能的早期发展奠定了基础，并在许多领域取得了不错的效果，如垃圾邮件过滤、客户流失预测等。

近年来，深度学习算法取得了重大突破，如卷积神经网络在图像识别领域的出色表现、循环神经网络（recurrent neural network，RNN）及其变体长短期记忆网络（long short-term memory，LSTM）、门控循环单元（gated recurrent unit，GRU）等在自然语言处理中的成功应用以及生成对抗网络（generative adversarial network，GAN）在图像生成、数据增强等方面的独特优势，推动了人工智能在多个领域的快速发展，使人工智能的性能和效果得到了显著提升。

强化学习、迁移学习、联邦学习等新型算法的出现，为人工智能的发展注入了新的活力。强化学习通过让智能体在环境中不断试错学习来实现最优决策，在机器人控制、游戏等领域有重要应用；迁移学习则能够将在一个领域学到的知识和经验迁移到其他相关领域，提高模型的学习效率和泛化能力；联邦学习允许在不同数据所有者之间进行模型训练，保护数据隐私的同时实现数据共享和模型优化，为人工智能在隐私保护要求较高的场景下的应用提供了可能。

1.4   人工智能的基本内容

1.4.1   知识表示

在进入知识表示的概念学习之前，先来看一个关于水果识别的案例。在水果识别案例中，我们可以定义一个"水果"框架，该框架包含如下属性。

名称：水果的名称。

颜色：水果的颜色。

口感：水果的口感（如甜、酸、脆等）。

产地：水果的主要产地。

是否可食：是否可以直接食用。

是否需要冷藏：是否需要冷藏保存。

根据以上属性，使用具体的香蕉和苹果的案例来进行填充说明（表 1.3）。

表 1.3 水果识别案例

属性	苹果的值	香蕉的值
名称	苹果	香蕉
颜色	红色、绿色	黄色
口感	甜、脆	甜、软
产地	中国、美国	菲律宾、厄瓜多尔
是否可食	是	是
是否需要冷藏	是	否

在上述水果识别的案例中，对水果属性的描述，就使用到了知识表示中的框架表示法。通过这种框架表示法，可以清晰地组织和存储关于水果的相关知识。

知识表示是人工智能领域中的一个核心概念，它涉及将人类知识编码成机器可以理解和处理的形式。知识表示是人工智能系统中用于存储、组织和使用知识的形式和方法，它关注如何构建一个模型，使得计算机能够模拟人类对现实世界的理解和推理过程。麦卡锡既是"人工智能"这一术语的提出者，也是知识表示领域的先驱之一，他提出了逻辑表示方法，强调通过逻辑和符号系统来表示知识。

知识表示可以实现知识共享，使得知识可以被不同的程序或系统共享和使用；知识表示为人工智能系统提供推理的基础，以解决问题和做出决策；知识表示可以发现知识之间的新联系。

知识表示的主要形式包括逻辑表示法、语义网络、本体论、产生式规则、框架表示法、贝叶斯网络、神经网络等。

知识表示可以应用到专家系统、自然语言处理、机器人导航、智能教育以及自动诊断等领域。

1.4.2 机器感知

行人在通过十字路口时，会观察红绿灯的变换情况，根据"红灯停、绿灯行"的规则从斑马线上安全通过十字路口。而对于驾驶员而言，则需要在斑马线前礼让行人。人工智能还未发展如此迅猛之前，智能驾驶尚未大范围普及，如何减少交通事故的发生，多靠驾驶员以及同行人员的观察。如今，不论是国内还是国外汽车市场，智能驾驶都在逐渐引入汽车制造中，智能驾驶可以减少人为操作失误、降低交通事故发生的风险、解放驾驶员的双手等。

智能驾驶技术通过多种先进技术的融合，使汽车具备部分或完全自动的驾驶能力，是机器感知的一个具体应用。

机器感知是指机器通过各种传感器和相关技术获取、处理并理解外部环境信息的能力，它是实现机器智能化行为的基础，使机器能够像人类一样对周围的事物、声音、图像等有感知和认知。

通过机器感知，可以完成以下内容：创建外部世界的内部模型，以便机器可以对其进行预测和决策；从原始数据中提取有用的信息；使机器能够与人类或其他机器进行有效交互。

机器感知的主要类型包括视觉感知、听觉感知、触觉感知、嗅觉感知、味觉感知、位置感知等。这些类型均需要通过物理设备模拟人类的感知系统，实现机器的视觉、听觉、触觉等行为。机器感知本质上就是通过对传感器收集的信号进行滤波、增强、压缩等处理得到处理后的数据，从处理后的数据中提取有助于识别和理解的关键特征，再通过算法对特征进行分类和识别，以辨别不同的模式和对象，最后通过神经网络等深度学习模型来提高感知任务的性能。

机器感知的难点主要在于如何在有噪声和干扰的环境中准确感知；如何处理不同条件下收集到的多样性和复杂性数据；如何在有限的计算资源下实现快速感知和响应；如何确保感知系统在不同环境和条件下都能稳定工作。

机器感知可以应用到自动汽车驾驶、机器人、医疗诊断、智能家居等领域。

1.4.3　机器思维

2016 年，AlphaGo 在与韩国围棋世界冠军李世石的比赛中获胜，引起了全球范围内的关注，它是第一个在围棋比赛中击败了世界冠军的计算机程序（图 1.12）。AlphaGo 的成功应用为人工智能技术的发展开辟了广阔的未来。AlphaGo 的实现是基于深度学习和强化学习技术，学习人类棋手的棋谱和自我博弈进行深度学习，同时使用强化学习进行训练和优化。由此可见，AlphaGo 已具备机器思维。

机器思维是指让机器（通常是计算机及其相关系统）具备类似人类思维的能力，能够对输入的信息进行处理、分析、推理、判断等操作，以实现特定的目标或完成特定的任务，本质上是通过一系列算法和程序来模拟人类思维过程。

与人类思维相比，机器思维更快、更准确，不会因为疲劳、情绪变化等因

图 1.12　"人机"大战

素而出现失误；可以通过增加计算资源和数据量来扩展其能力，不受人类大脑的物理限制；可以通过编程来实现特定的功能和目标，具有高度的灵活性；机器思维的结果具有高度的可重复性，相同的输入会得到相同的输出。

机器思维可以应用到机器翻译、智能客服、智能写作等自然语言处理领域，自动驾驶、安防监控、医学图像分析等计算机视觉领域，预测、分类、聚类等机器学习领域，疾病预测与诊断、药物研发加速等医疗保健领域以及信用评分优化、智能投顾平台等金融服务行业。

1.4.4　机器学习

机器学习是一门多领域交叉学科，涉及概率论、统计学、逼近论、凸分析、算法复杂度理论等多门学科。它专门研究计算机怎样模拟或实现人类的学习行为，以获取新的知识或技能，重新组织已有的知识结构使之不断改善自身的性能。

机器学习包括监督学习（supervised learning，SL）、无监督学习（unsupervised learning，UL）、半监督学习（semi-supervised learning，SSL）以及强化学习（reinforcement learning，RL）四种类型，接下来将简单介绍这四种类型的机器学习。

1. 监督学习

监督学习是指从标记的训练数据中学习一个模型，当给定新的数据时，可以根据这个模型预测相应的输出。标记的数据意味着数据集中的每个样本都有一个已知的输出值或者目标值。常见的监督学习方法有线性回归（line regression）、逻辑回归（logistics regression）、决策树（decision tree）和支持向量机。

例如，在房价预测问题中，我们有一套房子的面积、房间数量等特征（输入），同时也知道这套房子的实际价格（输出）。通过对大量带有价格标签的房子数据进行学习，我们可以构建一个模型，比如线性回归模型。当有新的房子特征数据输入时，模型就能预测出该房子的价格。

监督学习的准确性高，通常能够达到较高的预测精度；许多监督学习算法（如线性回归、决策树）简单易懂，容易实现；适用范围广，可以应用于回归（如房价预测）和分类任务（如垃圾邮件检测），涵盖多种应用场景。

虽然监督学习的优点众多，但仍存在一些不足之处。监督学习依赖于带有标签的训练数据，获取这些数据可能成本较高；模型过于复杂或训练数据不足，可能导致模型在训练集上表现很好，但在测试集上表现不佳；模型的性能高度依赖于训练数据的质量和多样性，如果训练数据与实际应用场景差异较大，模型可能无法很好地泛化。

2. 无监督学习

区别于监督学习，无监督学习是指在没有标记的数据集中寻找模式或结构。它的目标是发现数据中的内在规律，如数据的分布、聚类等情况。无监督学习处理的是没有标签的输入数据。算法需要通过自身的机制来发现数据中的隐藏结构或规律，而不是依赖于预先定义的输出标签。常见的算法有 k 均值聚类（k-means clustering）算法、基于密度的空间聚类算法、主成分分析算法（principal component analysis，PCA）、奇异值分解算法（singular value decomposition，SVD）、Apriori 算法等。

　　例如，在客户细分的应用场景中，我们有大量客户的消费数据，如购买频率、购买金额等，但没有预先定义的客户类别标签。通过无监督学习算法，如 k 均值聚类算法，可以将客户分为不同的群组。每个群组内的客户具有相似的消费行为模式，这样商家就可以针对不同群组的客户制定不同的营销策略。

　　无监督学习不需要预先标记的数据，降低了数据准备的成本；能够自动发现数据中的隐藏模式或结构，适用于探索性数据分析；适用于各种类型的数据，包括图像、文本、时间序列等。但无监督学习的结果通常需要人工解释，难以直接评估其"正确性"；数据的噪声、异常值或分布不均匀可能严重影响结果；某些无监督学习算法（如谱聚类）计算复杂度较高，不适合大规模数据。

　　无监督学习常用于市场细分、社交网络分析、异常检测等任务中。

3．半监督学习

　　半监督学习是一种介于监督学习和无监督学习之间的机器学习方法，它利用少量的标注数据和大量的未标注数据进行学习，以提高模型的性能。

　　半监督学习算法主要分为几种：基于图的算法、基于概率的算法和生成对抗网络（GANs）。

　　南京大学周志华教授在半监督学习领域做出了重要贡献。他提出了协同训练（co-training）范式，这是一种经典的半监督学习方法，通过两个不同的视角（如不同的特征集或不同的模型）来训练模型。他的研究推动了半监督学习在多个领域的应用和发展。赵申教授在半监督学习的理论和应用方面做出了重要贡献。他提出了基于局部和全局一致性的半监督学习算法，该算法通过优化一个目标函数来确保数据的局部和全局一致性。

　　半监督学习主要应用在标记数据稀缺的情况下，如某些医学图像分类任务中。Onofrey 等人提出了一种基于统计变形模型的低维非刚性图像配准方法，该方法通过利用半监督学习，提高了医学图像配准的精度和效率。

　　半监督学习算法减少了对大量标注数据的依赖，降低了标注成本；利用未标注数据的结构信息，增强模型的泛化能力。半监督学习算法的优点十分显著，但缺点也不容忽视。半监督学习算法训练过程可能较为复杂，计算成本较高；对数据质量敏感，未标注数据的质量和分布可能影响模型性能。

4．强化学习

　　强化学习是一种序列决策方法，智能体（agent）通过与环境（environment）的交互来学习如何做出最佳决策。智能体根据当前状态选择动作，环境则根据动作反馈新的状态和奖励信号。智能体利用这些信息不断更新策略，以最大化长期累积奖励。

　　例如，在机器人控制领域，机器人（智能体）在一个房间环境（环境）中行动。它的行动可以是向前走、向后走、转弯等。当机器人成功到达指定位置（目标）时，它会得到一个正的奖励，如+1；如果碰撞到障碍物或者走错方向，就会得到一个负的奖励，如 -1。通过不断地在这个环境中尝试行动并接收奖励反馈，机器人可以学习到一个最优的行动策略，从而高效地到达目标位置。著名的算法有 Q-学习、深度 Q 网络等。

强化学习常用于机器人控制、游戏 AI、自动驾驶等任务中。

强化学习自主学习能力强，智能体通过试错学习，能够适应复杂和动态的环境；强化学习适用于多种类型的任务，包括连续动作空间和离散动作空间；与监督学习不同，强化学习不需要大量标注数据。但强化学习的训练过程可能非常耗时，尤其是对于复杂的任务；智能体的表现高度依赖于环境的反馈和奖励设计；在某些情况下，强化学习算法可能难以收敛到最优策略。

机器学习是人工智能的核心技术之一，通过从数据中学习模式和规律，使计算机能够自动完成复杂的任务。它涵盖了多种学习范式和算法，适用于广泛的应用场景。随着技术的不断发展，机器学习正在推动人工智能在各个领域的突破和创新。

1.4.5 机器行为

机器行为主要是指机器（如机器人、智能软件系统等）在环境中的动作表现和对外界刺激的反应。它类似于人类或动物的行为，不过是由机器通过程序、算法以及硬件设备来实现的。这些行为可以是物理动作，比如机器人的肢体运动，也可以是虚拟动作，如软件系统在网络环境中的数据传输、信息处理等操作。

机器行为包括预设行为、自适应行为、学习行为。预设行为由程序员明确编写和设定的程序或脚本控制；机器能够根据环境的变化和输入数据自动调整其行为的方式称为自适应行为；通过机器学习算法从数据中学习规律和模式，从而改进其行为的方式称为学习行为。

机器行为主要应用于工业自动化、服务业、医疗保健、交通管理、智能家居等行业中。

但目前机器行为也存在一些挑战。

1. 安全性

确保机器行为的安全性和可靠性是至关重要的，特别是在涉及人类生命安全的领域，如自动驾驶、医疗手术等。

2. 伦理问题

机器行为可能引发一系列伦理问题，如隐私侵犯、偏见和歧视等，需要在设计和应用过程中加以考虑和解决。

3. 人机交互

如何使机器行为更好地与人类行为协调和互动，提高人机交互的自然性和效率，是一个重要的研究课题。

4. 复杂环境适应性

在复杂多变的环境中，机器行为需要具备更强的适应能力和鲁棒性，以应对各种不确定性和挑战。

1.5 人工智能的主要研究领域

人工智能技术发展迅猛，已经进入人类社会的各个领域，成为新一轮科技革命、产业变革和社会经济发展的重要驱动力，在深度学习、自然语言处理、计算机视觉、智能机器人、数据挖掘与知识图谱等应用领域备受关注。

1.5.1 深度学习

深度学习是机器学习的分支，它模拟人脑神经网络的结构和功能，通过构建深层次的神经网络来解决复杂的问题。深度学习的应用非常广泛，常见的有物体检测、语音识别、环境识别等。

1. 物体检测

物体检测是指从图像中确定物体的位置，并进行分类，如经典的机器学习分类挑战——猫狗大战，就是从多张猫狗图片数据集中（图 1.13），高精度地实现猫狗分类（图 1.14）。

图 1.13 多张猫狗图片集

图 1.14 猫狗分类结果

2．语音识别

语音识别也是深度学习应用的一个热门领域。比尔·盖茨曾说："语音技术将使计算机丢下鼠标键盘"。语音助手和智能音箱是语音识别技术最为常见的应用之一。例如，科大讯飞语音引擎、华为的"小艺"、小米的"小爱同学"、苹果的"Siri"、谷歌的"Google 助手"等都是基于语音识别技术实现的，它们可以通过语音指令帮助用户完成各种任务，如查询天气、播放音乐、发送短信等。语音识别技术在电话客服中也有广泛应用，语音识别可以让客户直接用语音与系统进行交互，无须按键选择。这种方式不仅提高了客户的体验，还减轻了客服人员的工作负担。

3．环境识别

自动驾驶中，正确识别周围环境的技术尤为重要，这是由于要正确识别时刻变化的环境、红绿灯、自由来往的车辆和行人，深度学习的"力量"备受期待，例如，基于 CNN 的神经网络 SegNet，可以高精度地识别行驶环境。得益于人工智能、传感器技术、5G 网络和计算能力的进步，自动驾驶的发展前景广阔，全球知名经济咨询机构 IHS 预测，到 2040 年，全球将有超过 3 300 万辆自动驾驶汽车上路。

1.5.2 自然语言处理

自然语言处理是计算机科学结合人工智能技术实现有效分析、理解和生成人类自然语言的一种方法和技术，有助于计算机和人类之间的沟通和交流。计算机对自然语言的形、音、义等信息进行处理，即对字、词、句、篇章的输入、输出、识别、分析、理解、生成等的操作和加工。换句话说，自然语言处理就是计算机接受用户自然语言形式的输入，并在内部通过人类所定义的算法进行加工、计算等系列操作，以模拟人类对自然语言的理解，并返回用户所期望的结果。

自然语言处理在现实生活中有大量的实际应用，包括文本生成、机器翻译、语音合成、文本摘要、文本分类、文本校对、信息抽取、垃圾邮件分类、文本情感分析等。文本自动生成是自然语言处理的一个重要领域，它的目标是未来计算机可以像人类一样写作，自动撰写高质量的文本。在日常生活中，撰写商业文案、广告词，定制旅行攻略，进行知识问答，设计游戏剧情等，只需要给 AI 一个角色+提出要解决的问题+目标+具体要求，就能快速生成所需的内容。例如，你正在撰写一篇关于气候变化的文章，通过文本自动生成工具，你可以快速获得相关的统计数据、历史背景和最新的研究成果，大大节省了查找资料的时间，还可以将自己的观点融入文章中，形成一篇独具个人特色的作品。

1.5.3 计算机视觉

视觉是人类认知世界的重要组成部分，而计算机视觉是使用计算机模仿人类视觉系统的科学技术。计算机视觉技术利用摄像机以及计算机替代人眼对目标进行识别、跟踪、测量、判别、分析、理解，并进一步做图形处理，最终目标是使计算机具备人类的视觉能力，能看懂图像内容，理解动态场景，自动提取图像、视频等视觉数据中蕴含的层次化语义概念及多语义概念间的时空关联等。

计算机视觉是人工智能的一个重要分支，目前在智能安防、自动驾驶汽车、医疗影像分析、零售管理、工业产品缺陷检测、作物和产量监测等领域具有重要的应用价值。

在自动驾驶中，通过机器学习和计算机视觉技术，自动驾驶汽车能够自主导航和做出驾驶决策，例如，特斯拉 Autopilot 技术（图 1.15）利用多个摄像头、传感器和雷达来感知周围环境，实现自动变道、加速和刹车等功能。计算机视觉应用于医学成像，如 CT 扫描、MRI 和 X 射线，可以检测癌症、阿尔茨海默病等疾病的早期迹象，帮助制定手术计划和监测治疗进展，浙江大学研发的病理 AI 助手 OmniPT（图 1.16）能够在 3 秒内精准锁定癌症病灶，大大提高了诊断的效率和准确性。

图 1.15 特斯拉 Autopilot 自动辅助驾驶

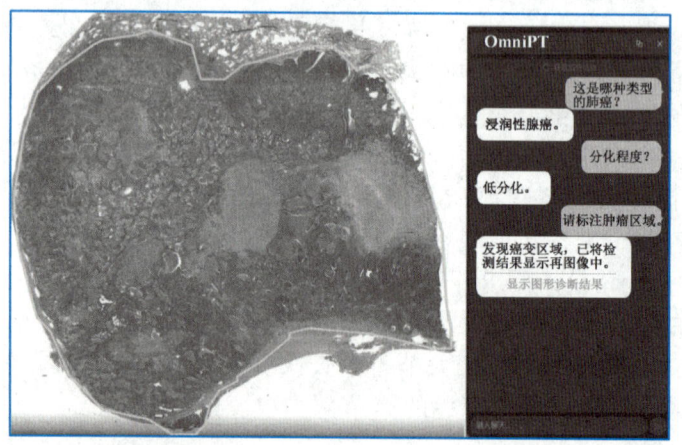

图 1.16 浙江大学 AI 病理助手 OmniPT

在零售行业中，计算机视觉技术可以用于货架监测、商品识别、库存管理等任务，提高零售管理的效率和准确性。在智能安防中，通过计算机视觉技术，可以实现人脸识别、行为分析、异常检测等安防监控功能，提高公共安全的水平，智能门锁、智能摄像头等智能家居设备提高了家庭生活的便捷性和安全性。

1.5.4　智能机器人

智能机器人是一个在感知、思维及行为方面全面模拟人的机器系统，人工智能为机器人提供了"大脑"，通过深度学习、强化学习等先进技术，赋予机器人更强的智能决策能力和自主学习能力，使其能够更好地适应复杂多变的工作环境。目前，对智能机器人的发展影响较大的人工智能关键技术主要包括智能感知（多传感器融合）技术、智能人机交互（人机接口）技术、智能导航与规划技术等。

人类自古以来就对机器人及其技术有无限的好奇。中国早在春秋战国时期就有相关记载。《墨子》中曾提到"公输子削竹木以为鹊，成而飞之，三日不下"，说的就是公输班（鲁班）在两千多年前就已经造出能在空中飞行三日的飞鸟，如图 1.17 所示。1920 年，卡雷尔·恰佩克在他的科幻小说《万能机器人》中创造性地提出了 robot（机器人）这个词。1966 年到 1972 年间，美国斯坦福国际研究所研制了移动式机器人 Shakey，Shakey 具备一定人工智能，能够自主进行感知、环境建模、行为规划并执行任务（如寻找木箱并将其推到指定目的位置），可以算是世界上第一台智能机器人。

随着技术的进步，智能机器人的应用也越来越广泛，给各个领域带来了巨大的变化，如科研国防领域的军用机器人、水下机器人，服务领域的送餐机器人、扫地机器人，工业领域的装配机器人、物流仓储机器人，医用领域的机器人等。

2023 年 12 月 13 日，埃隆·马斯克公布特斯拉的第二代人形机器人 Optimus Gen 2 的产品演示，Optimus（擎天柱）第二代机器人拥有 AI 大模型的加持，在平衡控制、抓取准确性以及智能大脑等方面均有所提升，其分类、拿取物体的速度已经能和正常人类保持一致。Optimus Gen 2 质量比一代减少 10 kg，步行速度加快 30%，身体控制能力增强；手部关节全新升级，活动更加自然，手指部分搭载触觉传感器，能更精准地抓握细小易碎物品，如抓鸡蛋等动作，如图 1.18 所示，同时，Optimus Gen 2 还可以做多个深蹲动作，在行走跑动以及更复杂运动状态下能够与人类一样正常自主行走。

图 1.17　公输班造飞鸟

图 1.18　机器人 Optimus Gen 2

与此同时，中国也正加大推进人形机器人产业发展，北京、深圳、上海先后发布产业支持政策。在 2025 年央视春晚中，著名电影导演张艺谋携手杭州宇树科技、新疆艺术学院带来的《秧 BOT》节目出圈，如图 1.19 所示。舞台上，宇树科技的人形机器人扭动着身体跳起了东北大秧歌，表演着转手绢的高超技巧与踢腿的精准灵动，与新疆艺术学院的舞蹈演员们默契共舞，人机互动，带来了一场别开生面的视觉盛宴，让观众真切感受到人形机器人时代的脚步正越来越近。

图 1.19　秧 BOT

此次表演的机器人是宇树科技 Unitree H1 "福兮"，谐音 "伏羲"。Unitree H1 是全球首款能完成原地空翻的全尺寸电驱人形机器人，应用 AI 驱动全身运动控制技术，能够高精度 3D 激光 SLAM 自主定位和导航、多智能体协同规划、先进组网方案和全身 AI 运动控制。在春晚表演上，Unitree H1 经过了 AI 训练，能够执行精准的舞蹈动作，最大关节扭矩能达到 360 N·m，加上 360° 全景深度感知技术，能精准掌握周围环境的一举一动。此外，Unitree H1 还能 "听懂" 音乐，根据音乐实时调整动作。

在未来，智能机器人有望在更多领域得到广泛应用，如宇宙探测、海洋开发、军事、医疗护理、家庭服务、工业生产、应急救援、娱乐等，将大大减轻人类的劳动负担，提高人类的生活质量和工作效率，曾经只在科幻小说、科幻电影中见识的画面，正在一步一步地成为现实。

1.5.5　自动程序设计

传统编程需要人工编写和维护大量的代码，对于复杂的任务和系统，工作量会很大。而 AI 在一定程度上具有自我学习和自动调整的能力，可以根据新的数据和情境进行迭代和改进，具有一定的灵活性和可扩展性。与传统的编码方式相比，自动程序设计的编码服务更加高效和智能化，能够自动生成高质量的代码，大大提高编码效率和质量，更好地满足用户的实际需求。

例如，深度求索代码员（DeepSeek Coder）是一个由杭州深度求索（DeepSeek）

公司开发的创新开源项目，提供从小型到大型的代码语言模型，支持广泛的编程任务，为用户提供智能代码编写、测试、修复以及数据分析等多种功能，助力提升编程效率和代码质量。此外，常见的 AI 编程工具还有 TensorFlow、豆包 MarsCode、GitHub Copilot 等。本书实验所采用的 BAIPLE，也是一种可视化的模块化编程语言，采用类似玩乐高玩具的方式用一块块图形对象构建出应用程序，如图 1.20 所示。每个图形对象都是代码块，使用者只需要用鼠标拖动相关的图形对象，以拼图的方式即可构建出程序。这种开发方式降低了门槛，更容易理解，使编程不再高深莫测，让越来越多的人接触到编程，应用到生活中。

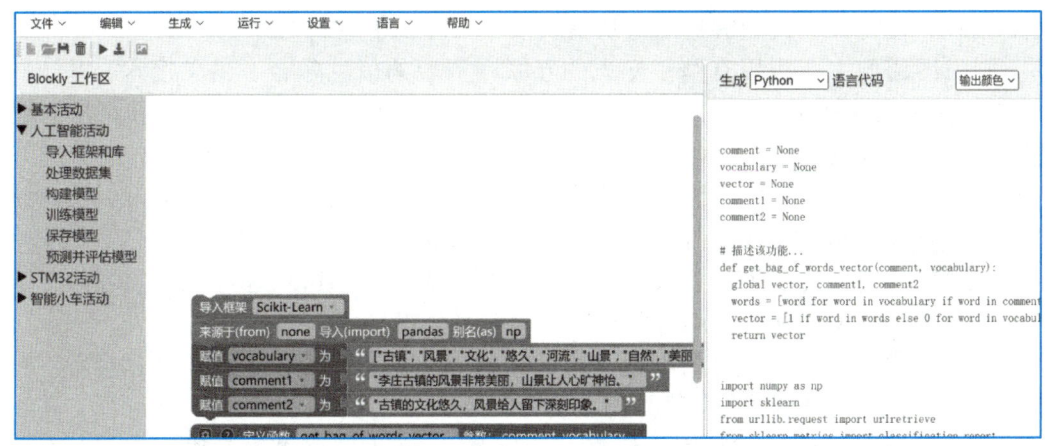

图 1.20　BAIPLE 界面

1.5.6　数据挖掘与知识图谱

1．数据挖掘

数据挖掘是指从大量的数据中自动搜索隐藏其中有着特殊关系的数据和信息，并将其转换为计算机可处理的结构化表示的过程，是人工智能领域研究的热点，致力于在大规模、不完全、有噪声、模糊随机的数据集中提取隐含其中、潜在有用的未知知识。数据挖掘在社交网络、异常检测、强化学习、迁移学习、聚类、分类、知识图谱等领域研究热度较高。

2025 年 1 月 20 日，DeepSeek 发布其最新开源模型 DeepSeek-R1，引发全球人工智能领域巨大关注。DeepSeek 是一种基于深度学习和数据挖掘技术的智能搜索与分析系统，应用领域非常广泛，主要涵盖了软件开发、数据挖掘分析、自然语言处理、教育培训、内容创作、科研探索等多个方面，展现出其强大的多功能性。在数据挖掘和分析领域，DeepSeek 的模型能够处理和分析大量的数据，提取出有价值的信息和规律，为企业决策提供依据。

DeepSeek 的诞生具有重要意义，为我国科技发展打了一针"兴奋剂"，有力地提升了民族自豪感与战略底气。DeepSeek 完全开源，这使得产业链上下游的企业和开发者都能从中受益，他们可以基于此开展各类创新应用，成为其生态建设的积极贡献者，促使模型应用呈现出多元化、繁荣发展的态势。此外，相较于各科技巨头不断构建更大规模算力集群来训练更强大的模型，DeepSeek 向用户展示了通过精巧的算法优化，可以在低一个数量级算力消耗的情况下生产出顶尖性能的模型，因而还以其低推理成本在业界获得了"AI 界的拼多多"的称号。

2. 知识图谱

知识图谱是一种结构化的、语义化的知识表示方式，将海量知识及其相互联系组织在一张大图上，用于知识的管理、搜索和服务，帮助计算机理解和处理人类语言。知识图谱通常是一个大型的、半结构化的、面向主题的、多模态的知识库，其中包含了各种实体、关系和属性等信息，这些信息通过一系列的算法和模型进行处理和推理，使得计算机能够自动地从中获取、推理和生成新的知识。

知识图谱的主要应用有基于知识的互联网资源的信息融合、语义搜索、基于知识的问答系统、基于知识的大数据分析和挖掘、专家系统、智能推荐和精准营销等，已成为业界的热门工具。

例如，清华大学的科技情报知识服务引擎 AMiner，是一个学术搜索和社会网络挖掘研究的重要数据和实验平台，具有完全自主知识产权，包含了超过 3.2 亿学术论文/专利和 1.33 亿学者的科技图谱，用户可以使用 AMiner 进行特定领域的专家搜索、研究热点发现和研究趋势分析、机构关系分析等。

再如，我们在淘宝等电商平台进行购物时，知识图谱可以进行个性化推荐、智能问答等，提高用户购买满意度。通过分析用户的行为数据（如浏览记录、购物记录等）和商品特性（如品牌、价格、评价等），知识图谱可以为用户推荐符合其购买意愿的商品。当用户在购物时遇到商品信息不清楚的情况，可以通过输入问题，智能问答系统会通过知识图谱分析用户的问题，并提供准确的答案，提升用户体验。

1.6 本 章 小 结

本章介绍了计算机的基本概念和系统组成，重点阐述了人工智能的概念特征、发展历史和基本内容，比较详细地分析了人工智能主要的研究领域，涉及深度学习、计算机视觉、自然语言处理、智能机器人、知识图谱等。当前，人工智能技术与传统行业深度融合，推动传统产业智能化转型，为人类的生产和生活带来革命性的转变。未来，AI 技术将朝着更加智能化、人性化和普及化的方向发展。多模态融合技术将使 AI 能理解和处理更丰富的信息，实现更自然的人机交互。同时，随着 AI 技术的广泛应用，伦理和安全问题将受到更多关注，全球将加强在 AI 监管和道德准则制定方面的合作，确保 AI 技术造福人类。

1.7　本 章 习 题

1. 一款性能均衡、功能丰富且便携的学习用计算机已成为大学生日常学习不可或缺的工具，这款计算机需要能够高效应对文字处理、图表制作和编程学习等任务，同时也要满足在线课程学习、多媒体内容创作和娱乐休闲的需求。作为大学生的计算机配置顾问，请你向一位即将步入大学校园的学生以简洁明了的方式介绍计算机的基本结构，清晰地讲解计算机系统的核心组成部分，并阐述各部分的功能。

2. 什么是人工智能？试从学科和能力两方面加以说明。

3. 简述人工智能的发展历程，其间哪些思想和思潮起了重要作用？

4. 人工智能有哪些应用领域？请举例说明其在自己熟知的专业领域中的应用。

5. 知识表示的常用方法有哪些？

6. 什么是图灵测试？它在人工智能发展中的意义是什么？

7. 智能机器人的快速发展对人工智能和智能制造将会产生什么影响？

8. 人工智能发展的三大驱动要素是什么？请简要进行阐述。

9. 在人工智能发展的热潮下，作为一名大学生，谈谈自己如何面对人工智能潮流。

第 2 章　BAIPLE 编程基础

前面我们介绍了人工智能的基本概念、发展历程和基本内容，大家对人工智能有了一个初步的认识。我们接下来会逐步介绍机器学习、深度学习、计算机视觉等内容，并进行相关算法的模拟实现。在此之前，我们要先认识工作环境——积木式人工智能编程语言环境（blockly artificial intelligence programming language environment，BAIPLE），我们后续的工作都将在这个环境中进行，读者应该熟悉并掌握这个环境的使用方法。

此外，我们还要先了解什么是积木式编程，对积木式编程环境和工具有初步认识后，再通过一些案例在 BAIPLE 中进行实践。

2.1　积木式编程

所谓积木式编程，顾名思义，就是通过组装积木块来编写程序。真正的编程语言是通过英文（或者其他语言的文字）来写代码的，但是积木式编程语言把编程语言中的不同元素设计成了不同类型的积木，大幅降低了学习编程的难度。再加上丰富的内置背景和角色以及自带的绘画板和声音编辑器，极大地提高了学习编程的乐趣。常见的积木式编程工具有 Google Blockly、Viple、Scratch、NXT&EV3 和 BAIPLE 等。

2.1.1　Google Blockly

Google Blockly 是谷歌发布的一款完全开源的，基于网页的可视化编程工具库，它集合多种编程语言的编程工具，可以使用计算机端、手机或平板电脑移动端随时随地完成编程设计。用户可以以离线或者在线的方式在 Windows、Linux、MC 和 Android 平台上的浏览器端进行编程操作。离线使用都是免安装的，只需从 Github Blockly 网站中复制或解压后，进入 demos 目录，打开 index.html 即可体验。Windows 系统可下载 Zip File，并继续解压即可；Linux 系统可下载 TAR Ball，在终端进行文件解压。

2.1.2　Viple

Viple 是一个由亚利桑那州立大学（Arizona State University，ASU）开发的视觉物联网/机器人编程语言环境。开发者只需绘制应用程序的流程图，而不需要辨析文本代码。在开发环境中的编译工具能够把流程图直接转换成可执行的程序，从而使软件开发变得更容易、更快速。整个软件的开发就是一个简单的拖放过程。Viple 是免费的，可以在其官方网站上进行下载。

2.1.3　Scratch

Scratch 是由麻省理工学院媒体实验室开发的一款面向青少年的可视化编程软件。Scratch 通过色彩丰富的指令积木来创建动画情境、互动游戏等项目，侧重于培养学生创造力和逻辑思维，提升其解决问题的能力。

2.1.4　NXT&EV3

乐高的 NXT&EV3 是一个可视化机器人应用开发环境，针对乐高 NXT 和 EV3 机器人，广泛用于中学课程中的机器人编程。

2.1.5　BAIPLE

BAIPLE 是在 Google Blockly 的基础上专门针对人工智能进行二次开发的积木式编程语言环境。用户通过积木式编程平台，既可以完成一般结构化程序的积木搭建并自动生成 Python、JavaScript、PHP、C 语言代码并运行，也可以完成机器学习、深度学习、自然语言处理等人工智能程序的编制与数据集训练。该平台还接入了 STM32 等嵌入式编程，经内置的编译器编译后写入嵌入式系统的硬件开发板中，可以完成智能小车的无人驾驶实践。

BAIPLE 等积木式编程语言是专门为软件编程初学者培养计算思维而设计的。不过，BAIPLE 可不仅仅是个玩具。实际上，BAIPLE 在功能上非常接近真实的代码编程语言，可以编写出非常复杂的程序。

2.2　BAIPLE 开发环境

2.2.1　环境准备

BAIPLE 是免费的，可从网上下载。下载软件并解压后打开 BAIPLE.bat 即可体验。下载包中包含 sourcecode、js 几个文件夹。其中，sourcecode 文件夹用于存放教材的案例、练习和作业中需要使用的数据集、积木 XML 文件和 Python 文件以及相关的素材等。

2.2.2 认识 BAIPLE 主界面

BAIPLE 环境界面包含菜单栏、菜单工具栏、工具箱、工作区和代码生成区，如图 2.1 所示。

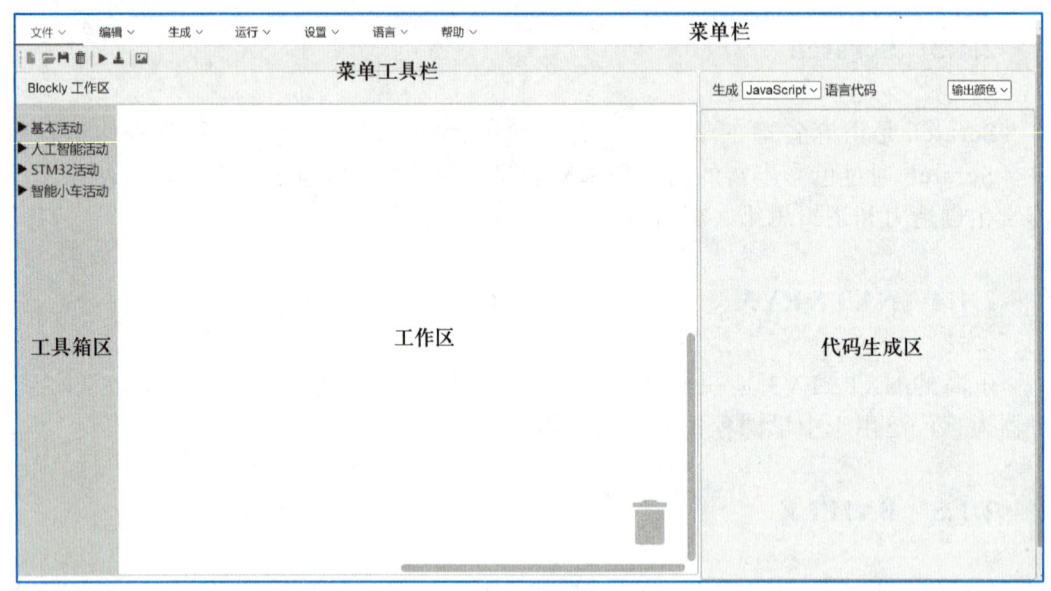

图 2.1 BAIPLE 环境界面

菜单栏包含文件、编辑、生成、运行、设置、语言和帮助等一级菜单。每一级菜单下面还有二级菜单，单击一级菜单即可将隐藏的二级菜单展开。

（1）文件

"文件"菜单包含新建、打开、保存和退出四个二级菜单。BAIPLE 开发会产生两类文件。一类是 XML 文件，扩展名为.xml。该类文件保存的是积木程序本身，主要是针对从积木工具箱中拖放到工作区而搭建的积木块，以 XML 文件的形式存放到本地。另一类文件是由积木文件自动生成的高级语言代码文件。代码文件扩展名根据用户选择要生成的目标语言而定。Python、JavaScript、PHP、C 语言代码文件的扩展名分别是.py、.js、.php 和.c。这里的文件操作均是针对 XML 文件的操作。新建、打开和保存三个二级菜单在菜单工具栏对应有自己的工具图标（见图 2.2 前三个）。单击"打开"和"保存"菜单项或工具栏图标都会弹出如图 2.3 所示的对话框，输入文件名即可完成打开或者保存。

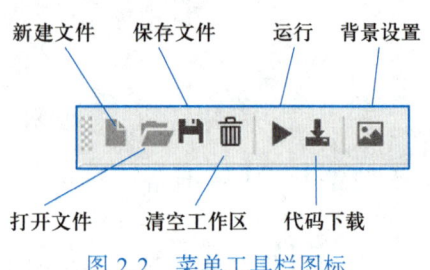

图 2.2 菜单工具栏图标

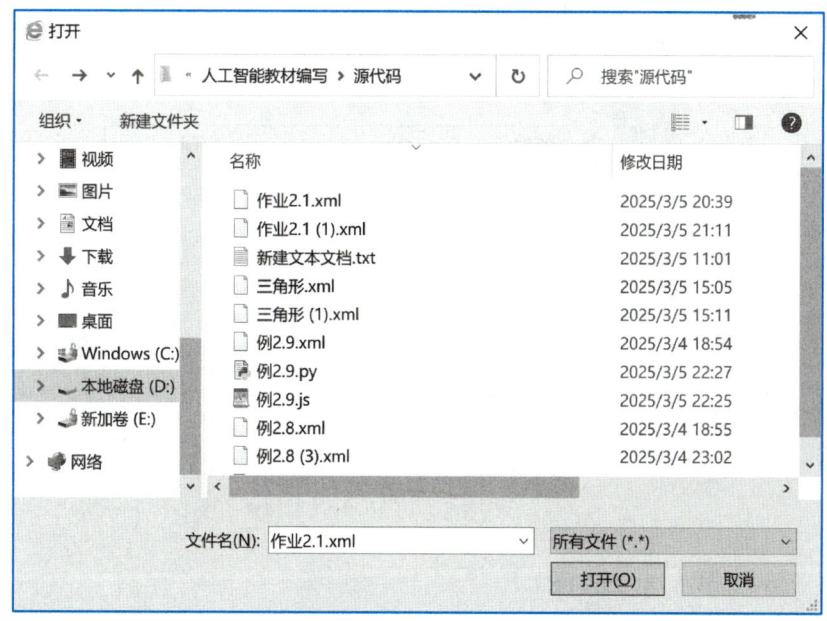

图 2.3　"打开"对话框

（2）编辑

"编辑"菜单包含清空、撤销和重做三个二级菜单。清空是将工作区的积木清除，清除将会放入工作区下方的垃圾桶中。工作区中的积木块也可以直接拖入垃圾桶完成单个或者多个积木的删除。删除后的积木块可以从垃圾桶中重新拖入工作区再次使用。"清空"子菜单在菜单工具栏有对应的"清空"图标，单击图标和单击菜单效果等同。

（3）生成

"生成"菜单包含代码生成、代码下载和代码导入三个子菜单。代码生成是根据右侧下拉列表选择的目标语言而将工作区的积木块重新生成一遍，生成后的代码将在代码生成区显示。"代码下载"子菜单是将生成后的代码下载到本地。用户可以单击"运行"菜单运行代码，也可以在下载的代码基础上进行二次开发后在其他环境中运行。代码下载在菜单工具栏有对应的下载工具图标。

（4）运行

"运行"菜单的作用是将工作区的代码生成为目标代码后运行并在弹出的页面中显示运行结果，如图 2.4 所示。"运行"菜单在菜单工具栏有对应的三角形工具图标。

（5）设置

"设置"菜单中主要有背景设置和颜色设置两个子菜单，主要对弹出的目标页面进行背景设置、颜色设置和其他设置。单击"背景设置"子菜单后可以在弹出的对话框中选择要设置的背景图片作为输出页面的背景。单击"颜色设置"子菜单可以设置输出页面的字体颜色（该功能也可以在页面右侧的"输出颜色"下拉列表框中设置）。

图 2.4　弹出式结果输出页面

2.2.3　开发第一个 BAIPLE

打开下载包中的 BAIPLE.bat 即可进入开发环境。

例 2.1　在屏幕输出数据"宜宾学院是一所美丽的大学，我热爱她！"。

步骤如下。

① 从左侧工具箱的"数据"类积木中拖入一个文本数据块到屏幕中间的工作区，如图 2.5 所示。

② 在引号中输入"宜宾学院是一所美丽的大学，我热爱她！"，如图 2.5 所示。

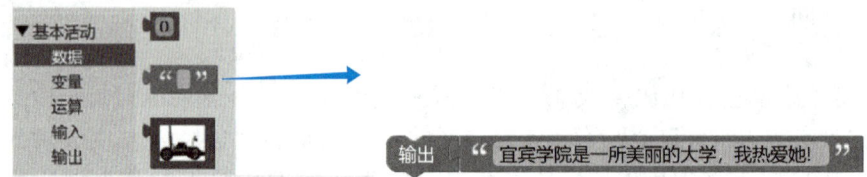

图 2.5　拖入文本数据块并输入文字

③ 从工具箱"输出"类中拖入文本输出块到工作区，如图 2.6 所示。

④ 将刚准备好的数据块拖动放置到输出块的后方替换"abc"块，如图 2.7 所示。

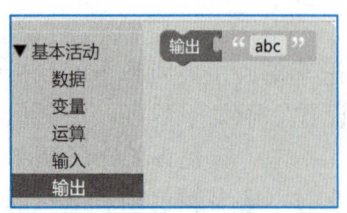

图 2.6　输出类输出块 　　　　　　　　　　　　图 2.7　输出文字

⑤ 单击上方菜单工具栏的三角形图标运行代码，在弹出页面中显示输出结果，如图 2.8 所示。

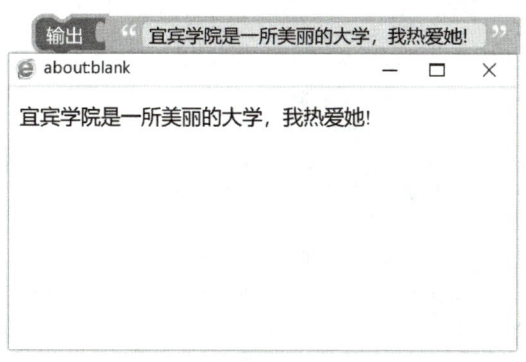

图 2.8　运行并显示输出结果

⑥ 同时观察代码生成区产生的代码，选择不同的语言观察程序代码有什么不一样，如图 2.9 所示。

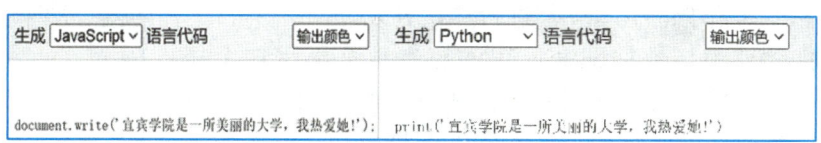

图 2.9　不同的语言不一样的代码

2.3　基　本　活　动

BAIPLE 积木工具箱包含所有组成积木的积木块工具。图 2.10 列出了 BAIPLE 基本活动、人工智能活动、STM32 活动和智能小车活动。本书主要介绍前面两个活动板块。本章介绍基本活动，人工智能活动将在后续章节中介绍。

2.3.1　数据

数据是事实或观察的结果，是对客观事物的逻辑归纳，是用于表示客观事物的未经加工的原始素材。它是可识别的、抽象的符号，不仅指狭义上的数字，还可以是具有一定意义的文字、字母、数字符号等的组合（文本）、图形、图像、音频、视频等。

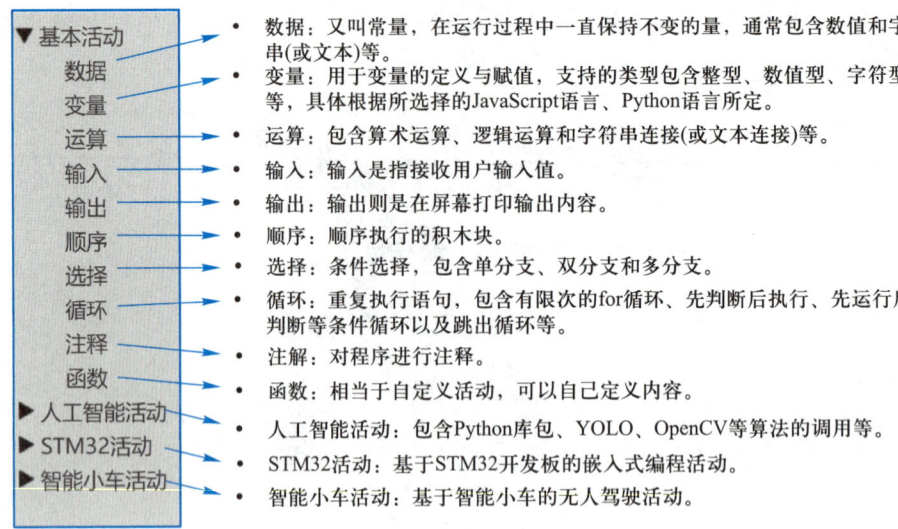

图 2.10　BAIPLE 积木工具箱

BAIPLE 只开放了三种数据，即数字、文本和图像，如图 2.11 所示。用户可以参照 Google Blockly 网站上面的例子自己设置工具箱中的积木块，进行二次开发。

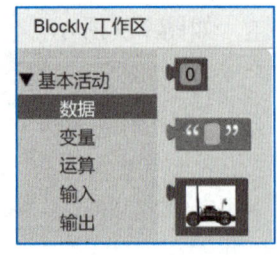

图 2.11　三种数据类积木块

计算机领域中与数据配套使用的还有数据类型这个概念。数据类型是用于指定数据的结构和行为的类别，通常分为基本数据类型、复合数据类型和特殊数据类型。基本数据类型包含如下类型。

① 整数（integer）：没有小数部分的数字，可以是正数、负数或零。

② 浮点数（float/double）：有小数部分的数字，用于表示实数。

③ 字符（character）：单个字母、数字或符号。

④ 字符串（string）：字符的序列，用于表示文本。

在高级语言中，有些字符串和字符有特定的含义，见表 2.1。

表 2.1　特殊字符与字符串

特殊字符/字符串	描述	示例
\n	换行符，用于在字符串中换行	print（"Hello\nWorld"）输出 Hello 和 World 分两行显示
\t	制表符，用于在字符串中插入一个制表符	print（"Name:\tAlice"）输出 Name: 后跟一个制表符，然后是 Alice
\\	反斜杠，用于插入一个反斜杠字符	print（"Path: C:\\Users\\Alice"）输出 Path: C:\Users\Alice
\'	单引号，用于在字符串中插入一个单引号	print（'He said, \'Hello\''）输出 He said, 'Hello'

特殊字符/字符串	描述	示例
\"	双引号，用于在字符串中插入一个双引号	print（"She said, \"Hi\""）输出 She said, "Hi"
\r	回车符，将光标移动到当前行的开头	print（"Hello\rWorld"）输出 World（覆盖掉前面的 Hello）
\b	退格符，删除光标前的一个字符	print（"Hello\bWorld"）输出 HellWorld（o 被删除）

⑤ 布尔值（boolean）：真（true）或假（false），用于逻辑判断。

除了基本数据类型外，有些高级语言还有复合数据类型和特殊数据类型。其中复合数据类型如下。

① 数组（array）：具有相同数据类型的一组元素，通过索引访问（下标从 0 开始）。数组元素在内存中是连续存储的，因此访问速度较快。数组一旦定义长度就不可改变。数组形如：numbers=[1, 2, 3, 4, 5]。numbers[0]=1, numbers[1]=2。

② 列表（list）：与数组类似，但通常更加灵活，元素类型可以不同，长度可变，也是通过索引访问(下标从 0 开始)。列表元素在内存中不是连续存储的。列表形如：

empty_list=[]　# 空列表

numbers=[1, 2, 3, 4, 5]　# 整数列表

mixed_list=[1, "apple", True, 3.14]　# 混合类型列表

nested_list=[[1, 2], [3, 4], [5, 6]]　# 嵌套列表

③ 元组（tuple）：固定长度的有序集合，元素类型可以不同（在某些编程语言中）。

④ 字典（dictionary/map）：键值对的集合，通过键来访问值。

⑤ 对象（object）：包含数据和方法的复合结构，用于面向对象编程。

除了上述数据类型外，还有一些特殊数据类型。

① 日期和时间（date/time）：用于表示日期和时间的信息。

② 空值（null/none）：表示缺失值或不存在的数据。

2.3.2　变量

变量是程序设计中的一个核心概念，用于存储数据值，并且这个值在程序运行期间是可以改变的，改变变量值的过程叫赋值。一个变量在计算机内存中有一个存储位置，不同数据类型的存储值在定义变量时具有不同长度的存储空间。不同的程序设计语言变量赋值的方式不同。在 C 语言等语言中定义变量的同时必须要指定数据类型，而在 Python、JavaScript 等语言中则不需要。在 Python 高级语言中给变量命名时需要遵守一定的规则，违反这些规则将引发错误。具体规则如下。

1. 合法性

① 变量名必须由字母（a~z，A~Z）、数字（0~9）和下划线（_）组成。

② 变量名不能以数字开头。

③ 变量名不能是语言中的关键字或保留字，如 if、else、for 等。

2. 可读性

① 变量名应具有描述性，能够清晰地表达变量的用途或含义。

② 遵循命名约定，如驼峰命名法（youName）、下划线命名法（you_name）或按照开发团队约定命名。

如图 2.12 所示，变量类积木块有定义变量、给变量赋值、给变量加 1 和变量引用。

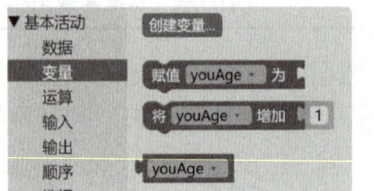

图 2.12　变量积木块

例 2.2　定义一个变量名为 youAge 的年龄变量，并对其赋初始值 18。

步骤如下。

① 如图 2.12 所示，单击工具箱"基本活动"类中"变量"类中的"创建变量"选项，在弹出的对话框中输入变量名称，在右侧会出现变量类的积木块。

② 按住赋值块并将其拖动至工作区。

③ 从数据类中拖入数据"0"到工作区中的赋值块并接入其尾部，并将"0"修改为"18"，如图 2.13 所示。

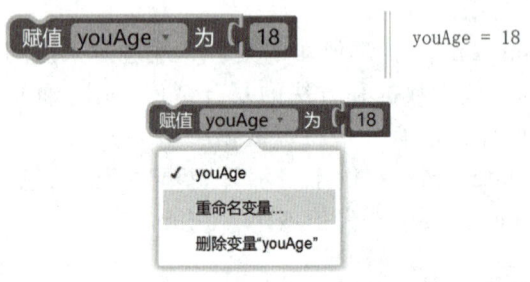

图 2.13　给变量赋值

注意：如果要更改变量的名称，则单击变量的下拉列表处进行重命名。

2.3.3　运算

常规的运算包含算术运算和逻辑运算，为简化操作，本节在运算类中将文本运算、关系运算、列表运算等包含其中，如图 2.14 所示。

（1）文本运算

文本运算，又叫字符串连接运算，是将多个文本进行合并形成一个新的文本

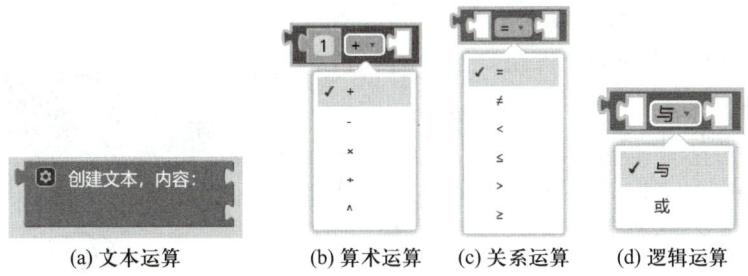

(a) 文本运算　　　(b) 算术运算　(c) 关系运算　(d) 逻辑运算

图 2.14　运算类积木块

（见图 2.14），常用于辅助结果的输出显示。

例 2.3　通过文本运算将例 2.2 中的变量 youAge 打印输出为"小宜的年龄为 18岁"。

步骤如下。

① 从工具箱运算类中将文本运算块拖入工作区。

② 从工具箱数据类中拖入文本数据块到文本运算块的尾部第一个输入缺口处并输入文字"小宜的年龄为"。

③ 从工具箱变量类中拖入变量 youAge 到文本运算块的尾部第二个输入缺口处，如图 2.15 所示。

图 2.15　输出小宜的年龄

④ 从工具箱输出类中拖动输出块到工作区，并将文本运算块拖动替换输出的文本，运行代码会发现后面少了一个"岁"字。

⑤ 单击文本运算块左上方的星号处，在弹出的窗口中沿着箭头拖动一个项目放在右侧的两个项目下方，将拼接第三个输入项目，如图 2.16 所示。

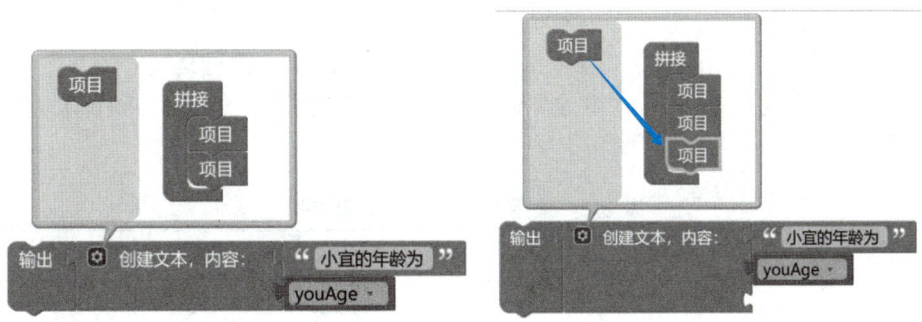

图 2.16　增加输入项目

⑥ 再次单击文本运算块左上方的星号处将隐藏弹出的窗口，此时可以看到文本数据块尾部增加了第三个输入缺口，如图 2.17

所示。

⑦ 从数据块中再次拖动一个文本数据块到文本运算块的第三个输入缺口，并输入"岁"字，如图 2.18 所示。

图 2.17　隐藏弹出的窗口

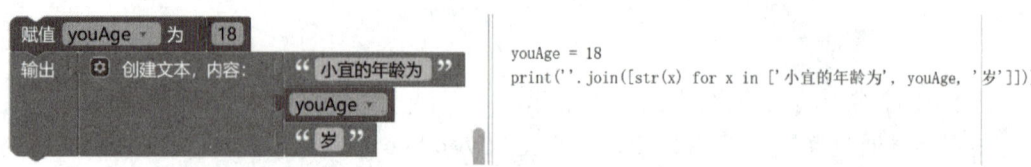

```
youAge = 18
print(''.join([str(x) for x in ['小宜的年龄为', youAge, '岁']]))
```

图 2.18　输出小宜的年龄 18 岁的积木块及其 Python 代码

实时观察右边自动生成的代码可以发现，当两个文本拼接时，中间采用的是"+"号。一般在大部分高级程序设计语言中，多个文本字符串的拼接都是采用"+"号，称为字符串连接符号。

实际上在 Python 语言中，在字符串中使用变量可在引号前加上一个 f，再将要插入的变量放在花括号内。这样当 Python 显示字符串时，将每个变量都替换为其值。上面的 Python 代码中字符串连接的那行代码可以用下面的代码代替：

print(f"　小宜的年龄为{youAge}岁")。

⑧ 运行代码将得到想要的输出结果，如图 2.19 所示。

图 2.19　弹出框显示输出结果

注意：在 Python 语音中，字符串的拼接有很多种形式。

（2）算术运算

算术运算即"四则运算"，是加法、减法、乘法和除法四种运算的统称。在计算机中，算术运算还包括乘方、取余、求绝对值、"求反"等运算。常用算术运算及运算符号见表 2.2。

表 2.2　常用算术运算及运算符号

算术运算符	算术运算	示例
+	加	result=3+5，result 的值为 8
−	减	result=8−5，result 的值为 3

续表

算术运算符	算术运算	示例
*	乘	result=8*5，result 的值为 40
/	除	result=8/5，result 的值为 1.6
%	取余	result=8%5，result 的值为 3
^	乘方	result=8^2，result 的值为 64

（3）关系运算

关系运算通常用于比较两个数的大小，常用于不等式和逻辑表达式中。表 2.3 是常用关系运算及运算符号。

表 2.3　常用关系运算及运算符

关系运算符	关系运算	关系运算符	关系运算
=或==	等于	>	大于
!=或<>或≠	不等于	>=或≥	大于或等于
<	小于	<=或≤	小于或等于

通常相同类型的两个数才能比较大小，如果类型不同则会涉及类型的转换。一般转换比较多的是其他类型的数转换为字符串或者转换为数值型。Python 中常用的转换见表 2.4。

表 2.4　Python 中常用的转换

类型转换	描述	示例
int( )	将其他类型转换为整数类型	int(3.14) -> 3 int("42") -> 42(字符串需为数字)
float( )	将其他类型转换为浮点数类型	float(3) -> 3.0 float("3.14") -> 3.14
str( )	将其他类型转换为字符串类型	str(100) -> "100" str(3.14) -> "3.14"
bool( )	将其他类型转换为布尔类型	bool(0) -> False bool("Hello") -> True
list( )	将其他可迭代对象转换为列表	list("abc") -> ['a', 'b', 'c'] list((1, 2, 3)) -> [1, 2, 3]
tuple( )	将其他可迭代对象转换为元组	tuple([1, 2, 3]) -> (1, 2, 3)

（4）逻辑运算

逻辑运算又称布尔运算，是研究逻辑代数中的运算规律，主要用于测试真假值。逻辑运算通常用于计算机科学和数字电路领域，以判断条件是否成立或执行特定的逻辑操作。逻辑运算的结果是一个布尔值（真或假），在计算机中通常用 1 表示真，

0 表示假。逻辑运算不考虑进位或借位，只关注输入的真假值以及运算规则。常用逻辑运算包含与、或、非，见表 2.5。另外，逻辑运算还包含异或运算。

表 2.5　常用逻辑运算及运算符

逻辑运算符	逻辑运算	逻辑运算符	逻辑运算
&&	与	!	非
||	或	⊕	异或

逻辑运算规则如表 2.6~表 2.9 所示。

表 2.6　与运算规则

a	b	a&&b
0	0	0
0	1	0
1	0	0
1	1	1

表 2.7　或运算规则

a	b	a||b
0	0	0
0	1	1
1	0	1
1	1	1

表 2.8　非运算规则

a	!a
0	1
1	0

表 2.9　异或运算规则

a	b	a⊕b
0	0	0
0	1	1
1	0	1
1	1	0

与运算（AND）：当且仅当两个输入都为真时，输出才为真。在二进制中，表现为两个二进制数都为 1 时，结果才为 1，否则为 0。

或运算（OR）：只要有一个输入为真，输出就为真。在二进制中，表现为两个二进制数中只要有一个数为 1，结果就为 1，除非两个数都为 0 时才为 0。

非运算（NOT）：将输入的真假值取反。在二进制中，表现为将每一位二进制数取反，0 变成 1，1 变成 0。

异或运算（XOR）：当两个输入的值不同时，输出为真；相同时，输出为假。在二进制中，表现为两个二进制数相同时为 0，相异时为 1。

逻辑运算可以用来计算二进制，也可以用来计算条件表达式的值。

2.3.4　输入与输出

在程序设计中，输入（input）和输出（output）是两个基本的概念，它们分别代表了程序与外界进行交互的两种方式。

1.　输入

输入是指程序从外部接收数据的过程。这些数据可以来自用户通过键盘、鼠标等输入设备提供的信息，也可以来自文件、数据库、网络等外部资源。输入的目的是让程序能够获取到它所需的信息或数据，以便进行后续的处理或计算。常见的输入方式如下。

① 用户通过键盘输入数据。

② 从文件中读取数据。

③ 从网络接收数据。

④ 从数据库检索数据。

（1）用户通过键盘输入数据

本节只介绍其中一种，即如图 2.20 所示的输入对话框（在工具栏的输入类中）。输入对话框要求给出输入提示（如"请输入年龄："），运行后用户可以按照提示在其下方的文本输入框中输入要输入的内容。输入的内容根据输入的数据类型可以下拉选择要求输入文本或输入数字。

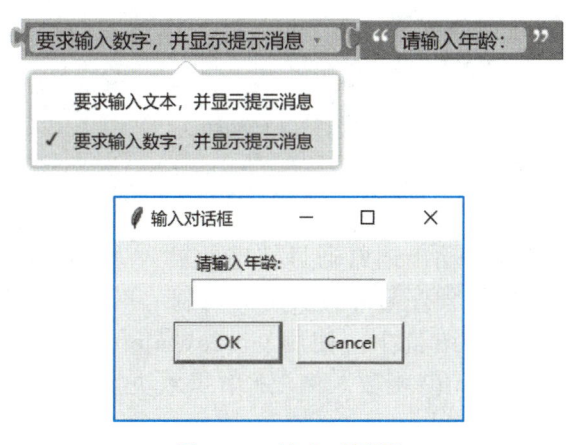

图 2.20　输入对话框

拖入积木后会产生如下两行 Python 代码。

```python
from tkinter import simpledialog
simpledialog.askstring(' 输入对话框 ',' 请输入年龄 :')
```

from tkinter import simpledialog 是 Python 中导入 tkinter 模块的 simpledialog 子模块的一种方式。tkinter 是 Python 的标准 GUI（图形用户界面）库，而 simpledialog 提供了一些简单的对话框，用于与用户进行交互。askstring 函数是 simpledialog 模块中一个常用的函数，用于获取用户输入。

（2）从文件中读取数据

从输入类中拖入文件读取工具。不同的文件类型有不同的打开工具。以 Python 为例，用得最多的是利用 Pandas 库打开文件，它可以打开 csv 文件、Excel 文件、SQL 数据库文件等。如图 2.21 所示，从生成的 Python 代码可以看出，要使用 Pandas 库，必须要用 import pandas 语句导入 Pandas 库（as pd 是定义一个别名）。

2. 输出

输出是指程序将处理后的数据或结果发送到外部的过程。输出可以是显示在屏幕上的信息，也可以是保存到文件、数据库或发送到网络的数据。输出的目的是让程序能够将处理结果呈现给用户或存储起来供后续使用。常见的输出方式如下。

① 在屏幕上显示文本或图形。

② 将数据写入文件。

③ 将数据发送到网络。

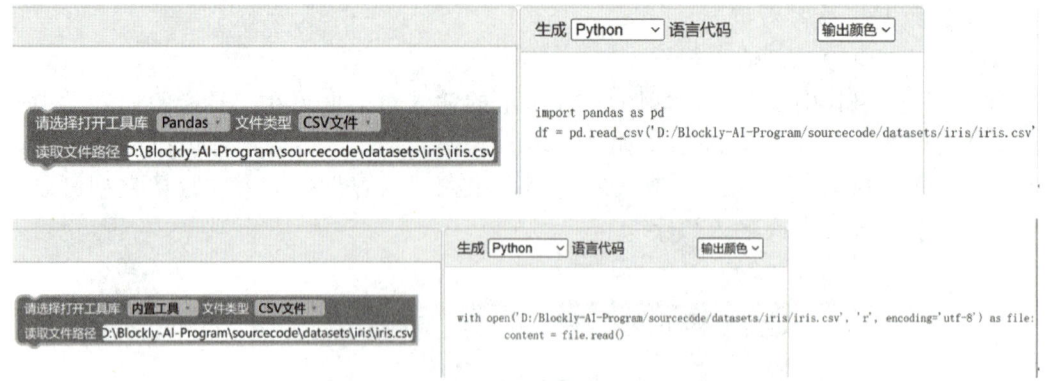

图 2.21　文件的输入

④ 将数据保存到数据库。

在程序设计中，输入和输出通常通过特定的输入/输出（I/O）函数或方法来实现，这些函数或方法提供了程序与外界交互的机制。不同的语言输入和输出函数不一样。例如，在 JavaScript 语言中，使用 window.alert() 函数在屏幕上显示输出。而在 Python 语言中使用 print() 函数。例 2.3 中积木块生成 Python 代码如下：

```python
youAge = 8
print(''.join([str(x)for x in [' 小宜的年龄为 ', youAge, ' 岁 ']]))
```

例 2.4　通过键盘输入自己的姓名，然后输入年龄，并按照例 2.3 的形式输出。步骤如下。

① 从工具箱输入类中拖动两个输入对话框到工作区，并按照图 2.22 分别修改提示信息为"请输入姓名："和"请输入年龄："。

② 从工具箱数据类中拖动两个文本数据块到工作区，并按图 2.22 设置文字。

③ 从工具箱运算类中拖动文本运算块到工作区，并增加两个拼接项。

④ 从工具箱输出类中拖动输出块到工作区，并按照图 2.22 排列。

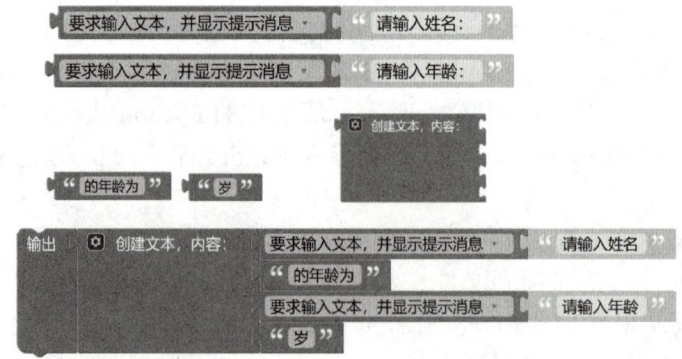

图 2.22　输入和输出

自动生成的 Python 代码如下。

```
from tkinter import simpledialog
print(''.join([str(x) for x in [simpledialog.askstring(' 输入框 ',' 请输入姓名:'), ' 的年龄为 ',
simpledialog.askstring(' 输入框 ','abc'), ' 岁 ']]))
```

⑤ 单击"运行"图标，在弹出的输入对话框中分别输入"小宾"和"19"，结果如图 2.23 所示。

图 2.23　输入和输出结果显示

同时，在工具箱输出类中也提供了如图 2.24 所示的将数据写入文件的积木块，该输出与前面的文件输入配套使用。关于文件的输入和输出将在第 3 章频繁使用，这里就不再赘述。

图 2.24　利用 Pandas 库输出到 csv 文件

2.3.5　三大基本结构

程序设计中有顺序结构、选择结构和循环结构三大基本结构。它们分别用于执行顺序操作、根据条件选择执行不同操作以及重复执行某段代码直到满足条件为止。掌握这些基本结构对于学习编程至关重要。三大基本结构可以用如图 2.25 所示的程序流程图来表示。

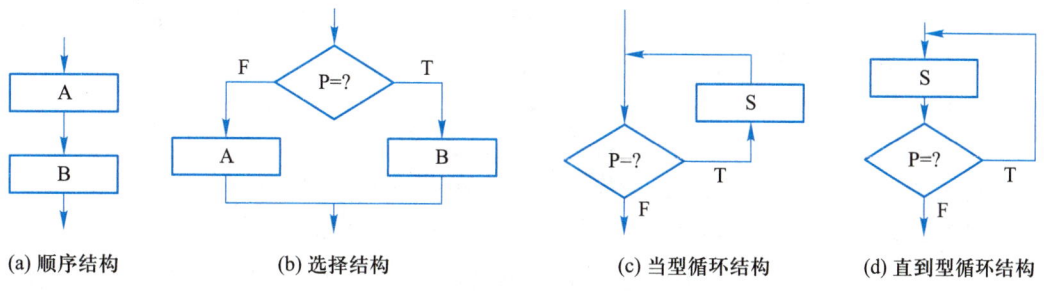

(a) 顺序结构　　　(b) 选择结构　　　(c) 当型循环结构　　　(d) 直到型循环结构

图 2.25　三大基本结构

1．顺序结构

《孟子·离娄章句上》曰："不以规矩，不能成方圆"，这提醒我们在做任何事情时都要遵循一定的规则、制度，确保事情能够按照规则一步一步顺利进行并取得预期的效果。由此可见顺序结构古来有之。

顺序结构是程序设计的核心基础，它具有线性执行特征，代码从上到下逐行执行，体现逻辑的连贯性。例 2.3 就是一个顺序结构的示例，它分为两步顺序执行，如图 2.26 所示。

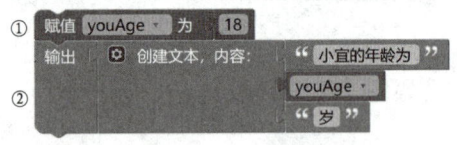

图 2.26　顺序结构

本节在工具箱的顺序类中增加了一个万能的"执行语句"积木块，可以在其中直接输入语句，只要它能够满足生成的目标语言的语法，就能够被正确执行而得到想要的输出结果。

例 2.5　只允许使用"执行语句"积木块来实现例 2.3 的输出效果。

步骤如下。

① 从工具箱的顺序类中连续拖动三个执行语句块到工作区。

② 按照图 2.27 在文本方框中分别输入对应内容。

③ 单击"运行"按钮，与例 2.3 对比看输出结果是否一致。

从上述例子可以看出，执行代码是从上到下分三步顺序执行的。

图 2.27　三个连续执行语句

2．选择结构

现实生活中，人们不一定从前往后按顺序一条路走到底，往往会面临各种各样的选择。如疫情期间的医护人员通常放弃躲在家里而选择坚守岗位，我们在公交车上遇见小偷通常选择揭露小偷而不是事不关己高高挂起等。在程序设计中，选择结构也是一个基本且至关重要的概念，它允许程序根据条件的真假来运行不同的代码块。

选择结构主要分为以下三种类型。

（1）单分支选择（if 单分支选择）

这是最简单的选择结构，仅包含一个条件判断。如果条件为真，则执行特定的代码块；如果条件为假，则不执行任何操作或执行默认的代码块。

（2）双分支选择（if-else 双分支选择）

这种结构包含两个分支，一个用于条件为真时执行，另一个用于条件为假时执行。它提供了更全面的决策能力，能够处理两种截然不同的情况。

（3）多分支选择（if-else-if 多重选择）

当需要处理多种可能的情况时，多分支选择结构显得尤为重要。它允许程序员设置多个条件，并依次检查这些条件，直到找到满足条件的分支并执行相应的代码块。如果所有条件都不满足，还可以设置一个默认的"else"分支来执行其他代码。

BAIPLE 中的 if 语句表示选择条件，如果满足条件，就执行"······"语句。你可以将左侧工具箱的选择类中积木块拖到工作区，在 if 的左侧有一个星形设置按钮，单击后即可添加 else if 和 else 语句（再次单击按钮表示设置完成），就形成了三种结构语句，如图 2.28 和表 2.10 所示。

(a) 单分支　　　　(b) 双分支　　　　(c) 多分支

图 2.28　三种选择结构的积木块

表 2.10　三种类型的分支结构

分支类型	积木形状	Python 语句	示例
单分支	如果 if 执行	if 条件： 　　代码块（相同缩进的代码） 　　…	if 2<3: 　　print(' 已执行 ') 　　print(' 执行完毕 ')

双分支	如果 if 执行 否则 else	if 条件 1：
		　　代码段 1
		　　…
		else：
		　　代码段 2
		　　…
			i=2
			if i<3:
			　　print(' 已执行 i<3')
			else:
			　　print(' 已执行 i>=3')
			　　…

多分支	如果 if 执行 否则如果 else if 执行 否则 else	if 条件 1：
		　　代码段 1
		　　…
		elif 条件 2：
		　　代码段 2
		　　…
		else：
		　　代码段 3
		　　…
			i=2
			if i==3:
			　　print(' 已执行 i=3')
			elif i>=3:
			　　print(' 已执行 i>=3')
			else:
			　　print(' 已执行 i<3')

例 2.6　输入一个年龄，如果该年龄小于等于 20 岁，则输出这个年龄，如图 2.29 所示。

图 2.29　单分支应用示例

运行可以看出，当输入的年龄小于等于 20 岁时，会弹出输出的年龄，而当输入的年龄大于 20 岁时，则不会输出任何结果。

注意，在 C 语言、JavaScript 等高级语言中语句块用花括号 "{" 和 "}" 来将 if 所属代码块括起来，而在 Python 中使用冒号 ":" 标识代码块的开始，通过缩进（4 个空格键或 Tab 键）来定义代码块的范围，属于 if 范围内的代码均要进行缩进。后面的 while、for 语句也是如此。

例 2.7　输入一个年龄，如果该年龄小于等于 20 岁，则输出这个年龄，否则提示请输入小于等于 20 岁的年龄，如图 2.30 所示。

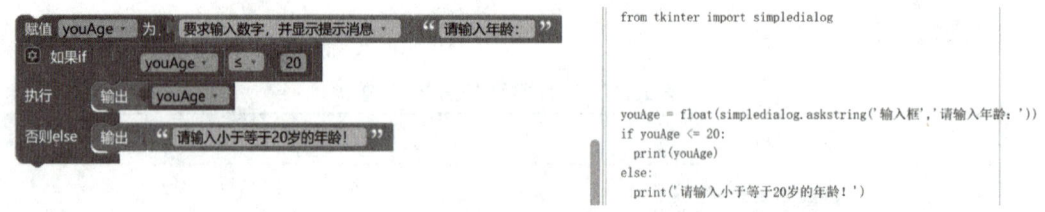

图 2.30　双分支应用示例

练习：请输入一个人的年龄，如果该年龄小于 20 岁（含 20），则输出"少年"，如果该年龄在 20 到 40 岁之间（含 40），则输出"青年"，如果该年龄在 40 到 50 岁之间（含 50），则输出"中年"，否则输出"老年"（提示，使用多分支实现）。

3. 循环结构

日常生活中，每天早上起床、洗漱、吃早餐、上班或上学，这些活动通常每天都会重复，形成了一种日常生活的循环结构。循环结构是编程中一个至关重要的概念，它允许程序在满足特定条件时重复执行某段代码。这种结构极大地提高了程序的灵活性和效率，使得处理重复任务变得简便易行。

循环结构的特点：循环结构的核心特点在于其循环体中的条件判断。程序在执行循环体时，会根据预设的条件来决定是继续执行该段代码，还是退出循环。这种机制使得循环结构能够灵活地处理各种重复任务，满足不同的编程需求。

循环结构的分类：循环结构主要包括当型结构（如 while 循环）和直到型结构（如 do-while 循环）以及更为常见的 for 循环、foreach 循环等。在工具箱的循环类中给出了如图 2.31 所示的几种循环积木块。

其中，有限次数循环（即 for 循环）是指在知道循环执行次数的情况下使用的循环，循环变量自动生成且不能更改变量名，步长为 1 且不允许改变步长。而带步长的有限次数循环仍然是 for 循环，但是可以重命名变量和修改步长。

后面三种循环通常是在不知道循环次数的情况下使用。当型循环（while 循环）是指当条件满足时执行循环体中的语句，是先判断后执行。如果条件不满足，则有可能一次都不能执行。而直到型循环（do-while 循环）是先执行后进行条件判断，循环体中的语句至少执行一次。循环可以嵌套使用，即在循环体中再放入一个或者多个循环。

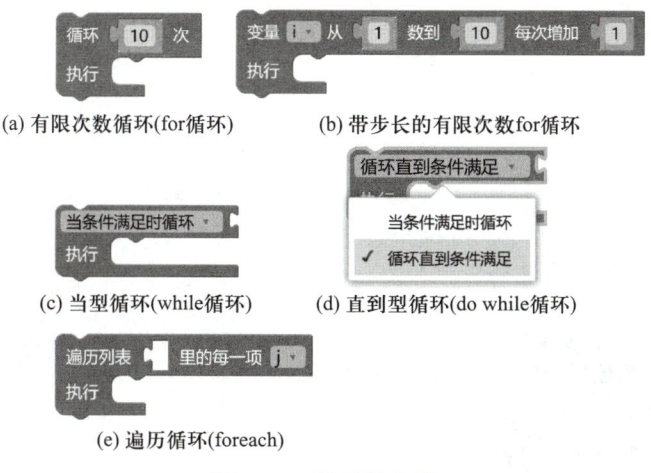

(a) 有限次数循环(for循环)　　　(b) 带步长的有限次数for循环

(c) 当型循环(while循环)　　　(d) 直到型循环(do while循环)

(e) 遍历循环(foreach)

图 2.31　循环积木块

例 2.8　请使用 for 或者 while 循环语句输出如图 2.32 所示的星号三角形。三种循环语句的代码分别见图 2.33，其中，varXing 和 m 是定义的变量。

```
varXing = ''
for i in range(1, 11):
    varXing = str(varXing) + '*'
    print(varXing)
```

(a) for循环

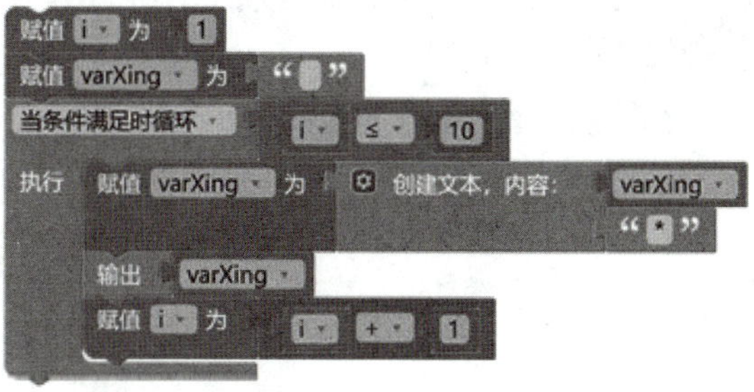

```
i = 1
varXing = ''
while i <= 10:
    varXing = str(varXing) + '*'
    print(varXing)
    i = i + 1
```

(b) 当型循环

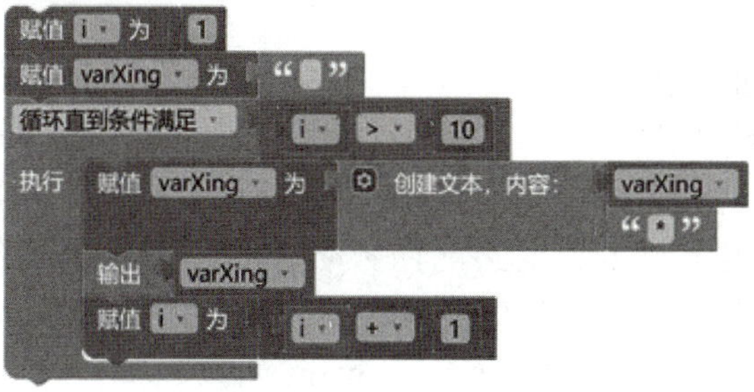

```
i = 1
varXing = ''
while not i > 10:
    varXing = str(varXing) + '*'
    print(varXing)
    i = i + 1
```

(c) 直到型循环

```
*
**
***
****
*****
******
*******
********
*********
**********
```

图 2.32　输出
　　星号三角形

图 2.33　三种循环的代码

2.3.6 函数

在程序设计中，函数是一个可重用的代码块，用于执行特定的任务或计算。函数通常接受输入（称为参数），并返回输出（称为返回值）。通过将代码组织成函数，可以提高代码的可读性、可维护性和可重用性。

1．函数的基本组成部分

> 函数名：函数的名称，用于调用函数。
> 参数：传递给函数的数据，函数可以使用这些数据来执行操作。
> 函数体：包含实际执行的代码块。
> 返回值：函数执行后返回的结果。

函数在定义时，参数被称为形式参数，该参数中并没有存储值在其中。当调用函数时给对应的参数赋值，这些值被称为实际参数。实际参数值的个数必须和形式参数的个数一致，数据类型要兼容。

2．函数的定义

以下是一个简单的积木转换 Python 函数示例。

例 2.9　定义一个函数 funGreet，通过参数输入姓名，并调用函数输出显示"你好，小宜"，如图 2.34 所示。

图 2.34　定义 funGreet 函数及其 Python 代码

在这个例子中：

def 是保留字，表示定义函数。

funGreet 是函数名。

parName 是形式参数。

joinStr='你好，'+str(ParName) 是函数体

return joinStr 返回一个字符串。

3．函数的调用

调用函数时，函数整体作为一个数据使用，这个数据就是函数执行后的返回值。由例子可以看出，调用函数名和定义的函数名保持一致，这里都是 funGreet，"小宜"作为实际参数在执行过程中会将值传递给形式参数 parName，如图 2.35 所示。这里函数返回值作为 print 函数的输入参与 print 函数的执行，单击三角形运行，将在弹出页面上显示如图 2.36 所示的输出结果。

图 2.35　调用 funGreet 函数及其 Python 代码

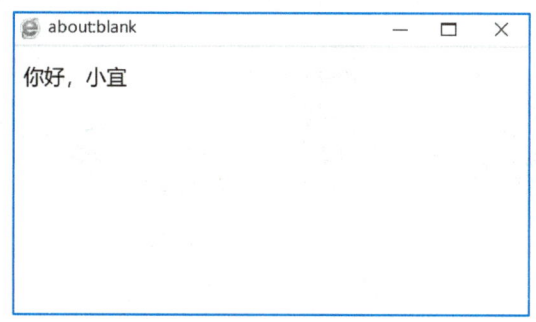

图 2.36　输出结果

例 2.9 的具体实现步骤如下。

① 从函数类中拖入带函数体申明语句和返回值的函数积木块到工作区，如图 2.37 所示。

② 将函数名命名为 funGreet，单击积木块左前方的星号拖入形式参数并命名为 parName（如果定义的函数涉及多个输入参数，则可以连续拖入），如图 2.38 所示。

③ 在工具箱变量类中创建一个变量并命名为 joinStr，如图 2.39 所示。

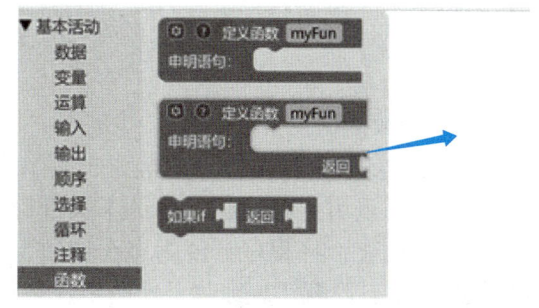

图 2.37　拖入函数积木块

图 2.38　函数命名并设置形式参数

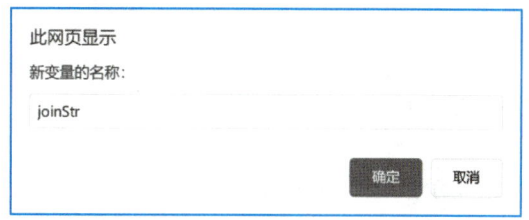

图 2.39　创建 joinStr 变量

④ 拖入一个变量赋值块，如图 2.40 所示。

⑤ 拖入一个文本连接块、一个文本数据块和一个变量 parName，将它们连接成一个新的文本并赋值给变量 joinStr，如图 2.41 所示。

⑥ 从变量类中拖入一个 joinStr 变量引用作为返回值，如图 2.42 所示。

⑦ 调用 funGreet 函数并输出。这里需要拖入一个输出和一个文本数据块，如图 2.43 所示。

图 2.40　在函数体中定义变量 joinStr　　　　图 2.41　连接生成新文本并给变量 joinStr 赋值

图 2.42　设置返回值

图 2.43　调用函数

4．函数的优点

函数在复杂的程序设计中经常出现，它具有如下优点。

① 代码重用：可以在程序的不同部分多次调用同一个函数，避免重复代码。

② 模块化：将程序分解为多个函数，使代码更易于理解和维护。

③ 抽象：隐藏实现细节，使调用者只需关注函数的功能，而不必了解其内部实现。

2.4　Python 及 Python 库的安装

2.4.1　Python 发展史

1989 年，荷兰的数学家、计算机学家 Guido von Rossum（简称 Guido）为打发无聊的假期，着手设计了一门心的脚本解释型编程语言。他希望这门语言能够像 shell 一样方便的同时，又能像 C 语言一样调用众多系统接口，于是他将其命名为 Python。1991 年 Python 的第一个版本问世。

1991 年至今，Python 在 TIOBE 编程语言排行榜上连续第六年保持第一，其生态系统持续壮大，在数据科学、人工智能、Web 开发等领域发挥着重要作用。

2.4.2　Python 的安装

在 Windows 环境下安装 Python 的过程非常简单，只需要到官网上下载相应的安装程序即可。网页会自动识别计算机的操作系统，并在最醒目的位置提供该操作系统对应的最高版本安装程序下载即可。安装的具体步骤如下：

1．启动安装程序

下载完成后，双击下载的安装文件（如 Python-3.x.x-amd64.exe）。

2．勾选"Add Python to PATH"

在安装界面，务必勾选"Add Python to PATH"选项。其作用是将 Python 添加到环境变量，方便在命令行中直接运行 Python 命令。

3．选择安装选项

Customize installation（自定义安装）：可选择性修改安装路径或组件。

Install Now（默认安装）：使用默认设置快速安装。

4．根据引导完成安装

安装完成后，检查开始菜单，就能够看到 Python 应用程序了。 其中，有个集成开发环境（Integrated Development Environment，IDLE）程序（图 2.44），可以单击进入 Python 的交互式窗口使用 Python 命令。同时，在该窗口中也可以新建、打开、编辑、保存和运行 Python 文件（图 2.45）。

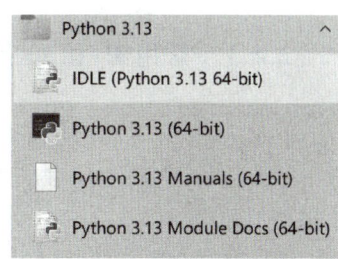

图 2.44　安装完成后的开始菜单

图 2.45　IDLE 界面

在 BAIPLE 里面生成的 Python 代码既可以在 BAIPLE 中运行，也可以复制后再贴到 IDLE 中运行，也可以通过文件打开从 BAIPLE 下载的 py 文件。图 2.46（a）是打开的例 2.1.py 文件，图 2.46（b）是单击 run module 菜单的后的运行结果。

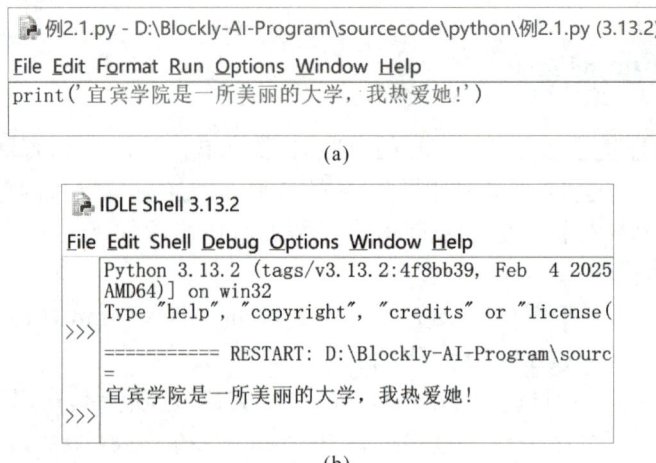

（a）

（b）

图 2.46　在 IDLE 中打开文件并运行

2.4.3　常用 Python 库

Python 是一门功能强大的编程语言，拥有丰富的第三方库，这些库极大地扩展了 Python 的功能，使其适用于各种领域。以下是一些常用的 Python 库，按用途分类介绍：

1. NumPy

（1）NumPy 简介

NumPy（Numerical Python）是 Python 语言中一个用于科学计算的基础库，支持一维数组、多维数组和矩阵运算，提供高效的数值计算。常用于科学计算、线性代数、随机数生成等。

（2）NumPy 的安装与导入

NumPy 是一个第三方库，需要先安装才能使用。可以在命令行（命令提示符）环境使用 pip install numpy 命令进行安装，如图 2.47 所示。

图 2.47　NumPy 的安装

安装完成后，可以在 Python 脚本中通过以下方式导入 NumPy 库，并通常使用"np"作为 NumPy 的别名。

注意：在 BAIPLE 环境的人工智能活动工具箱中提供了三种导入库的方式（图 2.48）。

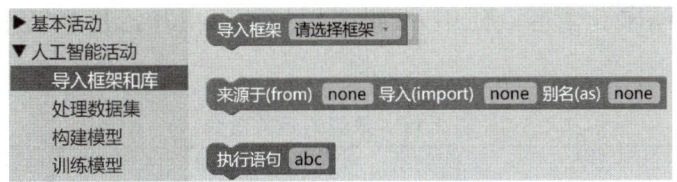

图 2.48　三种导入库的方式

① 通过选择框架导入对应的库包（图 2.49）。

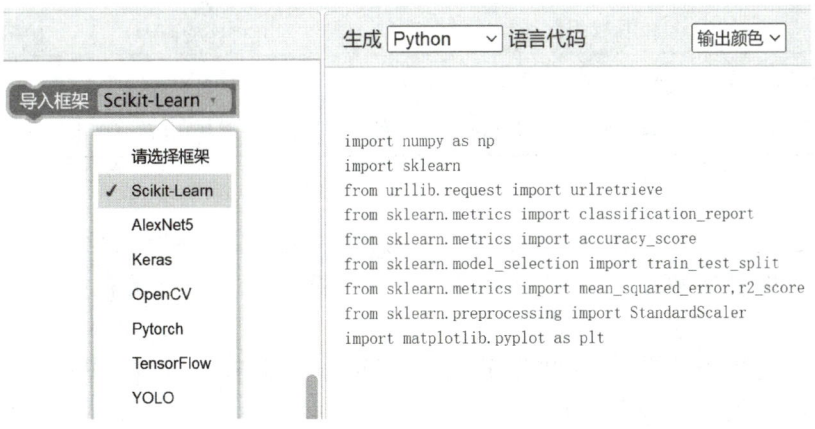

图 2.49　选择框架导入库的方式

② 通过输入库包名和别名导入库包（图 2.50）。

图 2.50　通过输入名称导入

③ 通过执行语句导入库包（图 2.51）。

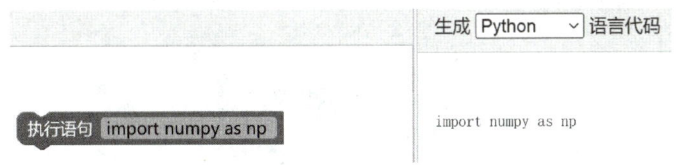

图 2.51　通过执行语句导入库包

导入 NumPy 库后就可以使用 np 别名进行数组操作，相关操作命令如表 2.11
所示：

表 2.11　数组的相关命令

命令	含义	示例
np.array()	创建一维数组 （类型相同的一组数据）	jkArr=np.array([1,2,3])
np.ndarray()	创建多维数组 （图片是二维数组）	jkArr=np.array([[1,2,3],[2,3,4]])
np.size()	获取数组元素的总个数	np.size(jkArr)
np.shape()	获取数组的形状（行列）	np.shape(jkArr)
数组 []，数组 [,]	数组元素引用下标从 0 开始	jkArr[0],jkArr[i],jkArr[i,j]

2. Pandas

Pandas 是基于 NumPy 的一种工具，该工具能提供高效的数据结构和数据分析，
尤其擅长处理表格数据。常用于数据清洗、数据合并、数据透视表、时间序列分
析等。

Pandas 最初被作为金融数据分析工具而开发出来，因此，Pandas 为时间序
列分析提供了很好的支持。Pandas 的名称来自面板数据（panel data，多维数据术
语）和 Python 数据分析（data analysis）。Pandas 的基本数据结构包含 Series 和
DataFrame，分别初以来一维和多维数据。Pandas 能够对数据进行排序、分组、归
并等操作，也能够进行求和、求极值、求标准差和协方差矩阵计算等统计计算。

3. Scikit-Learn

Scikit-Learn 是一个机器学习库。它包含多种分类、回归、聚类、降维、模型
选择和预处理算法与方法。

4. Matplotlib

Matplotlib 是一个功能强大的绘图库。它可以绘制许多图像，包含直方图、折
线图、饼图、散点图等二维、三维图形甚至动画。

5. TensorFlow/Keras

Keras 是一个由 Python 编写的开源神经网络库，支持现代人工智能领域的主流
算法，常用于神经网络、卷积神经网络、循环神经网络等。

2.5　本章小结

本章介绍了程序设计的基本概念和 BAIPLE 编程平台以及使用方法，重点阐
述了积木式编程、数据、变量、三大基本结构和函数等基本内容，比较详细地利
用 BAIPLE 编程平台实现这些概念的应用，通过搭积木的形式产生了 JavaScript、

Python 等代码，为后续章节的人工智能应用奠定了基础。

2.6　本 章 习 题

1. 什么是数据？基本数据类型有哪些？请举例说明。

2. 什么是变量，变量的作用是什么？

3. 运算有哪些分类？

4. 请阐述顺序结构、选择结构和循环结构的原理，并举例说明。

5. 函数的基本组成部分有哪些？

6. 请阐述函数的优点。

7. 请使用 for 循环实现九九乘法表。

```
1*1=1
1*2=2    2*2=4
1*3=3    2*3=6    3*3=9
1*4=4    2*4=8    3*4=12   4*4=16
1*5=5    2*5=10   3*5=15   4*5=20   5*5=25
1*6=6    2*6=12   3*6=18   4*6=24   5*6=30   6*6=36
1*7=7    2*7=14   3*7=21   4*7=28   5*7=35   6*7=42   7*7=49
1*8=8    2*8=16   3*8=24   4*8=32   5*8=40   6*8=48   7*8=56   8*8=64
1*9=9    2*9=18   3*9=27   4*9=36   5*9=45   6*9=54   7*9=63   8*9=72   9*9=81
```

2.7　本 章 实 验

实验：BAIPLE 的初步使用。

实验内容：

1. 环境安装配置

① 下载安装 BAIPLE。

② 下载安装 Python（Windows10 及以上版本需安装 Python3.9 以上版本）。

③ 导入所需第三方库。

2. 熟悉 BAIPLE 运行环境

练习第 2 章的例 2.1~例 2.9，初步掌握 BAIPLE 平台的使用及简单程序设计结构。

实验二：编程基础。

实验内容：给旗子加个红色的星形边框和旗杆并打印输出。

（提示：黄色五角星从输出背景里面选择背景图，红色字体可以通过输出颜色设置。）

第 3 章　机器学习

　　在校园里，认真负责的小宾到图书馆当志愿者，面对图书馆的藏书日益增多，如何高效地分类和管理这些书籍成了她碰到的难题。她找到了热心肠老师小智，小智老师说可以用第 1 章介绍的"机器学习"知识帮助她完成这些烦琐的任务。

　　他们决定一起尝试尝试！

　　首先，尝试"聚类算法"，将书籍按照主题自动分组，科幻、历史、文学等类别一目了然。接着，发现有些书籍的特征过于复杂，需要去除冗余信息，于是用主成分分析简化了数据，保留了最重要的特征。重新编排整理后，图书馆的陈列变得清晰了，也更易查找借阅了。

　　然后，为了更好地安排书籍的采购和上架，通过分析读者借阅记录预测读者的借阅习惯，小宾细心地发现借阅数量与读者的年级和阅读兴趣有关，于是提议用线性回归模型，预测会借阅多少本书或哪些类别。但是，小宾沮丧地发现没有成功预测到！此时，小智老师说："别急，这个问题并不适合用线性回归模型来解决。"因为，预测读者是否会借阅某本书，结果只有"是"或"否"两种可能，实际上是需要一种分类算法。这时，需要引入"逻辑回归"，它是通过一个 S 形曲线，将输入的数据映射到 0 和 1 之间，从而预测某个事件发生的概率，这样就能成功预测他们是否会借阅某本书了。

　　最后，他们还用"决策树"做出更明智的管理决策。比如，哪些书籍应该优先采购，哪些书籍应该下架。机器学习不仅解决了图书馆的管理难题，还让读者们享受到了更个性化的服务。

　　当然，这个故事告诉我们：机器学习更像一位智慧的助手，能够帮助我们处理复杂的数据，做出更明智的决策。机器学习是人工智能的重要分支，不仅是计算机科学的研究前沿，也是多个交叉学科中的关键技术。如今，机器学习已被广泛应用于众多研究领域。

3.1　概　　述

　　学习是人类智能行为的重要组成部分。通过不断学习，人类能够在科学和工程领域取得突破，同时提升自身的智力水平。长期以来，人类一直致力于赋予机器智能，这一目标便是人工智能的核心。当机器具备了学习的能力，能够自主获取知识时，它便在某种程度上达到了与人类相似的智能水平。

20 世纪 50 年代，科学家通过赋予机器逻辑推理能力来实现人工智能，初步完成了一些数学定理的证明。然而，由于机器缺乏足够的知识，它们距离真正的智能还有很大差距。到了 20 世纪 70 年代，人工智能进入了"知识期"，即通过总结和传授人类知识来赋予机器智能。在此期间，专家系统得到了广泛应用，并在多个领域取得了显著成果。但由于人类的知识量庞大且复杂，机器无法超越其创造者，导致了知识瓶颈的出现。为了解决这一问题，机器学习应运而生，标志着人工智能进入了"机器学习时期"。随着人工智能和计算机技术的快速进步，机器学习得到了新的研究方法和更强的技术支持，催生了集成学习系统的研究。如今，随着技术的不断成熟和理论的不断完善，机器学习的应用已经扩展到多个领域，其中部分技术已成功转化为商业产品，同时数据挖掘、知识发现等新兴领域的研究也为机器学习注入了新的活力。

3.1.1　机器学习的基本概念

机器学习是人工智能的核心领域之一，旨在让计算机通过经验和数据自动改进其性能，而不需要显式地编程。它通过数据中的模式或规律来进行学习，从而在未知数据上做出预测或决策。机器学习的本质是让算法从数据中"学习"并自主优化，这一过程通过训练模型实现，训练过程中模型不断调整参数，直到达到较高的预测精度。

在机器学习中，特征和标签是两个重要的概念。特征指的是用来描述数据的属性或维度，它是输入模型的原始信息，模型通过这些特征进行学习。而标签则是监督学习中用来指导模型训练的目标值，它代表了每个数据样本对应的正确答案。在监督学习中，模型通过学习输入特征和标签之间的关系，进而在新的数据上做出预测或分类。而在非监督学习中，没有明确的标签，模型主要通过数据的内在结构进行学习，如通过聚类分析来发现数据中的自然群体。

机器学习的训练过程也存在过拟合和欠拟合的问题。过拟合指的是模型在训练数据上表现得过好，甚至把数据中的噪声和细节也学习了，导致其在新数据上的预测能力下降。欠拟合则是指模型过于简单，无法捕捉到数据的复杂性，导致在训练数据和新数据上的表现都较差。为了提高模型的泛化能力，通常需要通过交叉验证、正则化等方法来优化模型的表现。

3.1.2　机器学习的基本原理和流程

在日常生活的各个场景中，无时无刻不在产生着海量的数据。为了从这些纷繁复杂的数据中提炼出宝贵的信息，需要进行一系列烦琐而精细的处理工作。就如同淘金者仔细筛选沙石以寻找金子一样，必须精心筛选数据，才能发掘出其中隐藏的真正价值。

机器学习的基本原理是基于让计算机系统通过数据自动学习和改进其性能。通常训练一个模型，它能够从输入的数据中提取特征，并基于这些特征来做出预测或决策。机器学习通过数据驱动的方式，分析大量示例数据，寻找数据中的规律和模式，让计算机系统能够自动地从数据中学习并优化其决策过程，然后来对新的、未见过的数据进行预测，如图 3.1 所示。

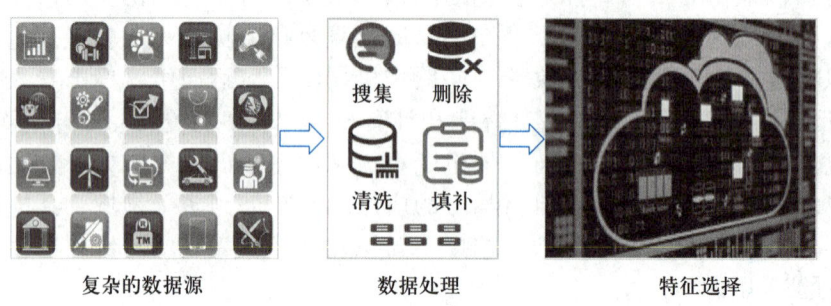

复杂的数据源　　　　　数据处理　　　　　特征选择

图 3.1　海量信息处理成可用数据

数据收集决定了后续学习的质量和效果，数据预处理阶段涉及数据清洗、删除和特征选择等步骤形成数据集，以确保数据质量和适用范围。

根据实际场景和待解问题，选择合适的机器学习算法，如聚类、回归、分类等。在训练过程中，首先通过调整模型参数和优化算法来提高模型的预测精度和泛化能力。随后，利用测试集数据进行预测，并分析这些预测结果以评估模型的性能。最后，根据评估结果进行相应的调整和优化。机器学习的流程包含多个关键过程和元素，如图 3.2 所示。

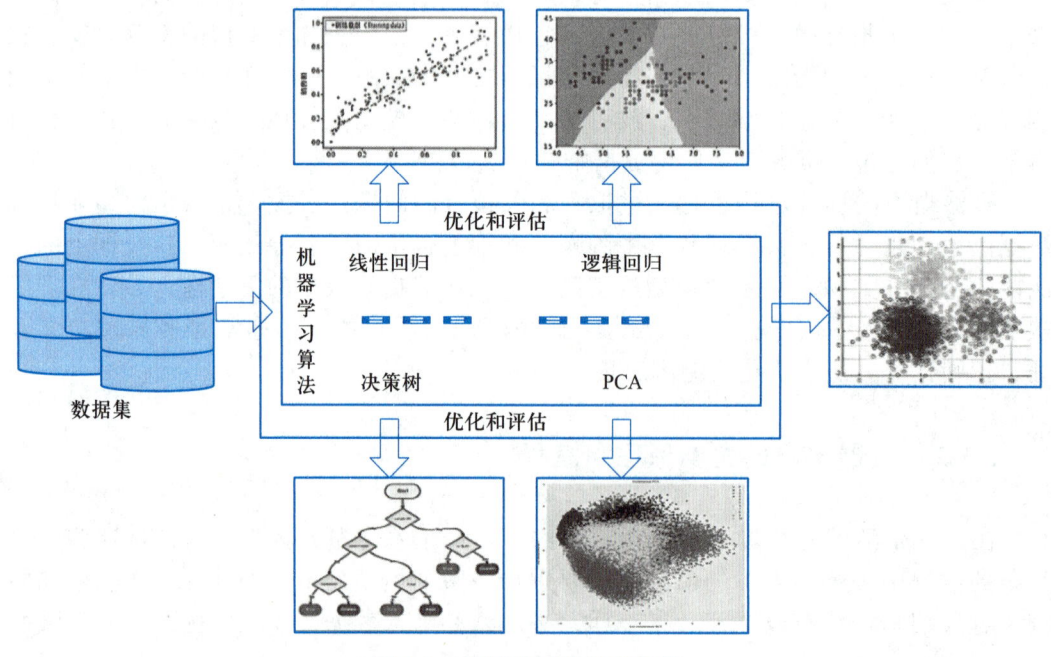

图 3.2　机器学习的处理流程

处理流程不仅体现了机器学习技术的复杂性和系统性，也凸显了其在解决实际问题中的灵活性和有效性。通过不断优化处理流程中的各个环节，可以进一步提升机器学习的性能和效果，为各领域提供更加智能和高效的解决方案。

3.1.3　BAIPLE 环境中的流程封装

在 BAIPLE 中对机器学习、深度学习等人工智能活动进行了积木工具设计和 Python 代码封装，其流程封装的解释如图 3.3 所示。

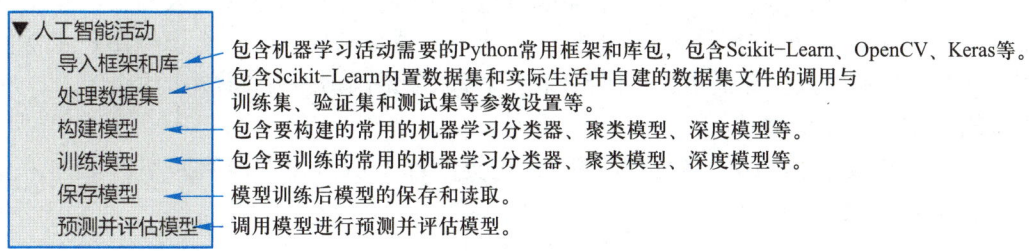

图 3.3　人工智能活动

3.2　机器学习的评估指标

模型的评估也是机器学习不可或缺的一部分，常见的评估方法包括准确率、精确度、召回率等。模型的评估是用于衡量模型的性能的关键工具，不同任务类型（分类、回归等）有不同的评估指标，这些指标帮助衡量模型在不同数据集上的表现，确保模型的可靠性和有效性。

3.2.1　分类任务指标

1. 准确率（accuracy）

分类任务中，预测正确的样本数占总样本数的比例即为准确率，按式（3-1）计算。

$$accuracy = \frac{TP+TN}{TP+TN+FP+FN} \tag{3-1}$$

其中，TP（true positive）为真正例，即实际为正类且被预测为正类的样本数；TN（true negative）为真反例，即实际为反类且被预测为反类的样本数；FP（false positive）为假正例，即实际为反类却被预测为正类的样本数；FN（false negative）为假反例，即实际为正类却被预测为反类的样本数。

适用场景与局限性：准确率适用于各类样本分布较为均衡的分类问题。当正负样本比例极度不平衡时，准确率可能会产生误导。例如，在一个癌症检测模型中，健康样本（负样本）数量远多于癌症样本（正样本），即使模型将所有样本都预测为健康，也可能获得较高准确率，但这显然不是一个好模型。

2. 精确率（precision）

在所有被预测为正类的样本中，真正为正类的样本所占的比例即为精确率，按式（3-2）计算。

$$\text{precision} = \frac{\text{TP}}{\text{TP} + \text{FP}}$$ （3-2）

适用场景与局限性：精确率对于那些将负样本误判为正样本代价较高的场景很重要。例如，在垃圾邮件分类中，将正常邮件误判为垃圾邮件（FP）会影响用户正常使用，此时精确率是重要评估指标，但精确率不考虑被错误预测为负样本的情况。

3. 召回率（recall）

实际为正类的样本中，被正确预测为正类的样本所占比例即召回率，也称为查全率，按式（3-3）计算。

$$\text{recall} = \frac{\text{TP}}{\text{TP} + \text{FN}}$$ （3-3）

适用场景与局限性：召回率在需要尽可能地找出所有正样本。如疾病诊断场景，尽可能检测出所有患病者（避免 FN）是关键，此时召回率更受关注。但召回率高可能会导致精确率下降，因为模型可能会将更多样本预测为正类，包括一些实际为负类的样本。

3.2.2 回归任务指标

1. 均方误差（mean square error，MSE）

回归任务中，预测值与真实值之差的平方的平均值即为均方误差，按式（3-4）计算。

$$\text{MSE} = \frac{1}{n} \times \sum_{i=1}^{n}(y_i - \widehat{y_i})^2$$ （3-4）

其中，n 为样本数量，y_i 为第 i 个样本的真实值，$\widehat{y_i}$ 为第 i 个样本的预测值。

适用场景与局限性：MSE 直观地反映了预测值与真实值的平均误差程度，误差越大，MSE 越大。由于对误差进行了平方，MSE 加大了较大误差的权重，对远离真实值的异常预测更加敏感，但 MSE 的单位是目标变量单位的平方，不易直观理解实际误差大小。

2. 平均绝对误差（mean absolute error，MAE）

回归任务中，预测值与真实值之差的绝对值的平均值即平均绝对误差，按式（3-5）计算。

$$\text{MAE} = \frac{1}{n} \times \sum_{i=1}^{n} |y_i - \widehat{y_i}|$$ （3-5）

适用场景与局限性：MAE 同样衡量预测值与真实值的平均误差，与 MSE 相比，MAE 对所有误差一视同仁（没有平方放大），受异常值影响较小。其结果单位与目标变量单位相同，更直观地反映平均误差大小，但 MAE 在数学处理上不如 MSE 方便，如求导计算梯度。

3.2.3　聚类任务指标

1. 轮廓系数（silhouette coefficient）

对于数据集中的每个样本，轮廓系数衡量的是该样本与同簇内其他样本的紧密程度以及与其他簇中样本的分离程度，按式（3-6）计算。

$$S(i) = \frac{b(i) - a(i)}{\max\{a(i), b(i)\}} \tag{3-6}$$

其中，$a(i)$ 是样本 i 到其所在簇内其他样本的平均距离，$b(i)$ 是样本 i 到其他簇中所有样本的平均距离的最小值。轮廓系数的值介于 -1 到 1 之间。越接近 1 表示聚类效果越好，越接近 -1 表示样本可能被错误聚类，接近 0 表示样本处于簇边界。

适用场景与局限性：轮廓系数适用于各种聚类算法和数据类型，可用于比较不同聚类算法对同一数据集的聚类效果以及确定最佳聚类数量。然而，它的计算依赖于簇内和簇间距离的计算，对于大规模数据集计算成本较高。而且，当数据分布复杂或存在噪声时，轮廓系数可能无法准确反映聚类的真实质量，因为它对异常值比较敏感。

2. 兰德指数（rand index，RI）

兰德指数基于成对样本的评估指标，用于衡量聚类结果与真实类别之间的相似度，按式（3-7）计算。

$$RI = \frac{a + b}{C_n^2}, \quad C_n^2 = \frac{n(n-1)}{2} \tag{3-7}$$

其中，n 为样本数量，C_n^2 是所有样本两两组合的数量，a 是在聚类结果和真实类别中都属于同一类的样本对数量，b 是在聚类结果和真实类别中都属于不同类的样本对数量。兰德指数的值介于 0 到 1 之间，值越接近 1 表示聚类结果与真实类别越相似。

适用场景与局限性：兰德指数适用于有监督的聚类任务评估，当有真实的类别标签作为参考时，能很好地评估聚类算法的准确性，全面反映聚类结果与真实情况的匹配程度。但它的局限性在于需要已知真实类别标签，对于无监督聚类任务无法使用。此外，当聚类结果与真实类别存在类别不平衡问题时，兰德指数可能会受到影响，不能准确反映聚类的实际效果。

除了上述评估指标外，机器学习领域还有许多其他重要的评估指标，如 F1（F1-score）：精确率和召回率的调和平均数，AUC（area under curve）：ROC 曲线下的面积，mAP（mean average precision）：平均精确率均值等。这些指标各有特点和适用场景，选择评估指标需以业务目标为导向，如癌症检测注重高召回率，反欺诈注重高精确率；面对类别不平衡数据，F1、AUC-ROC 优于准确率；模型类型也影响指标选择，概率模型适用 Log Loss，随机森林模型可综合多种指标。因此，合理选择评估指标，能更全面地衡量模型性能，避免指标陷阱导致过拟合或误判。

3.3　常用算法原理及应用场景

在机器学习领域，算法是解决问题的关键，无监督学习和有监督学习是常用的两类。聚类可将数据分组，主成分分析能降维提取关键信息，线性回归可用于房价、销售额预测，决策树可应用于医疗诊断、金融风险评估。本节将探讨几种广泛应用的算法核心原理，解析它们背后的数学逻辑，并通过实例阐述这些算法在解决实际问题中的高效应用与独特价值。

3.3.1　聚类算法

聚类算法是一种无监督学习方法，用于将数据集中的数据点自动分组到不同的类别中，这些类别也称为"簇"或"群"。聚类的目标是让同一簇内的数据点尽可能相似，而不同簇之间的数据点尽可能不相似。

1. 聚类算法的原理

聚类算法的原理基于数据点之间的相似性度量。常见的相似性度量包括距离度量（如欧氏距离、曼哈顿距离等）和相似度系数（如余弦相似度、皮尔逊相关系数等）。算法通过计算数据点之间的相似性，将数据点分组到具有相似特征的簇中。

常见的聚类算法有 k 均值聚类算法、层次聚类算法、DBSCAN 算法等。其中，k 均值聚类算法将数据集中的样本划分成不同的簇，使得同一簇内的样本相似度较高，而不同簇之间的样本相似度较低，相似度通常用欧几里得距离来衡量。

k 均值聚类算法的原理是随机选择 k 个初始聚类中心。这 k 个中心的选择会对最终的聚类结果产生一定影响，不同的初始值可能导致不同的聚类结果。计算每个样本到各个聚类中心的距离，将样本分配到距离最近的聚类中心所对应的簇中。这个过程依据的是距离度量公式，对于两个 n 维样本 $X=(x_1,x_2,\cdots,x_n)$ 和 $Y=(y_1,y_2,\cdots,y_n)$，其欧几里得距离 $d(x,y)$ 按式（3-8）计算：

$$d(x,y)=\sqrt{\sum_{i=1}^{n}(x_i-y_i)^2} \tag{3-8}$$

根据计算得到的距离，将每个样本分配到距离其最近的聚类中心所对应的簇中。在完成样本分配后，需要重新计算每个簇的中心，通常是将每个簇内所有样本的各个维度的均值作为新的聚类中心。对于一个包含 m 个样本的簇 $C=\{x_1,x_2,\cdots,x_m\}$，其新的聚类中心 c 的第 j 维值按式（3-9）计算：

$$c_j = \frac{1}{m} \sum_1^m x_{ij}$$

（3-9）

不断重复上述分配样本和更新聚类中心的步骤，直到聚类中心不再变化或者变化非常小，即达到收敛条件。通常可以设定一个阈值 ε，当新旧聚类中心之间的最大距离小于 ε 时，认为算法收敛。

2．k 均值聚类算法的优缺点

优点：原理简单，实现容易，收敛速度快，聚类效果较优。

缺点：对初值敏感，不同的初值可能导致不同的聚类结果；对于非凸形状的簇、大小和密度不同的簇，容易受到离群点的影响。

3．算法流程

① 输入：数据集 D，聚类数 k，最大迭代次数 T。

② 初始化：从数据集中随机选择 k 个样本作为初始聚类中心。

③ 迭代：

a．对于每个样本 $x_i \in D$，计算其与各个聚类中心 $c_j (j=1,2,\cdots,k)$ 的距离 $d(x_i, c_j)$，将 x_i 分配到距离最近的聚类中心所对应的簇 c_j 中。

b．对于每个簇 c_j，重新计算其聚类中心 c_j，其中 $|c_j|$ 表示簇 c_j 中样本的数量。

c．检查是否达到最大迭代次数 T 或者聚类中心的变化小于某个阈值 ε。如果满足条件，则停止迭代；否则继续下一轮迭代。

④ 输出：k 个聚类簇。

4．故事回顾

在大学校园里，"趣享校园" App 备受同学们欢迎，它集社团活动报名、学习资料分享、生活用品团购等功能于一体。App 内置的 AI 智能分析系统察觉到同学们使用 App 的行为和习惯差异显著。为了给大家提供更具针对性的服务，吸引更多同学积极使用，AI 决定对同学们进行分类。

大一新生小宜，对社团活动充满热情。刚入学就报名参加了书法社、摄影社和英语角，还购置了许多与社团活动相关的用品，如价格不菲的书法毛笔、专业相机的存储卡以及成套的英语学习资料。尽管小宜参加活动的频率较为固定，但每次在 App 上的消费都不低，属于典型的高消费低频购买群体。

同样是大一新生的小宾，热衷于在 App 上和同学们拼单。卫生纸、洗衣液、零食这些生活用品，价格都不高，但他几乎每周都会参与拼单，购买次数频繁，是低消费高频购买群体的代表。

AI 看着这些风格迥异的数据，开始思考如何将行为习惯相似的同学归为一类。它凭借强大的运算能力，先在数据空间中随机确定了两个"典型数据点"，这就如同 k 均值聚类里一开始随机选定的两个聚类中心。随后，AI 依据其他同学与这两个"典型数据点"的行为相似程度进行分组。像小宜这样高消费低频购买的同学被归为一组；小宾这类低消费高频购买的同学归为另一组。分组完成后，AI 重新计算每组同学的"平均行为特征"，并将其作为新的"典型数据点"，再次进行分组，不断重复调整。

AI 给同学们分类的方法就是 k 均值聚类算法。这个故事给出了客户细分示意图,如图 3.4 和图 3.5 所示。

根据客户的购买行为、消费习惯等特征,AI 将客户划分为不同的群体,故事中将客户分为高消费低频购买群体、低消费高频购买群体,以便商家进行精准营销和个性化服务。

图 3.4　客户消费行为

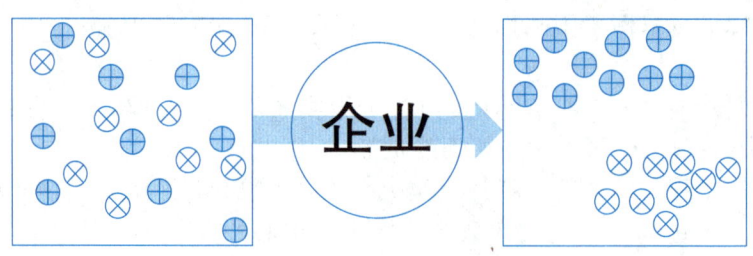

图 3.5　客户消费行为的聚类

例 3.1　在 UCI 机器学习语料库中有类似上述消费行为的消费数据集"Wholesale customers",请在 BAIPLE 中针对该数据集进行 k 均值聚类并显示聚类结果。步骤如下:

① 从 UCI 机器学习语料库中下载"Wholesale customers"数据集并下载到本地,另存文件名为"Wholesale_customers.csv"(例子中保存地址为"C:/sourcecode/datasets/Wholesale_customers/Wholesale_customers.csv",可以直接使用作者提供的文件包中的数据集文件);

② 在 BAIPLE 环境中积木工具箱的人工智能活动,按照图 3.6 拖动积木块并进行相应的设置,其中数据集文件的路径按照第一步保存的文件路径输入。由于数据集中 Channel, Region 两个特征不适合参与聚类,将设置为类标列排除。

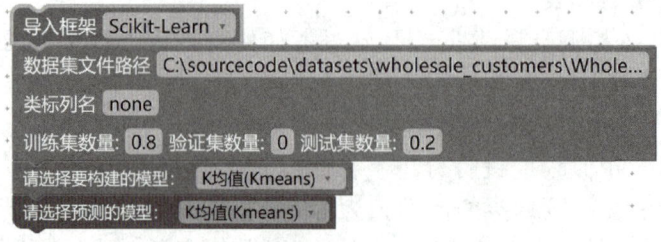

图 3.6　k-means 聚类积木程序

③ 核对右侧语言下拉列表是否选择 Python 语言，产生的代码如下。

```python
import pandas as pd
from sklearn.cluster import KMeans
from sklearn.preprocessing import StandardScaler
import matplotlib.pyplot as plt

# 读取 CSV 文件
dataset = pd.read_csv(r"C:\sourcecode\datasets\wholesale_customers\Wholesale_customers.csv")
# 选择用于聚类的特征列（排除 CHANNEL 和 REGION）
X = dataset[['Fresh', 'Milk', 'Grocery', 'Frozen', 'Detergents_Paper', 'Delicassen']]

# 数据标准化
scaler = StandardScaler()
X_scaled = scaler.fit_transform(X)

# 使用 KMeans 进行聚类
# 这里假设聚类数为 3，但实际应用中可能需要通过肘部法等方法来确定最佳聚类数
kmeans = KMeans(n_clusters=3, random_state=42)
kmeans.fit(X_scaled)

# 获取聚类结果
cluster_labels = kmeans.labels_

# 可视化聚类结果（选择前两个特征进行可视化）
plt.figure(figsize=(8, 6))
plt.scatter(X_scaled[:, 0], X_scaled[:, 1], c=cluster_labels, cmap='viridis', marker='o', edgecolor='k', s=50)

# 标记聚类中心
centers = kmeans.cluster_centers_
plt.scatter(centers[:, 0], centers[:, 1], c='red', s=200, alpha=0.75, marker='X', label='centroids')

plt.xlabel('feature 1 (e.g., FRESH)')
plt.ylabel('feature 2 (e.g., MILK)')
plt.title('k-means clustering on wholesale_customers Dataset')
plt.legend()
plt.grid(True)
plt.savefig('output.png')
```

④ 在 Python 环境中运行右侧的代码显示结果如下。从图 3.7 可以看出聚类效果比较明显。

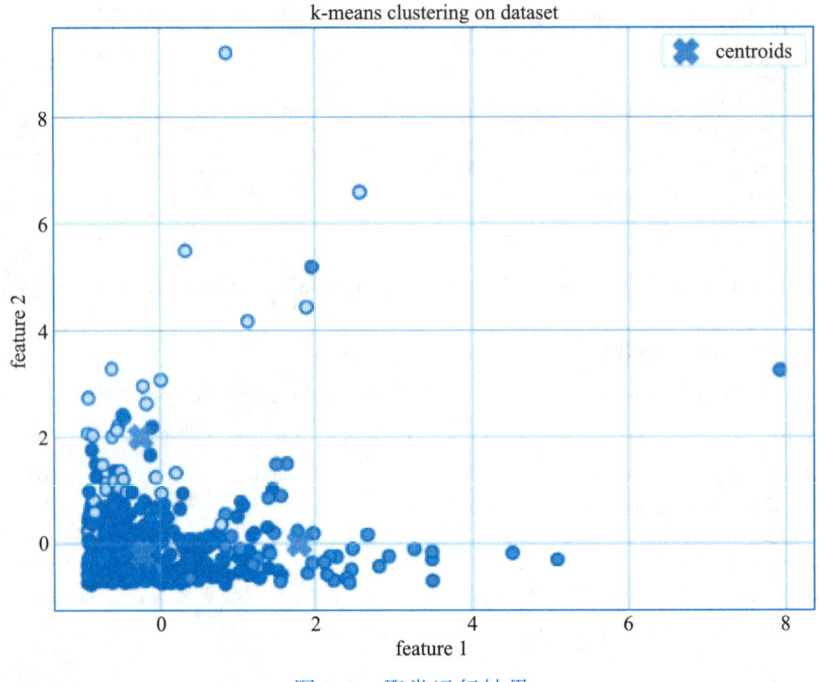

图 3.7 聚类运行结果

3.3.2 主成分分析

主成分分析是一种广泛应用于数据降维和特征提取的多元统计方法，它通过线性变换将原始高维数据转换为一组新的、互不相关的低维数据，这些新的数据被称为主成分。同时，尽可能多地保留原始数据的方差信息，从而实现对数据的有效简化和特征提取。

1. 主成分分析的原理

主成分是原始数据的线性组合，它们相互正交，并且按照方差从大到小排列，方差越大，表示该主成分包含的信息越多。原始数据中的不同特征往往具有不同的量纲和取值范围，这可能会导致某些特征在分析过程中占据主导地位，而其他特征的作用被忽视。通过进行标准化处理则能消除这种量纲的影响，使得每个特征在分析中具有相同的重要性。

设原始数据集为 $\boldsymbol{X}=[x_{ij}]_{n\times m}$，其中，$n$ 是样本数量，m 是特征数量。对于每个特征 $j(j=1,2,\cdots,m)$，其标准化公式为

$$x_{ij}^{*} = \frac{x_{ij} - \mu_j}{\sigma_j} \tag{3-10}$$

其中，$\mu_j = \frac{1}{n}\sum_{i=1}^{n} x_{ij}$ 是第 j 个特征的均值，$\sigma_j = \sqrt{\frac{1}{n-1}\sum_{i=1}^{n}(x_{ij} - \mu_j)^2}$ 是第 j 个特征的标准差。

经过标准化处理后，数据的均值为 0，方差为 1。

协方差矩阵用于衡量数据中各个特征之间的相关性，对于 n 维数据 $\boldsymbol{X}^*$，其协方差矩阵 $\boldsymbol{S}$ 是一个 $n \times n$ 的对称矩阵，矩阵中的元素 S_{ij} 表示第 i 个特征和第 j 个特征之间的协方差，计算公式为

$$S_{ij} = \frac{1}{n-1} \sum_{k=1}^{n} (x_{ki}^* - \overline{x_i^*})(x_{kj}^* - \overline{x_j^*}) \tag{3-11}$$

其中，$\overline{x_i^*}$ 和 $\overline{x_j^*}$ 分别是第 i 个和第 j 个标准化特征的均值，由于已经进行了标准化处理，均值为 0。协方差矩阵的对角元素 S_{ii} 表示第 i 个特征的方差，非对角元素 $S_{ii}(i \neq j)$ 表示第 i 个特征和第 j 个特征之间的协方差。如果两个特征之间的协方差为正，则表示它们呈正相关；如果协方差为负，则表示呈负相关；如果协方差为 0，则表示两个特征相互独立。

对协方差矩阵进行特征分解，得到一系列特征值和特征向量。特征值表示对应主成分的方差大小，特征向量表示主成分的方向。方差越大，说明该主成分所包含的原始数据信息越多。特征向量为 n 维向量，每个分量表示原始特征在该主成分上的权重。

按照特征值从大到小的顺序对特征向量进行排序，选择前 k 个特征向量（k 为降维后的维度），组成一个 $n \times k$ 的投影矩阵 $\boldsymbol{P}=[v_1, v_2, \cdots, v_k]$。将原始数据 $\boldsymbol{X}^*$ 乘以投影矩阵 $\boldsymbol{P}$，得到降维后的数据 $\boldsymbol{Y}$，即

$$\boldsymbol{Y} = \boldsymbol{X} \times \boldsymbol{P} \tag{3-12}$$

其中，$\boldsymbol{Y}$ 是一个 $n \times k$ 的矩阵，每一行表示一个样本在 k 个主成分上的投影值。通过这种方式，我们将原始的 n 维数据降维到了 k 维，同时保留了原始数据的主要信息。此时，实现了对高维数据的降维和特征提取，使得数据更加易于处理和分析，同时也有助于发现数据中的潜在结构和规律。

2. 主成分分析的优缺点

优点：原理清晰，基于协方差矩阵特征分解，实现不复杂。计算高效，可快速处理大规模数据并完成降维。能有效过滤噪声与冗余信息，精准聚焦主要特征，降维效果佳。作为无监督学习方法，不需要先验标签，应用范围广。

缺点：对数据分布有要求，假定数据呈正态分布，不满足时降维效果打折。主成分含义难解释，尤其在高维数据中与原始特征关联模糊。降维必然丢失部分信息，或影响后续分析。对异常值敏感，会干扰协方差矩阵计算及主成分提取。

3. 算法流程

① 输入：数据集 $\boldsymbol{D}$（m 维向量，n 个样本数量，m 个特征数量），降维后的维度 k（$k < m$）。

② 标准化：对数据进行标准化处理，使得每个特征的均值为 0，方差为 1，得到标准化后的数据 $\boldsymbol{D}'$。

③ 计算协方差矩阵：计算 $\boldsymbol{D}'$ 的协方差矩阵 $\boldsymbol{S}$，$\boldsymbol{S}$ 是一个 $m \times m$ 的对称矩阵。

④ 特征分解：对协方差矩阵 $\boldsymbol{S}$ 进行特征分解，得到特征值和对应的特征向量。

⑤ 选择主成分：选择前 k 个特征值对应的特征向量，组成投影矩阵 $\boldsymbol{P}$。

⑥ 降维：计算降维后的数据 $Y=D'P$。

⑦ 输出：降维后的数据 Y。

4. 故事回顾理解

小宾是一名大三学生，长期熬夜赶论文的他体能堪忧，体育课仰卧起坐测试垫底，被同学戏称"脆皮学霸"。为了通过期末体能考核，他咬牙制定三周特训计划：每晚宿舍楼道里，他一边背单词一边做仰卧起坐（Situps），周末在单杠上做引体向上（Chins），用立定跳远（Jumps）代替走路去食堂，甚至用运动后脉搏（Pulse）数据优化休息节奏。第一周他喘如风箱，体重（Weight）纹丝不动；第二周腰围悄悄缩了 1 英寸，却因腿酸差点摔进花坛；第三周验收时，他硬生生把引体向上从 5 次提高到 20 次，体育老师盯着数据表直呼"你这进步曲线比实验报告还标准！"小宾体能训练的数据记录如图 3.8 和表 3.1 所示。

立定跳远   仰卧起坐   检测指标

图 3.8   体能训练的数据记录

表 3.1   体能训练的登记表

序号	引体向上 / 次	仰卧起坐 / 次	立定跳远 / 次
1	15	230	85
2	8	146	62
3	21	310	104
4	3	92	45
5	18	265	91

例 3.2   小宾体能训练特征和机器学习包（Scikit-Learn）中的内置体能训练数据集"Linnerud"完全重合，请在 BAIPLE 中针对进行 PCA 降维并显示运行结果。

步骤如下。

① 在 BAIPLE 环境中积木工具箱的人工智能活动组中按照图 3.9 拖动积木块并进行相应的设置，其中导入框架选择 Scikit-Learn，数据集选择 Linnerud，模型选择 PCA。

② 核对 Python 代码并运行。

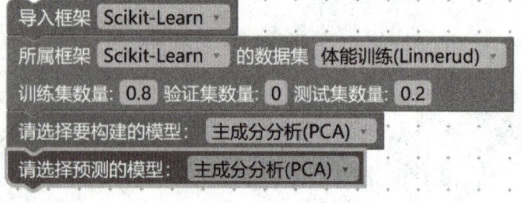

图 3.9   Linnerud 数据集上的 PCA 积木程序

```python
import pandas as pd
from sklearn.decomposition import PCA
from sklearn.datasets import load_linnerud
import matplotlib.pyplot as plt

# 加载内置数据集 Linnerud
dataset = load_linnerud()

# 提取特征和目标变量
X = dataset.data# 前三列是运动变量（Chins、Situps 和 Jumps），在实际应用中，需要根据问题的
具体需求来选择特征
y = dataset.target# 后三列是生理测量变量，对于 PCA，通常只关心特征矩阵 X
# 注意：在实际应用中，你可能需要根据问题的具体需求来选择特征

# 标准化特征（PCA 对特征的尺度敏感）
from sklearn.preprocessing import StandardScaler
scaler = StandardScaler()
X_scaled = scaler.fit_transform(X)
# 应用 PCA 降维
pca = PCA(n_components=2)  # 将数据降维到 2 维
X_pca = pca.fit_transform(X_scaled)

# 可视化降维后的数据
plt.scatter(X_pca[:, 0], X_pca[:, 1])
plt.xlabel('Principal Component 1')
plt.ylabel('Principal Component 2')
plt.title('PCA of Linnerud Dataset (2D projection)')
plt.savefig('output.png')

# 输出 PCA 结果（图 3.10）
print(" 主成分方差解释率 :", pca.explained_variance_ratio_)
print(" 主成分 :", pca.components_)
```

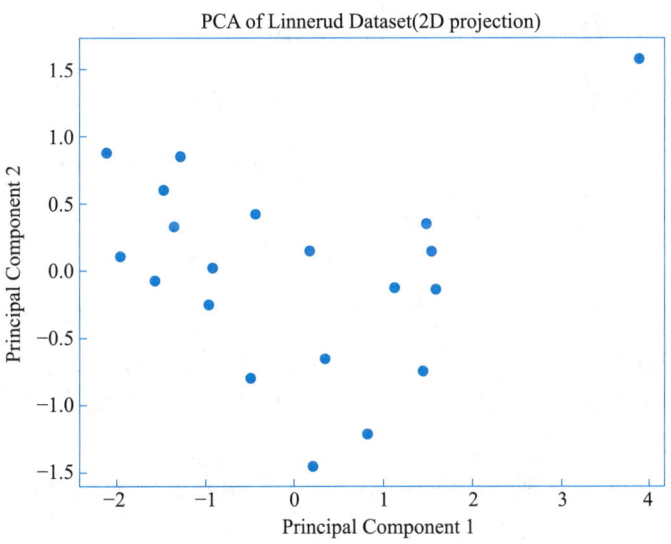

图 3.10　Linnerud 数据集上的 PCA 降维结果

3.3.3　线性回归算法

毕业生小宾，即将从大学毕业，工作单位也已经落实，他满心欢喜地期待着新生活的开始。不过，在正式到单位报到前，他还需要解决一个重要问题——找到合适的房子。小宾知道，找房子可不是件简单的事，尤其是要找到性价比高的房子。他决定利用自己所学的知识，通过数据来预测房屋的价格。他查询了解到，房屋的价格与房屋面积、卧室数以及周边学校的数量等特征密切相关。于是，小宾搜集相关信息后，训练了一个线性回归模型，希望通过这个模型来准确预测房屋的价格，如表 3.2 所示。

表 3.2　基于卧室数量和周边学校数量预测房价

序号	卧室数量/个	周边学校数量	房价/万元
1	2	1	90
2	3	2	120
3	4	3	160
4	3	1	110
5	5	4	220

通过表 3.2 中的数据训练线性回归模型，对待测房屋进行价格预测，结果如图 3.11 所示。

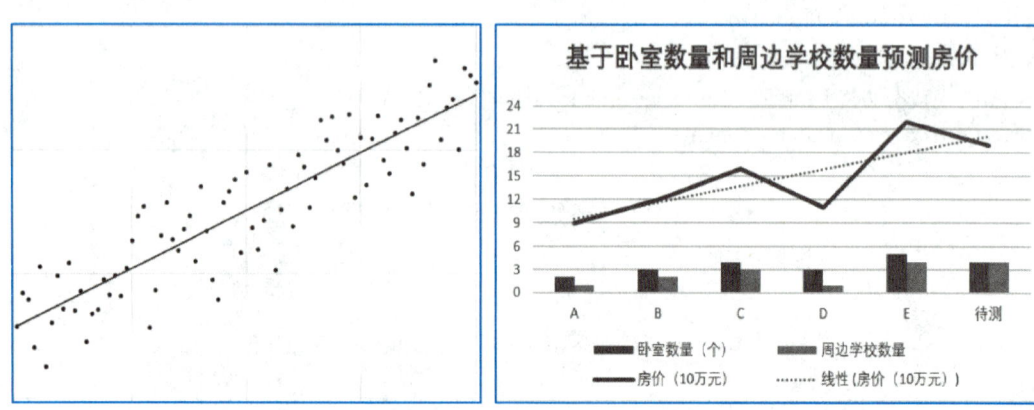

图 3.11　线性回归模型预测

线性回归是一种用于预测连续数值型变量的有监督学习算法，它试图找到一个线性关系，以描述自变量（特征）与因变量（目标变量）之间的关系。它是一种用于建立变量之间线性关系的统计分析方法，分为简单线性回归和多元线性回归。

1．算法原理

线性回归的目标是找到一个线性函数，使其能够最好地拟合给定的数据集。其中，简单线性回归也叫单变量线性回归，是线性回归中最基本的形式。对于单变量线性回归，假设有 n 个样本，每个样本有 m 个特征，线性回归模型可以表示为

$$y = \theta_0 + \theta_1 x_1 + \theta_2 x_2 + \cdots + \theta_m x_m \tag{3-13}$$

其中，y 是预测值，x_i 是第 i 个特征，θ_i 是对应的权重系数，θ_0 是偏置项。线性回归的目标是找到一组最优的权重系数 θ，使得预测值 y 与真实值 y^{true} 之间的误差最小。通常使用均方误差（MSE）作为损失函数，即

$$\text{MSE} = \frac{1}{N} \sum_{i=1}^{n} (y_i - y_i^{\text{true}})^2 \tag{3-14}$$

为了求解最优的 θ，可以使用最小二乘法。最小二乘法通过对损失函数求导并令导数为零，得到正规方程 $\theta = (X^{\text{T}} X)^{-1} X^{\text{T}} y$。其中，$X$ 是特征矩阵，y 是真实值向量。

2. 线性回归算法的优缺点

优点：原理简单直观，理论成熟，容易理解，参数清晰展现变量影响，可解释性强，利于分析，计算效率高，能快速处理大规模数据。

缺点：依赖线性假设，真实世界数据关系复杂，面对非线性情况拟合效果欠佳。对异常值敏感，少量异常数据就能严重干扰参数估计，也受多重共线性困扰，自变量高度相关时，难以准确评估各变量作用。

3. 算法流程

① 输入：训练数据集 D，D 中 x_i、y_i 是连续型的目标变量。

② 数据预处理：对特征进行标准化或归一化处理，以加速模型收敛和提高模型性能。

③ 初始化权重系数 θ，可以初始化为零向量或随机值。

④ 迭代：

a. 计算预测值　根据当前的权重系数，计算预测值。

b. 计算损失　使用均方误差等损失函数计算预测值与真实值之间的损失。

c. 更新权重　使用最小二乘法或梯度下降法等优化算法更新权重系数 θ，使得损失逐渐减小。

⑤ 重复步骤 a~c，直到损失收敛或达到最大迭代次数。

⑥ 输出训练好的线性回归模型，即权重系数。

例 3.3　在房屋价格预测方面，Scikit-Learn 库提供了一个加州房价数据集 california_housing（已经下载到本地文件夹 datasets 里面），在 BAIPLE 中针对该数据集进行线性回归选择并显示运行结果，如图 3.12 所示。

(a)

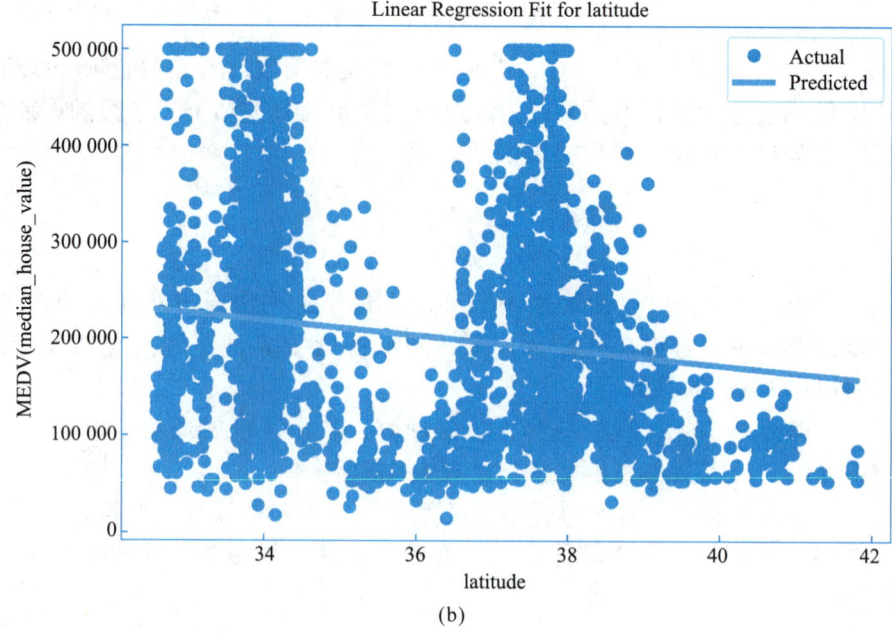

图 3.12　加州房价线性回归模型积木及运行结果

对应的代码如下:

```
import numpy as np
import pandas as pd
import matplotlib.pyplot as plt
from sklearn.model_selection import train_test_split
from sklearn.linear_model import LinearRegression
from sklearn.metrics import mean_squared_error, r2_score

# 1. 读取加州房价离线数据集(CSV 文件)
dataset = pd.read_csv('C:\sourcecode\datasets\california_housing\house.csv')
# 2. 准备特征和目标数据
target_column = 'median_house_value' # 替换为实际的目标列名 'median_house_value'
feature_name = 'latitude' # 线性回归不需要太多特征,这里是 latitude 或 longitude
X = dataset[[feature_name]]
y = dataset[[target_column]]
# 将数据集拆分为训练集和测试集
X_train, X_test, y_train, y_test = train_test_split(X, y, test_size=0.2, random_state=42)
# 创建线性回归模型
model = LinearRegression()
# 训练模型
model.fit(X_train, y_train)
# 进行预测
y_pred = model.predict(X_test)
# 评估模型
mse = mean_squared_error(y_test, y_pred)
r2 = r2_score(y_test, y_pred)
print(f'Mean Squared Error: {mse:.2f}')
print(f'R^2 Score: {r2:.2f}')
```

```
# 可视化拟合结果
plt.scatter(X_test, y_test, color='blue', label='Actual')
plt.plot(X_test, y_pred, color='red', linewidth=3, label='Predicted')
plt.xlabel(feature_name)
plt.ylabel('MEDV (' + target_column + ')')
plt.title(f'Linear Regression Fit for {feature_name}')
plt.legend()
plt.savefig('output.png')
```

3.3.4　逻辑回归算法

逻辑回归算法虽然名字中带有"回归"，但它实际上是一种用于分类问题的有监督学习算法，主要用于二分类任务，也可以通过扩展用于多分类任务。

1．算法原理

逻辑回归模型基于线性回归模型，通过引入逻辑函数（sigmoid 函数）将线性回归的输出值映射到 0 到 1 之间，从而表示样本属于某个类别的概率，如图 3.13 所示。sigmoid 函数的表达式为

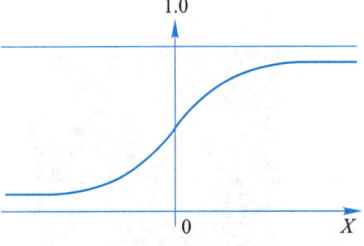

$$\sigma(z) = \frac{1}{1 + e^{-z}} \quad\quad (3-15)$$

图 3.13　逻辑回归 sigmoid 函数

其中，$z = \theta_0 + \theta_1 x_1 + \theta_2 x_2 + \cdots + \theta_m x_m$。对于二分类问题，假设类别标签为 $y \in \{0,1\}$，逻辑回归模型预测样本属于类别 1 的概率为 $P(y=1|x) = \sigma(z)$，属于类别 0 的概率为 $P(y=0|x) = 1 - \sigma(z)$。逻辑回归的目标是找到一组最优的权重系数 θ，使得预测概率与真实类别标签之间的对数似然损失最小。对数似然损失函数为

$$L(\theta) = -\sum_{i=1}^{n} \Big[y_i \log(P(y_i = 1|x_i)) + (1 - y_i) \log(1 - P(y_i = 1|x_i)) \Big] \quad\quad (3-16)$$

求解最优的 θ，通常使用梯度下降法或其他优化算法，通过不断迭代更新权重系数，使得损失函数逐渐减小。

2．逻辑回归算法的优缺点

优点：简单易懂，原理清晰，计算复杂度低，易于实现和快速求解。可解释性强，能明确展示自变量对因变量的影响方向和程度。对数据要求相对不高，能处理各种类型数据，在二分类问题中通常有较好的性能表现。

缺点：假设数据具有线性可分性，对复杂非线性数据拟合能力有限。对数据中的异常值较为敏感，可能影响模型的准确性和稳定性。当特征数量过多时，易出现过拟合，且难以有效处理特征之间的高维相关性。

3．算法流程

① 输入：训练数据集 D，D 中 $x_i = (x_{i1}, x_{i2}, \cdots, x_{im})$。
② 数据预处理：对特征进行标准化或归一化处理。

③ 初始化权重系数 θ。

④ 迭代：

a. 计算预测概率　根据当前的权重系数 θ，计算样本属于类别 1 的概率。

b. 计算损失　用对数似然损失函数计算预测概率与真实类别标签间的损失。

c. 更新权重　使用梯度下降法等优化算法更新权重系数 θ，使得损失减小。

d. 重复步骤 a~c，直到损失收敛或达到最大迭代次数。

⑤ 预测：对于给定的测试样本 x，计算预测概率 $P(y=1|x)$，如果 $P(y=1|x) >$ 0.5，则预测类别为 1；否则预测类别为 0。

⑥ 输出：权重系数 θ、测试样本预测类别标签及模型评估指标。

4. 故事回顾

小宾，这个总泡在生物实验室的同学，此时正为教授留下的鸢尾花品种鉴别任务陷入僵局——传统检索表在三种花交叠的萼片、花瓣特征（图 3.14）上彻底失效。他看了看堆着的三本植物图谱后，又凝视着测量仪跳动的数字，决定采用 Scikit-Learn 库内置的数据集 iris 模板设计数据集，然后用逻辑回归分类器进行分类。鸢尾花数据如表 3.3 所示。

图 3.14　不同种类的鸢尾花

表 3.3　鸢尾花数据

样本编号	萼片长度/cm	花瓣宽度/cm	花柱形态	品种
S-021	5.1	3.5	柱头分叉	山鸢尾
S-045	6.4	2.9	柱头卷曲	变色鸢尾
S-103	4.9	3.0	柱头平展	弗吉尼亚鸢尾
S-087	5.7	2.8	柱头卷曲	变色鸢尾
S-134	6.2	3.4	柱头分叉	山鸢尾

例 3.4　鸢尾花数据集（iris）是典型的逻辑回归数据集，属于 Scikit-Learn 库内置的数据集，请在 Blockly 中针对该数据集进行逻辑回归分类并显示运行结果。积木程序、运行结果如图 3.15 所示，代码如下。

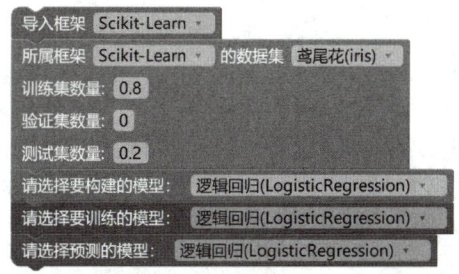

	precision	recall	f1-score	support
setosa	1.00	1.00	1.00	10
versicolor	1.00	0.89	0.94	9
virginica	0.92	1.00	0.96	11
accuracy			0.97	30
macro avg	0.97	0.96	0.97	30
weighted avg	0.97	0.97	0.97	30

图 3.15　鸢尾花数据集上逻辑回归分类积木程序及运行结果

```
import numpy as np
from sklearn.metrics import classification_report
from sklearn.model_selection import train_test_split
from sklearn.linear_model import LogisticRegression
from sklearn.datasets import load_iris
# 加载 iris 数据集
dataset = load_iris()
X = dataset.data
y = dataset.target
dataset_target_names=dataset.target_names
# 将数据集划分为训练集和测试集
X_train, X_test, y_train, y_test = train_test_split(X, y, test_size=0.2, random_state=42)

# 初始化逻辑回归分类器（使用 'lbfgs' 求解器和 'ovr' 多分类策略）
# 注意：'ovr'（一对多）方法将多酚类问题分解为多个二分类问题来处理这种情况（默认为 'auto'）

classifier = LogisticRegression(max_iter=10000, solver='lbfgs', multi_class='ovr', random_
state=42)
# 训练逻辑回归模型
classifier.fit(X_train, y_train)

# 使用测试集进行预测
y_pred = classifier.predict(X_test)

# 生成分类报告
report = classification_report(y_test, y_pred, target_names=dataset_target_names)
print(report)
```

3.3.5 决策树算法

决策树算法是一种基于树结构的分类和回归算法，它通过对数据特征进行测试，根据测试结果将数据逐步划分成不同的子集，直到每个子集中的数据都属于同一类别或者满足一定的停止条件。

1. 算法原理

决策树的构建过程是一个递归的过程。从根节点开始，选择一个最优的特征作为分裂点，将数据集划分成不同的分支。对于每个分支节点，继续选择最优特征进行分裂，直到满足停止条件。停止条件可以是节点中的样本数小于某个阈值、所有样本属于同一类别或者信息增益小于某个阈值等。叶子节点表示分类结果，即该节点中样本所属的类别。信息增益、信息增益比或者基尼指数等指标用于选择最优特征的依据。基尼指数主要衡量的是数据的不纯度，计算相对简单。

基尼指数越小，数据的纯度越高，其在处理二分类问题时效果很好。对于给定的数据集 $D = \{(x_1, y_1), (x_2, y_2), \cdots, (x_n, y_n)\}$，设其中包含 k 个不同的类别，第 k 类样本在数据集 D 中所占的比例为 p_k，则数据集 D 的基尼指数定义为

$$\text{Gini}(D) = 1 - \sum_{k=1}^{K} p_k^2 \qquad (3-17)$$

基于基尼指数的特征划分中，使用某个特征 A 对数据集进行划分时，假设特征 A 有 n 个不同的取值 $A = \{a_1, a_2, \cdots, a_n\}$，根据这些取值将数据集划分为 n 个子集 $\{D_1, D_2, \cdots, D_n\}$，则在特征 A 条件下数据集 D 的基尼指数为

$$\text{Gini}(D, A) = \sum_{i=1}^{n} \frac{|D_i|}{|D|} \text{Gini}(D_i) \qquad (3-18)$$

其中，$|D|$ 表示数据集 D 的样本数量，$|D_i|$ 表示子集 D_i 的样本数量。在决策树的节点划分过程中，遍历所有特征，计算每个特征的基尼指数 $\text{Gini}(D, A)$，并选择基尼指数最小的特征作为当前节点的划分特征。

2. 决策树算法的优缺点

优点：决策树算法简单直观，模型可解释性强，能以清晰的树结构展示决策过程和规则。对数据类型要求宽松，可处理数值型和分类型数据，构建速度快，能处理大规模数据，还可自动发现特征间的重要性和相互关系。

缺点：决策树算法容易过拟合，尤其是在数据特征丰富或噪声较大时。它对训练数据的依赖性强，数据微小变化可能导致树结构大幅改变，稳定性差，而且不适合处理具有复杂关联的连续值数据，泛化能力有时欠佳。

3. 算法流程

① 输入：训练数据集 D、阈值 θ、特征集 A。

② 初始化：创建根节点，将所有样本和特征放入根节点。

③ 递归构建（图 3.16）：

a. 计算每个特征的基尼指数。

b. 选择基尼指数最小的特征 a_{best} 作为分裂特征。

c. 根据 a_{best} 的不同取值，将数据集划分为不同的子集，为每个子集创建一个子节点。

d. 对于每个子节点，如果子节点中的样本数小于阈值 θ，或者所有样本属于同一类别，或者基尼指数小于阈值 θ，则将该子节点标记为叶子节点，确定其类别；否则继续递归构建决策树。

④ 输出：决策树模型。

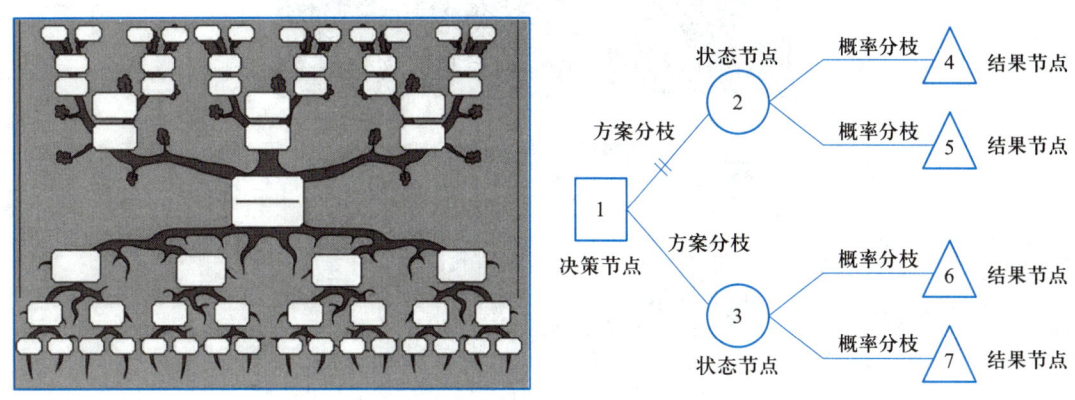

图 3.16　决策树的判断过程

4. 故事回顾

在医院的走廊里，张医生正对着一份厚厚的患者档案皱眉。糖尿病的早期筛查如同黑夜里的拆弹——10 项生理指标、数百份病历，如何从中找到疾病潜伏的蛛丝马迹？

当患者的检查数据输入这棵"数字诊断树"，判断从根节点开始：首先评估血糖水平是否超过临界值（如 126 mg/dL）。若超标，直接进入高危分支；若正常，则转向 BMI 判断——若体重指数≥30，提示肥胖相关风险，需结合血压进一步分析；若 BMI 正常，则考察年龄与家族病史的交互影响。

在后续分支中，血压持续≥140/90 mmHg 的患者会被导向心血管风险子树，而年轻群体（如<40 岁）若伴有胰岛素抵抗指标异常，会触发代谢综合征预警。叶节点通过综合路径中所有关键指标的阈值判断，最终输出低危、中危或高危三级预测。

这棵树通过数据学习到的分裂逻辑，既保留了传统诊疗中"先血糖后代谢"的经验框架，又能捕捉 BMI 与血压的协同作用等新规律。每个判断节点都像一位虚拟医生，根据患者数据层层抽丝剥茧，将复杂的多维指标转化为可视化的风险路径。

例 3.5　针对 Scikit-Learn 库内置的糖尿病数据集 diabetes，请在 Blockly 中针对该数据集以决策树为分类器运行并显示结果，如图 3.17 所示，代码如下。

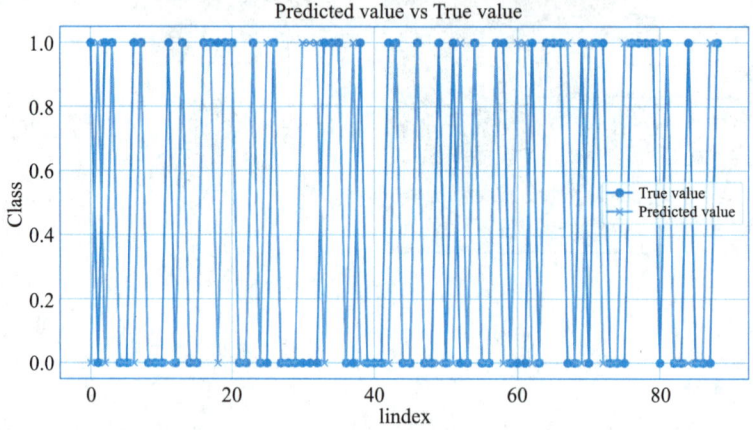

图 3.17　决策树分类器的积木程序及运行结果

```
import numpy as np
import matplotlib.pyplot as plt
from sklearn.datasets import load_diabetes
from sklearn.tree import DecisionTreeClassifier
from sklearn.model_selection import train_test_split
from sklearn.metrics import classification_report, accuracy_score

# 加载示例数据集(例如, diabetes 数据集)
diabetes = load_diabetes()
X = diabetes.data
y = diabetes.target
y_binary = (y > median_target).astype(int)
# 将数据集拆分为训练集和测试集
X_train, X_test, y_train, y_test = train_test_split(X, y_binary, test_size=0.2, random_
state=42)

# 初始化并训练决策树分类器
clf = DecisionTreeClassifier(random_state=42)
```

```
clf.fit(X_train, y_train)
# 对测试集进行预测
y_pred = clf.predict(X_test)
report = classification_report(y_test, y_pred)
accuracy = accuracy_score(y_test, y_pred)

print("Classification Report:")
print(report)
print("\nAccuracy:", accuracy)

# 绘制预测值与真实值的对比图
plt.figure(figsize=(10, 5))
plt.plot(range(len(y_test)), y_test, color='blue', label='True value', marker='o')
plt.plot(range(len(y_pred)), y_pred, color='red', label='Predicted value', marker='x')
# 添加图表标题和标签
plt.title('Predicted value vs True value')

plt.xlabel('Iindex')
plt.ylabel('Class')
plt.legend()
plt.grid(True)

# 显示图表
plt.show()
```

3.4　本章小结

　　本章对机器学习的基本概念、原理和结构等基础内容进行介绍，为后续学习搭建了理论框架。接着为厘清各类型的差异与应用方向，分别深入对机器学习的不同分类讲解，涵盖无监督学习、监督学习、强化学习等主流类别。在常用算法部分，详细剖析了聚类算法、主成分分析、线性回归算法、逻辑回归算法和决策树算法。从原理入手，介绍算法如何运作；分析优缺点，使读者明白其适用与局限场景；阐述算法流程，有助于理解和实现步骤；列举应用场景，展示实际用途。构建了机器学习的知识体系，无论是基础概念还是实用算法，都有清晰呈现，引导推进机器学习的理论与实践的探索。

3.5　本章习题

一、单项选择题

1. 以下属于无监督学习算法的是（　　　　）。

  A．线性回归算法   B．逻辑回归算法

  C．聚类算法   D．决策树算法

2. 线性回归主要用于预测（   ）。

  A．分类变量   B．连续数值变量

  C．离散数值变量   D．文本数据

3. 逻辑回归中用于将线性输出映射为分类概率的函数是（   ）。

  A．指数函数   B．对数函数

  C．sigmoid 函数   D．余弦函数

4. 决策树构建过程中，选择分裂特征依据通常不包括（   ）。

  A．信息增益   B．信息增益比

  C．基尼指数   D．均方误差

5. 以下场景更适合使用决策树算法的是（   ）。

  A．预测明天的股票价格   B．对客户进行聚类分析

  C．评估客户的信用风险等级   D．识别图像中的物体

二、填空题

1. 有监督学习算法是使用带有_____的数据进行学习。

2. 线性回归中常用的损失函数是_____。

3. 逻辑回归主要用于_____任务。

4. 决策树的叶子节点表示_____。

5. 无监督学习中的 PCA 主要作用是_____。

三、综合案例分析

  某学校有 300 条拟转入软件工程和大数据这两个计算机类专业的申请数据，数据涵盖学生性别，高考英语、数学成绩（两科均以 150 分为总分，且英语、数学成绩均不低于 90 分），面试成绩（以 100 分为总分，不低于 70 分）以及转专业初审情况（通过记为 1，不通过记为 0）。教务管理人员需要依据这些数据对申请转入的学生能否顺利推进后续学业进行评估审核，将学生分为"通过"和"不通过"两类，下面给出了部分示例数据以供分析：

序号	性别	高考英语成绩	高考数学成绩	面试成绩	转专业初审情况	能否顺利推进后续学业（审核结果）
1	男	110	120	80	1	通过
2	女	100	130	75	1	通过
3	男	95	105	68	0	不通过
4	女	120	90	85	1	通过
5	男	90	90	70	0	通过
6	女	89	88	90	1	不通过
7	男	105	110	78	1	通过
8	女	92	85	71	0	不通过

问题：分析在这个案例中，选择哪种算法及原因。详细阐述该算法的原理和流程，说明如何应用该算法对学生转入计算机类专业能否顺利推进后续学业进行评估。

3.6　本章实验

实验：机器学习实验。

实验内容：利用 PCA 和任一分类器对 Wine 数据集进行降维并分类。

1. Wine 数据集介绍

（1）基本信息

Wine 数据集诞生于 20 世纪 90 年代，是经典的多分类基准数据，兼具特征多样性和适中的规模，适合演示不同算法的特征选择策略。样本数量为 178 条（Class 0: 59 条，Class 1: 71 条，Class 2: 48 条）。全部为连续数值型，无须编码。

（2）13 个数值特征（化学指标）

① alcohol（酒精）：葡萄酒的酒精含量百分比。

② mlic_acid（苹果酸）：苹果酸浓度（g/L）。

③ ash（灰分）：高温燃烧后的无机物残留量（g/L）。

④ alcalinity of ash（灰分碱度）：灰分的碱度（以碳酸钾计）。

⑤ magnesium（镁）：镁含量（mg）。

⑥ total phenols（总酚）：多酚类物质总量（以酪氨酸计）。

⑦ flavanoids（黄酮类化合物）：黄酮类物质含量（mg）。

⑧ nonflavanoid phenols（非黄酮酚）：非黄酮类酚含量（mg）。

⑨ proanthocyanins（原花青素）：原花青素含量（mg）。

⑩ color_ntensity（颜色强度）：葡萄酒颜色的强度（光学密度测量值）。

⑪ hue（色调）：颜色色调（基于光谱分析）。

⑫ OD280/OD315 of diluted wines（稀释吸光度比值）：稀释后吸光度比值（蛋白质和多酚的指标）。

⑬ proline（脯氨酸）：脯氨酸含量（mg），与葡萄酒的稳定性相关。

（3）3 个类别标签（葡萄酒类型）

数据集的标签表示 3 种不同酿酒葡萄的产地，均来自意大利同一地区（Piedmont）的不同品种。

① Class 0：Barolo 葡萄酒（由 Nebbiolo 葡萄酿造）。

② Class 1：Grignolino 葡萄酒。

③ Class 2：Barbera 葡萄酒。

（4）应用示例

① 分类任务：用 alcohol、flavanoids、color_intensity 区分不同葡萄酒类型。

② 聚类任务：通过 proline 和 magnesium 对样本进行分组。

③ 降维任务：PCA 可提取主成分（如 flavanoids 和 proline 贡献较大的成分）。

2. 具体实验

（1）k 均值聚类

① 任务：无监督分组（假设聚类数=3）。

② 特征选择：

基于方差选择区分度高的特征（如 malic_acid、proline）。

通过轮廓系数评估特征子集的聚类效果。

（2）PCA

① 任务：降维至 2 维。

② 特征转换：

通过方差最大化生成主成分，每个成分是原始特征的线性组合。

第一主成分可能由 flavanoids 和 proline 主导。

（3）线性回归

① 任务：预测葡萄酒的酒精含量。

② 特征选择：

通过皮尔逊相关系数筛选与目标（alcohol）高度相关的特征；使用 p 值检验保留统计显著的特征（如 flavanoids、proline）。

（4）逻辑回归

① 任务：分类葡萄酒类型（3 类，需调整为二分类）。

② 特征选择：

通过 L1 正则化（Lasso）筛选对分类贡献大的特征。

使用系数绝对值判断重要性（如 flavanoids、color_intensity）。

（5）决策树

① 任务：分类葡萄酒类型。

② 特征选择：

通过信息增益或基尼指数选择分裂节点（如 proline、flavanoids）。

第 4 章　人工神经网络与深度学习

　　小智寝室有四个人都喜欢思考。她喜欢养宠物，养了一只猫和一只狗，并拍了大量照片。她在考虑计算机能不能自动将两只宠物的照片快速地分辨出来。小慧在音乐平台上听歌时，就想平台是怎么根据自己的听歌历史和偏好，推荐自己喜欢的歌曲的。小宜喜欢购物，时常在想电商平台总能分析她的购物历史、浏览记录和搜索行为，推荐自己感兴趣的商品。小宾时常在想计算机又是怎样识别手写数字的形状和特征，验证用户的身份证信息，确保安全性。

　　以上场景都是现实生活中经常会遇到的，本质上都是通过对数据的已有信息进行观察和分析，从而实现对数据的分类、整理。人工神经网络可以很好地实现这一功能。以"医智"智能医疗诊断系统为例，该系统利用深度学习算法，结合了人工神经网络（artificial neural network，ANN）的强大计算能力，为医生提供精准的诊断支持。当患者来到医院，陈述其健康问题时，医生通过设备输入相关症状与历史病历。随后，人工神经网络迅速启动，模拟人脑的工作方式，通过多个层级进行信息处理。每一层网络节点都会接收输入数据，进行加权计算，并通过激活函数传递至下一层。这种层层递进的方式使得系统能够识别出复杂的模式和相关性，这正是深度学习的本质。"医智"智能医疗诊断系统为传统医学带来技术革命，提升了病患的诊断与治疗体验，从而推动医疗行业向更智能化的方向发展。

　　本章详细介绍人工神经网络和深度学习相关的内容。

4.1　人工神经元与人工神经网络

4.1.1　生物神经元结构

　　生物神经元是神经系统的基本单元，其结构包括细胞体、树突和轴突。细胞体是神经元的核心，维持细胞生命活动。树突从细胞体延伸，接收来自其他神经元的信号。轴突是一条长长的纤维，传导电信号到其他神经元或效应器。末端的突触是轴突与其他神经元树突的连接点，通过化学递质传递信号。这种构造使神经元成为信息处理和传输的基本模块。生物神经元的结构图如图 4.1 所示。

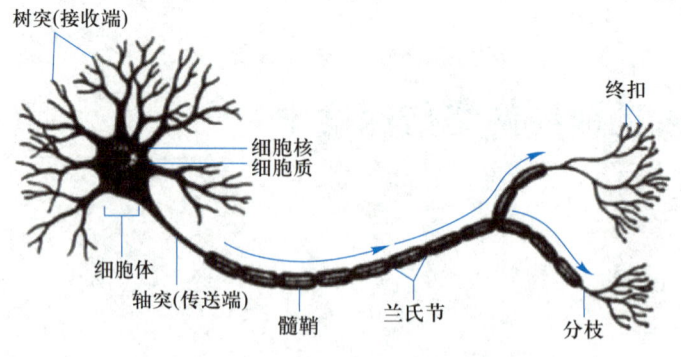

图 4.1   生物神经元的结构图

4.1.2   人工神经元数学模型

人工神经元数学模型是模拟生物神经元的一种数学工具，旨在通过数学公式和算法来模拟人脑处理信息的方式。人工神经元在神经网络中是最基本的构建单元，具有输入、加权求和、激活函数和输出等主要组成部分。一个人工神经元的完整数学模型如图 4.2 所示。

图 4.2 中，$[x_1, x_2, \cdots, x_n]$ 是输入向量，$[w_1, w_2, \cdots, w_n]$ 是对应的权重向量，加权和为 $s=x_1w_1+x_2w_2+\cdots+x_nw_n$。

经过线性或者非线性函数进行激活后，$y=f(s+b)$，其中，f 为结激活函数，b 为偏置变量，y 是输出向量。

4.1.3   人工神经网络的结构

人工神经网络借鉴了生物神经网络的结构和功能，实现机器学习和人工智能应用。人工神经网络的基本结构由输入层、隐藏层和输出层组成，各层由多个人工神经元构成，其结构如图 4.3 所示。

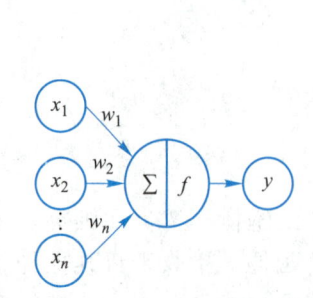

图 4.2   人工神经元的数学模型

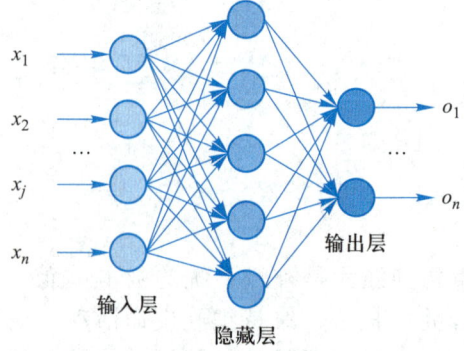

图 4.3   全连接神经网络结构图

输入层是网络的第一层，负责接收数据，每个神经元代表一个输入特征，如图像像素值、文本词向量等。输入数据会被标准化或归一化，确保数据在合理范围内。

　　隐藏层是输入层与输出层之间的层，可以是一层或多层，隐藏层中的神经元数目、层数及其连接方式是决定网络性能的重要参数。隐藏层的神经元通过权重与前一层的神经元相连接，并应用激活函数（如 ReLU、sigmoid、tanh）进行非线性变换，形成复杂的特征提取能力。

　　输出层是神经网络的最后一层，用于生成预测结果。输出层的神经元数量与特定任务相关，例如，分类任务（如手写数字识别）通常需要多个神经元，输出不同的类别；在回归任务（如房价预测）中需要输出一个具体数值，通常输出层需要一个神经元。

　　其中，全连接神经网络（fully connected neural network，FCNN）是人工神经网络的一个特例，以其简单直观的结构和基础的学习机制而广受欢迎。图 4.3 展示的就是一个标准的全连接神经网络，其网络结构的一个最大特点是层与层按顺序排列，每一层的每个神经元都和下一层的所有神经元相连。全连接神经网络广泛适用于分类、回归等多种任务。但要注意的是，由于 FCNN 的每一层完全连接，参数数量随着层数和神经元数量的增加而急剧增加，容易导致过拟合，并且在处理复杂数据时能力有限。

4.1.4　人工神经网络的工作方式

　　人工神经网络的工作主要分为两个阶段：前向传播（forward propagation）和反向传播（backward propagation）。前向传播：数据从输入层经过隐藏层到达输出层，逐层计算神经元的加权和并通过激活函数得到输出。反向传播：计算误差（如均方误差或交叉熵损失），采用优化算法（如随机梯度下降法）调整神经网络权重，经反复迭代，当最小化误差时得到网络模型的最佳权重，具体神经网络的学习方式可以在 4.2 节中学习。神经网络的工作方式如图 4.4 所示。

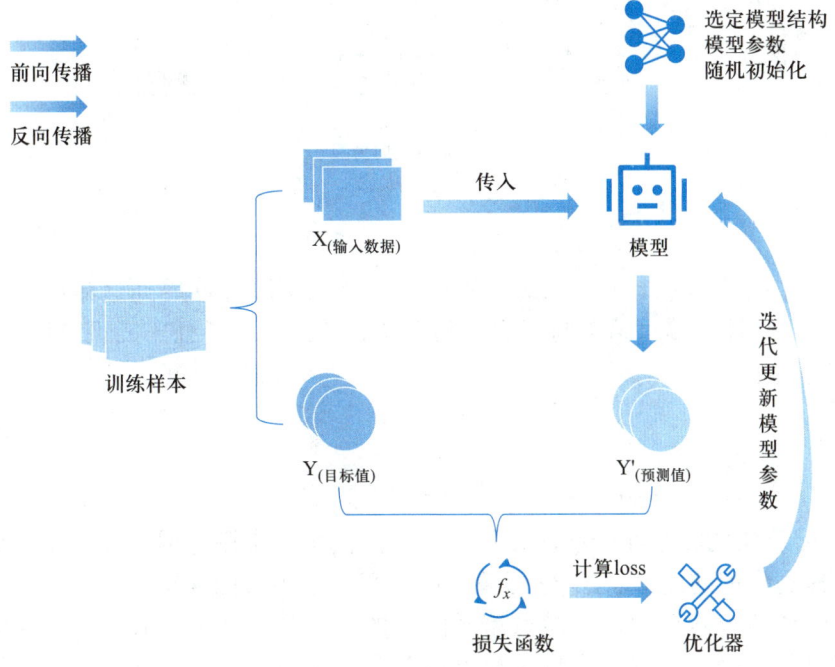

图 4.4　神经网络的工作方式

总之，前向传播可以看作是从想法到表达的过程，而反向传播则像是从反馈中不断优化表达的过程。

4.2　BP 神经网络及其学习算法

4.2.1　BP 神经网络的结构

BP（backward propagation，反向传播）神经网络是基于误差反向传播算法进行训练的多层前馈神经网络，常用于人工神经网络、全连接神经网络以及其他深度神经网络，具有明确的结构特点，可以有效处理复杂的模式识别、分类、回归等任务。其基本结构如图 4.5 所示。

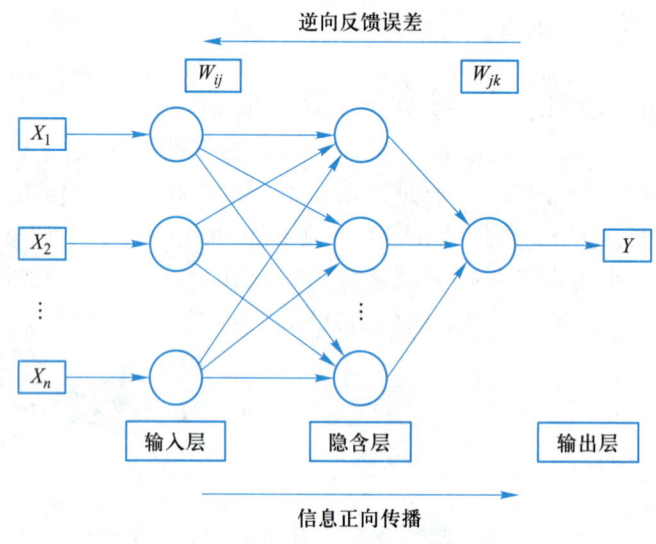

图 4.5　BP 神经网络的结构图

其中，输入数据 $[x_1, x_2, \cdots, x_n]$ 从输入层经隐藏层计算后到达输出层，得到输出数据 Y，再计算出输出结果与真实值的误差，通过反向传播不断调整网络的权重，以得到最优结果。

4.2.2　BP 学习算法

BP 学习算法的核心在于前向传播和误差反向传播来调整网络权重，使得网络逐渐优化，提高模型的能力。BP 学习算法的过程可以参考图 4.6。

这里以"神奇糕点师与智能烘焙学院"的故事将图 4.6 所示的人工神经网络的训练过程进行比喻：在智能烘焙学院里培养着最聪明的糕点师，糕点师们的目标是

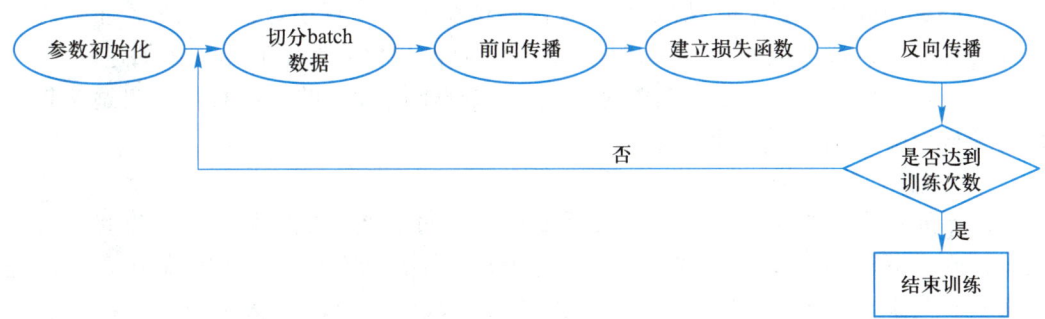

图 4.6　人工神经网络的训练过程

做出最符合客人口味的蛋糕，而他们的烘焙技艺就像人工神经网络一样，需要不断调整和学习才能完美。

1. 初学者的准备——初始化网络参数

新手糕点师刚入学时，并不知道什么配方最受客人欢迎，因此他们随机选择了一些配方参数，比如面粉、糖、鸡蛋的比例。这就像神经网络在训练开始时随机初始化权重，还没有找到最优的配方。

2. 小批量试做——切分 batch 数据

为了更快找到最佳配方，糕点师不会一次性做上千个蛋糕，而是选取一小批蛋糕进行试做（batch）。这样可以节省食材，提高试验效率，同时更快发现配方的好坏，就像神经网络在训练时采用小批量数据进行优化。batch 处理可以显著提高计算效率，减少内存使用，并加速模型收敛。常见的 batch 大小有 32、64、128 等。

3. 送蛋糕给顾客品尝——前向传播

糕点师按照配方制作蛋糕，并让顾客试吃。他们观察每位顾客的表情和反馈，看看蛋糕是否符合口味。这就像神经网络的前向传播过程，输入的是食材比例，经过一层层的烘焙（神经元处理），最终得到一个输出——顾客的反馈（模型预测）。

4. 顾客评分——建立损失函数

顾客们会对蛋糕评分，如理想的蛋糕应该是 10 分，而糕点师做出的蛋糕可能只有 7 分。那么这个 3 分的差距就是误差（loss）。神经网络也是这样，通过损失函数计算预测值与真实值之间的误差。

5. 调整配方——反向传播

糕点师们不甘心，他们要改进配方。他们仔细分析顾客的反馈，比如"太甜了"或"口感不够松软"，然后逆向推理：是不是糖放多了？是不是蛋白打发不够？于是，他们逐步调整食材比例，希望下次能做得更好。这就像神经网络的反向传播，误差信号会从最终评分反向传递到每个食材的比例上，调整面粉、糖和鸡蛋的量，让下一次蛋糕的味道更接近完美。

6. 选择更聪明的调整策略——优化学习

糕点师们有很多调整策略。

SGD（随机梯度下降）：每次小幅调整配方，逐步优化，就像一点点减少糖量，看顾客是否更满意。

Momentum（动量法）：如果某个方向的调整效果一直很好，如减少糖量后顾客评分一直上升，那么他们会大胆减少更多糖，就像优化算法中利用动量加速收敛。

Adam（自适应调整）：智能糕点师还能根据不同食材的影响程度，自适应地调整每种材料的变化幅度，让学习更加高效。

7. 迭代训练（epochs），直到蛋糕完美

糕点师不会只尝试一次，而是要反复试验，每次调整配方后重新试做蛋糕，让顾客试吃，获取新的反馈，继续调整。这个过程不断循环，直到他们做出最受欢迎的蛋糕！这就像神经网络的训练，需要多轮 epochs（训练轮次），直到误差收敛，达到最佳模型效果。

通过以上步骤的实施，BP 神经网络能够有效地从数据中学习，并应用于各种复杂的任务，如图像分类、语音识别和自然语言处理等。

4.2.3　BP 神经网络的应用——手写数字识别

故事引入：小宾暑假到菜鸟驿站参加社会实践，每天需要处理大量的快递单号录入工作，偶尔出现因单号录入错误导致的包裹延误和丢失问题。她偶然在网上了解到了手写数字识别技术，并认为这项技术能够极大地提升菜鸟驿站的工作效率并向店长推荐使用。

手写数字识别是一个典型的图像分类问题。在处理快递单号的简单图像分类任务时，可以使用基于 MNIST 数据集的手写数字识别模型。MNIST（modified national institute of standards and technology）是一个经典的手写数字识别数据库，广泛用于机器学习和深度学习模型的训练和测试。它包含了 0 到 9 之间 10 个类别的手写数字图像，每个图像为 28×28 像素的灰度图，数据集中总共有 70 000 个样本，其中 60 000 个用于训练，10 000 个用于测试，MNIST 数据集中的图片示例如图 4.7 所示。

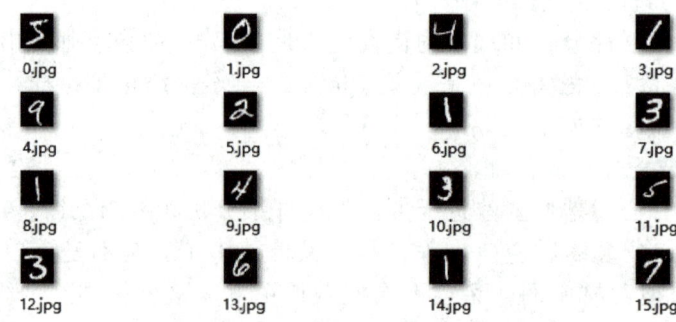

图 4.7　MNIST 数据集中的图片示例

可以构建一个基于 BP 学习算法的全连接神经网络实现，如图 4.8 所示，其中输入数据维度是 1×28×28，"1"代表通道数，表示是灰度图，"28×28"是图片的宽度和高度，因此输入层具备 784 个神经元。隐藏层是具有 15 个神经元的一层，输出是 0 到 9 之间的多分类结果。

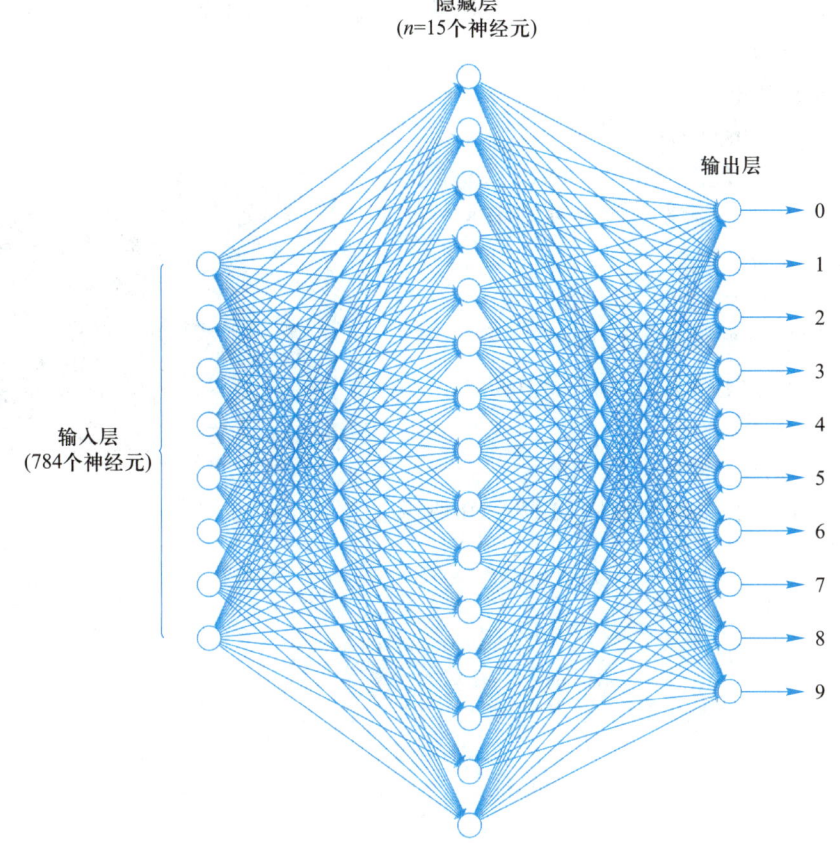

图 4.8 手写数字识别的全连接神经网络结构

搭建好神经网络后，采用 BP 学习算法不断训练，调整网络参数，使得该网络能学习手写数字的笔画特征（如形状、曲线、交叉点等）。训练好一个性能很好的模型后可以将其应用于银行支票识别、考试答题卡自动阅卷、快递单号识别等场景。

基于 BP 学习算法的全连接神经网络是一种前馈神经网络，采用误差反向传播算法进行训练。可以将 MNIST 数据集的数字作为目标数据，实现多分类任务，按图 4.9 所示的流程步骤开展任务。

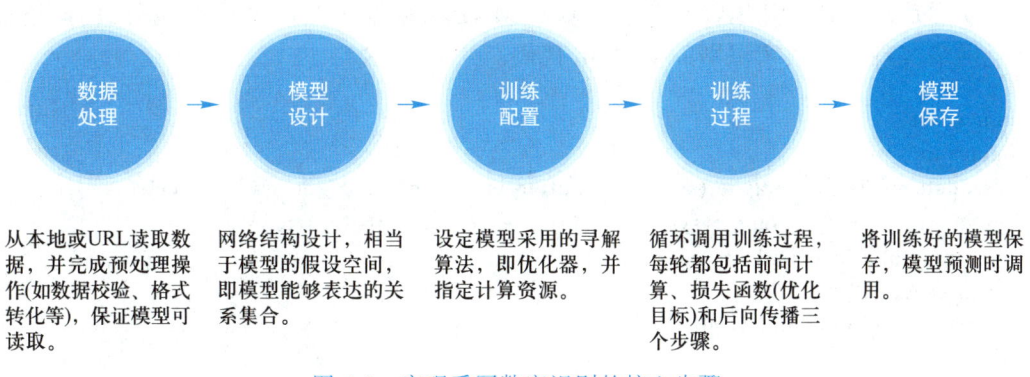

图 4.9 实现手写数字识别的核心步骤

例 4.1 利用 BAIPLE 平台基于 MNIST 数据集执行 BP 学习算法的全连接神经网络实现手写数字识别。

具体步骤如下。

① 导入 Keras 框架。

② 加载手写数字数据集 MNIST，并进行参数设置，如训练集数量的比例为 0.8，测试数据集的比例为 0.2。

③ 构建的模型选型：FCNN。

④ 训练的模型选型：FCNN。

⑤ 保存模型路径，如 C:/Blockly-AI-Program/temp_files。

⑥ 选择预测的模型：FCNN。

手写数字识别的积木程序如图 4.10 所示。

运行结果如图 4.11 所示。

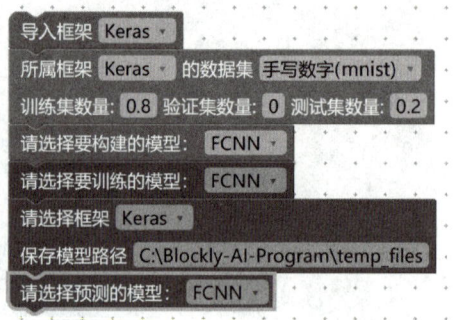

图 4.10 手写数字识别的积木程序

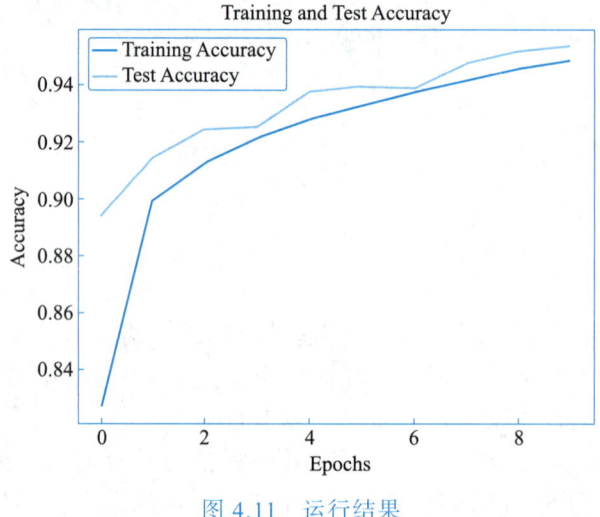

图 4.11 运行结果

以下是例 4.1 利用 BAIPLE 平台基于 MNIST 数据集执行 BP 学习算法的全连接神经网络实现手写数字识别的 Python 代码。

```
import sys
import io
sys.stdout=io.TextIOWrapper(sys.stdout.buffer, encoding='utf-8', errors='replace'
sys.stderr=io.TextIOWrapper(sys.stderr.buffer, encoding='utf-8', errors='replace')
import matplotlib as mpl
mpl.use('Agg')
import matplotlib.pyplot as plt
try:
```

```
import tensorflow as tf
from tensorflow import keras
from tensorflow.keras.models import load_model
from tensorflow.keras import layers, models
import matplotlib.pyplot as plt
import numpy as np
import time
# 超参数设置
params = {
    "learning_rate": 0.01,
    "num_epochs": 10,
    "batch_size": 64,
    "train_size": 50000,
    "val_size": 10000,
    "test_size": 10000,
    "hidden_nodes": 128
}
physical_devices = tf.config.list_physical_devices('GPU')
if physical_devices:
    print(f"Number of GPUs available: {len(physical_devices)}")
else:
    print("No GPU found. Training will be done on CPU.")
# 下载 MNIST 数据集并进行预处理
(x_train, y_train), (x_test, y_test) = keras.datasets.mnist.load_data()
# 归一化到 [-1, 1]
x_train, x_test = x_train / 127.5 - 1, x_test / 127.5 - 1
# 重新划分训练集和验证集
x_val, y_val = x_train[params['train_size']:], y_train[params['train_size']:]
x_train,y_train= x_train[:params['train_size']], y_train[:params['train_size']]
# 展平输入数据
x_train = x_train.reshape(-1, 28 * 28)
x_val = x_val.reshape(-1, 28 * 28)
x_test = x_test.reshape(-1, 28 * 28)
# 定义 FCNN 模型
def build_model():
    model = models.Sequential([
        layers.Dense(params['hidden_nodes'],activation='relu',input_shape=(28 * 28,)),
        layers.Dense(10, activation='softmax')])
    return model
# 创建模型并编译
model = build_model()
model.compile(optimizer=keras.optimizers.SGD(learning_rate=params['learning_rate']), loss=
'sparse_categorical_crossentropy',metrics=['accuracy'])
# 训练模型
history = model.fit(x_train, y_train,validation_data=(x_val, y_val),
    epochs=params['num_epochs'],batch_size=params['batch_size'])
# 可视化训练过程中的准确率变化 验证与测试
```

```
    import matplotlib.pyplot as plt
    plt.plot(history.history['accuracy'], label='Training Accuracy')  # 绘制训练集准确率曲线
    plt.plot(history.history['val_accuracy'], label='Test Accuracy')  # 绘制验证集准确率曲线
    plt.legend()  # 显示图例
    plt.xlabel('Epochs')  # 横坐标名称：训练轮次
    plt.ylabel('Accuracy')  # 纵坐标名称：准确率
    plt.title('Training and Test Accuracy')  # 图表标题
    plt.savefig('output1.png')
    plt.savefig('output.png')
except Exception as e:
    print(" 执行错误 :", str(e))
```

4.3　深 度 学 习

　　深度学习是一个复杂的机器学习算法或子领域，是人工神经网络的一种先进形式，强调从连续的层中学习。其中"深度"在某种意义上是指神经网络的层数，通常包含数十到数百层，而"学习"是指训练神经网络的过程。

　　深度学习与机器学习的本质区别，在于两者提取特征的方式不同。如图 4.12 所示，对同一张图片进行分类识别，虽然最终都能实现分类结果，但是在实现过程中两者有本质的差别。深度学习（如卷积神经网络）能自动从原始图像中学习到重要特征，不需要人工干预，而机器学习大多是手动选取特征和构造特征，如需要手动选取图像的色彩、形状等特征，并把这些特征转化为数值，如 $[0.8, 0.3, 1.2, \cdots]$。因此，深度学习专注于利用深层网络处理复杂任务，适用于大数据和非结构化数据，如图像识别、语音识别、自然语言处理等复杂任务，但训练需要高计算资源和更长时间。

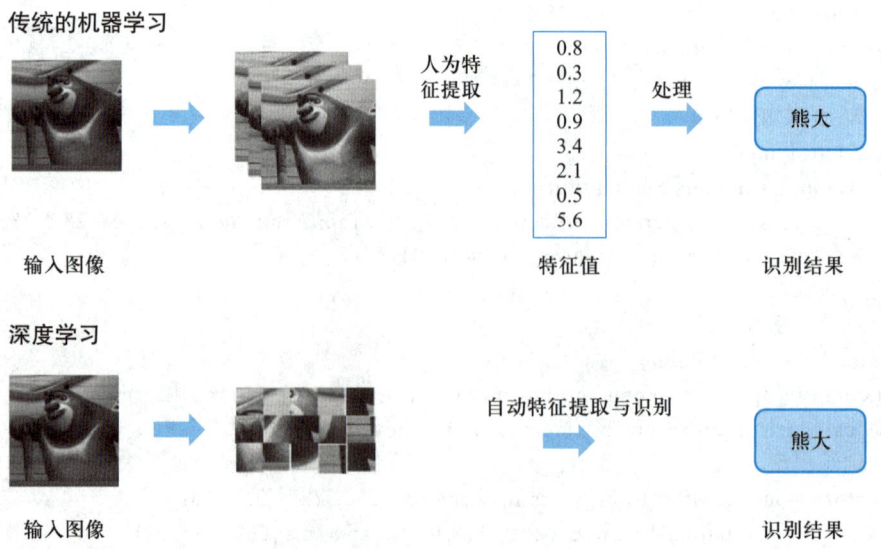

图 4.12　深度学习与机器学习提取特征的区别

4.3.1　深度学习的原理

深度学习同样是模拟人类大脑的工作方式，通过多层神经元连接形成的深度神经网络（deep neural network，DNN）来自动学习数据特征，其结构也包含输入层、隐藏层和输出层。

图 4.13 以隐藏层是多个全连接层的形式展示了一个深度神经网络结构，其中，隐藏层是 n 层，表示深度。深度神经网络不仅包括传统的人工神经网络，还涵盖了更加复杂的网络架构，如卷积神经网络、循环神经网络、Transformer 等，这些更复杂的网络结构在后续的章节会陆续介绍。

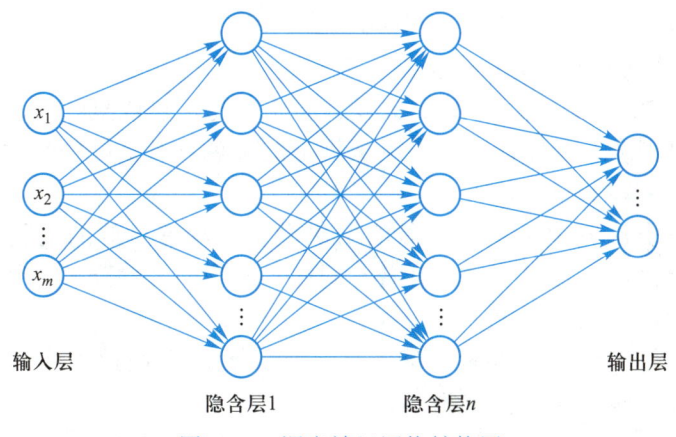

图 4.13　深度神经网络结构图

深度神经网络的学习过程仍然分为前向传播、反向传播和不断优化调整网络参数的过程。读者可以阅读 4.2 节，利用反向传播算法对深度神经网络进行训练。

4.3.2　深度学习的核心要素

深度学习的成功依赖于多个核心要素的协同工作。这些要素包括大量高质量的数据、合适的模型架构、有效的激活函数、损失函数和优化算法以及妥善的正则化技术和计算资源等。为了帮助初学者更好地理解深度学习的核心要素，我们可以将深度学习视为烹饪美食的过程，而以下要素则对应于烹饪中的不同环节。

1. 大量高质量的数据（食材）

就像烹饪的基础是高质量的新鲜食材，深度学习的数据集决定了模型的质量。使用不新鲜或劣质的食材，成品无法美味可口；同样，不良或不足的数据将导致网络学习到错误的信息，从而影响模型的表现。

2. 合适的模型架构（食谱）

模型架构就像是烹饪的食谱，不同的食谱适用于不同的菜肴。一个适合制作蛋糕的食谱无法用来做意大利面。相应地，选择合适的模型架构（如卷积神经网络、循环神经网络等）对于特定任务至关重要。

3. 有效的激活函数（调味品）

激活函数就像烹饪中的调味品，它们为菜肴增添风味。在深度学习中，激活函数（如 ReLU、sigmoid 等）决定了神经元的输出，适当的"调味"可以帮助模型更好地捕捉数据的复杂性。

4. 损失函数（反馈）

损失函数就像是在烹饪过程中尝味道的过程，帮助你判断食物的口感是否合适。通过损失函数，模型得以评估预测的准确性，从而不断调整"烹饪"过程。

5. 优化算法（厨师的技巧）

优化算法类似于厨师的烹饪技巧或方法，决定了如何有效地调整配料、火候等，以达到最佳的烹饪效果。选择合适的优化算法（如 SGD、Adam 等）能够提高模型训练的效率和效果。

6. 妥善的正则化技术（控制火候）

正则化技术就像是在烹饪中控制火候，防止食物过热或烹饪过度。通过正则化，可以避免模型过拟合，确保模型在未见数据上的表现具有更好的泛化能力。

7. 计算资源（厨房设备）

最后，计算资源就像是烹饪所需的厨房设备。没有高效的锅具、烤箱和工具，即使再好的食谱也难以实现美味的菜肴。同样，合理的硬件配置（如 GPU、TPU 等）会加速模型的训练和优化过程。

总之，深度学习的核心要素协同工作过程，就像烹饪过程中的各个环节一样，缺一不可，最终才能呈现出美味的"成果"。

4.3.3　深度学习的应用

随着现代计算机技术的高速发展，海量的数据、强大的算力以及智能的算法，使得深度学习在诸多领域得到广泛应用。例如，基于卷积神经网络的图像识别、图像分割、无人驾驶（图 4.14）等，基于长短时记忆网络的语音识别，基于 Transformer 模型（如 BERT 和 GPT 系列）的自然语言处理等。

图 4.14　基于深度学习的无人驾驶

这里以无人驾驶汽车的案例，阐述其背后深度学习的应用原理。无人驾驶汽车，不需要真实人员的操控，车载有一位训练有素的"智能司机"，其具有以下能力。

感知能力（视觉系统）：就像人类司机靠眼睛观察周围，智能汽车通过安装在车上的摄像头和传感器收集数据。这些数据经过深度学习模型处理，能够识别周围的行人、车辆、交通信号灯等。

决策能力（思考过程）：智能司机不仅能看到，还需判断。例如，面对红灯，他会停下；而面对绿灯，则会继续前行。这一过程由深度学习算法（如卷积神经网络）处理复杂的视觉数据，得出行驶决策。

反应能力（灵活应变）：如果前方突然出现了障碍物，智能司机会迅速反应，采取适当的行动（如刹车或避让）。智能汽车利用深度学习及时分析周围环境，执行这些决策以保障安全。

4.4 卷积神经网络

4.4.1 卷积神经网络起源与发展

卷积神经网络是深度学习中最重要的模型之一，尤其在计算机视觉领域取得了巨大成功。以下是卷积神经网络的发展史，涵盖了从早期概念到现代应用的里程碑。

1. 早期概念与理论基础（20 世纪 60—80 年代）

1962 年，生物学家 Hubel 和 Wiesel 通过研究猫的视觉皮层，发现了视觉系统中的"感受野"概念，这为卷积神经网络的设计提供了生物学基础。

1980 年，日本科学家福岛邦彦提出了 Neocognitron，这是第一个受生物视觉系统启发的神经网络模型，被认为是卷积神经网络的雏形，但由于当时计算资源有限，未能广泛应用。

2. 卷积神经网络的诞生（1989 年）

1989 年，Yann LeCun 等人提出了 LeNet，这是第一个真正意义上的卷积神经网络。LeNet 最初用于手写数字识别（如邮政编码识别）。LeNet 的核心结构包括卷积层、池化层和全连接层，并首次使用反向传播算法进行训练，其网络结构如图4.15 所示。

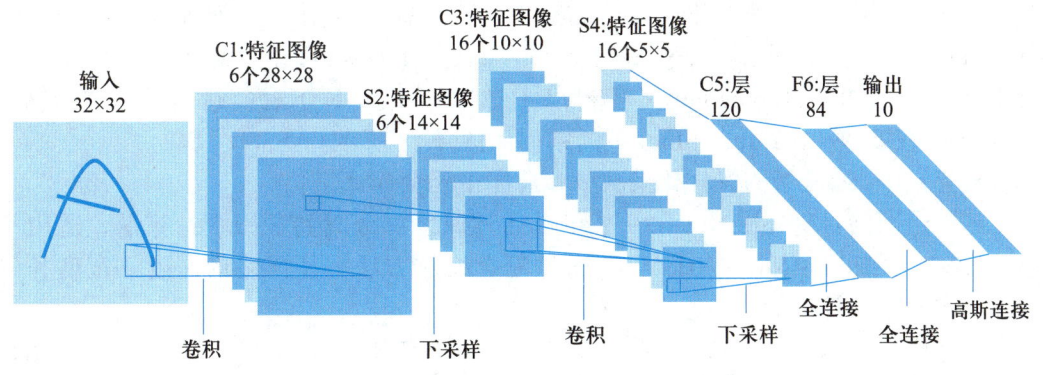

图 4.15 LeNet 网络实现手写字母识别

3. 卷积神经网络的低谷期（1990—2000 年）

1990—2000 年，由于计算资源有限、数据量不足以及算法优化不足，卷积神经网络的研究进展缓慢。传统的机器学习方法（如 SVM）在计算机视觉任务中占据主导地位。

4. 卷积神经网络的复兴（2012 年）

2012 年，Alex Krizhevsky 等人提出了 AlexNet，并在 ImageNet 大规模视觉识别挑战赛（ILSVRC）中以显著优势获胜，这标志着卷积神经网络在图像识别任务中的成功应用，开启了卷积神经网络的新时代。AlexNet 网络结构如图 4.16 所示。

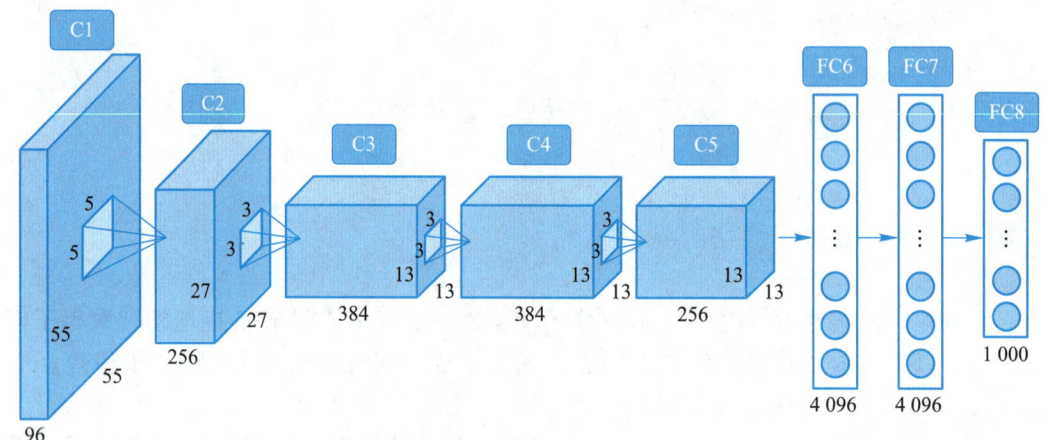

图 4.16　AlexNet 网络结构

5. 卷积神经网络的快速发展（2012—2016 年）

2014 年，VGGNet 由牛津大学提出，其特点是使用更深的网络结构（16~19 层）和小尺寸卷积核（3×3）。VGGNet 在 ImageNet 上取得了优异的性能，并成为后续模型设计的重要参考，其网络结构如图 4.17 所示。

2014 年，GoogLeNet 由谷歌团队提出，引入了 Inception 模块，通过多尺度卷积核并行提取特征，减少了参数量并提升了性能。GoogLeNet 在 ImageNet 比赛中获胜，并成为轻量级网络设计的典范。

2015 年，ResNet（残差网络）由何恺明等人提出，引入了残差连接（residual connection），解决了深层网络中的梯度消失问题。ResNet 可以训练极深的网络（如 ResNet-152），并在 ImageNet 比赛中以 3.57% 的错误率夺冠，超越了人类水平。ResNet 的残差块（residual block）的结构如图 4.18 所示。

6. 卷积神经网络的多样化发展（2016 年至今）

轻量化网络：MobileNet（2017 年）通过深度可分离卷积减少计算量，适用于移动设备；EfficientNet（2019 年）通过复合缩放方法平衡网络的深度、宽度和分辨率，实现了高效性能。

目标检测与分割：R-CNN 系列（2014—2017 年）包括 R-CNN、Fast R-CNN、Faster R-CNN，逐步提升了目标检测的效率；YOLO（you only look once）系列

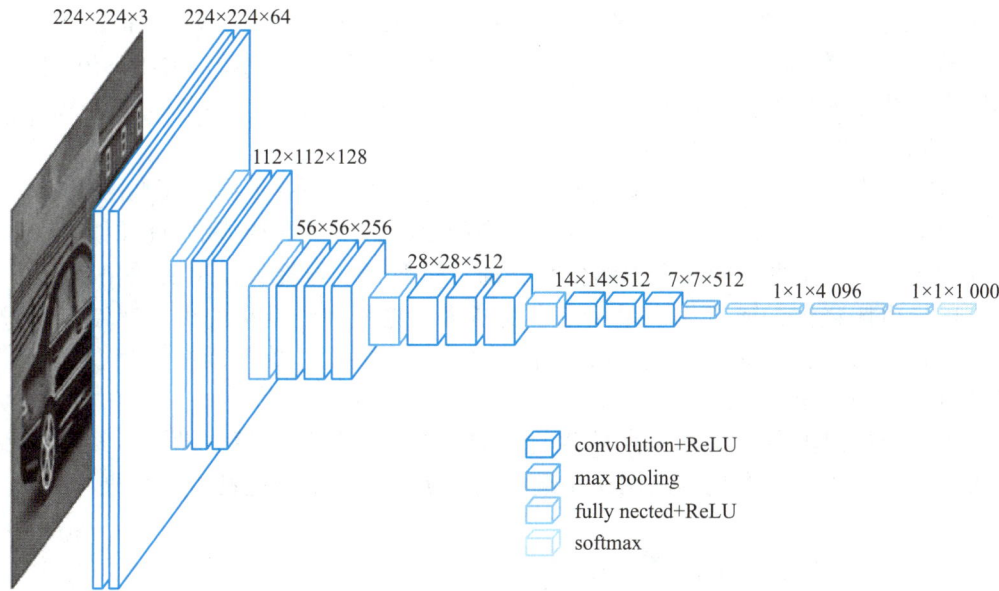

图 4.17　VGGNet 网络结构

（2016 年至今）通过单阶段检测实现了实时目标检测，其特点是速度快和全局理解，广泛应用于自动驾驶、安防、工业检测等领域，如图 4.19 所示。

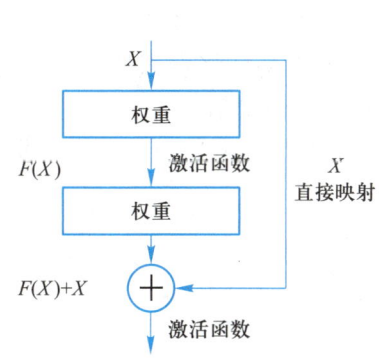

图 4.18　ResNet 的残差块（residual block）的结构

图 4.19　YOLOv8 实现实时目标人物检测

自注意力机制与 Transformer：Vision Transformer（ViT）将 Transformer 引入计算机视觉领域，通过自注意力机制替代传统的卷积操作；Swin Transformer 通过分层设计和滑动窗口机制，提升了 Transformer 在视觉任务中的性能。

生成模型：生成对抗网络通过生成器和判别器的对抗训练生成逼真数据，广泛应用于图像生成、风格迁移等任务；扩散模型（2020年至今）通过"加噪–去噪"过程生成高质量数据，在图像生成任务中表现出色，尤其是Stable Diffusion在文本到图像生成中取得了突破性进展。

7. 卷积神经网络的未来方向

更高效的模型：通过模型压缩、量化和剪枝等技术，进一步提升模型的效率。

多模态学习：结合视觉、语言和音频等多种模态，实现更智能的AI系统。

自监督学习：减少对标注数据的依赖，通过自监督学习提升模型的泛化能力。

伦理与可解释性：随着模型应用范围的扩大，卷积神经网络的可解释性与伦理问题将引起更多关注。研究人员将致力于提升模型透明度，确保其在医疗、金融等领域的可靠性与安全性。

卷积神经网络的发展史从早期的生物学启发到现代的高效模型设计，经历了多次突破与创新。未来，卷积神经网络将继续朝着更高效、更智能的方向发展。

4.4.2 卷积神经网络的基本结构

卷积神经网络由多个层级堆叠而成，主要包括卷积层、池化层、全连接层等组件，以下进行详细介绍。

1. 卷积层

卷积层（convolutional layer）负责特征提取，通过卷积操作提取输入数据的局部特征。卷积层使用多个卷积滤波器（或核）对输入数据进行卷积运算，生成多个特征图。每个卷积滤波器使用可训练的参数，能够学习到图像中的边缘、纹理等底层特征。

卷积层中涉及一些关键参数：卷积核大小，通常为3×3或5×5的矩阵；步长（stride），控制卷积核移动的间隔；填充（padding），用于保持输入输出尺寸一致。

与全连接采用的简单的乘法和加法运算不同，卷积运算将卷积核依序遍历输入数据的每一个卷积核大小区域，按遍历的位置关系得到输出结果。

例如，图4.20使用一个3×3的卷积核对二维输入数据（4×4）进行卷积运算。

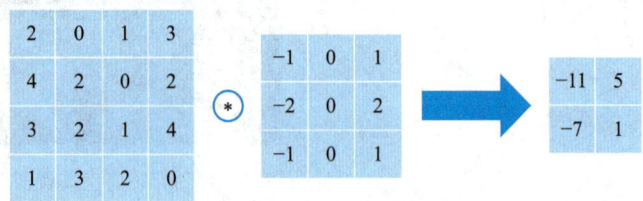

图4.20 二维卷积的计算过程

首先，将卷积核放置到数据左上角的3×3区域，将每个对应位置的数值相乘后再相加。

得到$2 \times (-1) + 0 \times 0 + 1 \times 1 + 4 \times (-2) + 2 \times 0 + 0 \times 2 + 3 \times (-1) + 2 \times 0 + 1 \times 1 = -11$，这

个数值作为输出结果左上角的值。

接着，卷积核向右滑动，与右上角的 3×3 区域执行相同的计算，得到结果 5。将结果放置到输出结果的右上角位置。

重复该过程，依次与左下角、右下角的 3×3 区域执行相同的运算。将两次计算的结果分别放到输出结果的对应位置，就完成了整个卷积运算。

2. 池化层

在卷积层后通常会添加池化层（如最大池化层或平均池化层），用于降低特征图的空间维度和计算复杂度，同时保持重要特征。池化操作通过在特征图上滑动窗口来选择区域最大值或均值，从而减少数据量。以最大池化为例，其计算过程如图 4.21 所示，其中池化窗口大小为（2,2），步长大小为（2,2），由一个大小为 4×4 的区域下采样选取各子区域的最大值得到一个大小为 2×2 的区域。

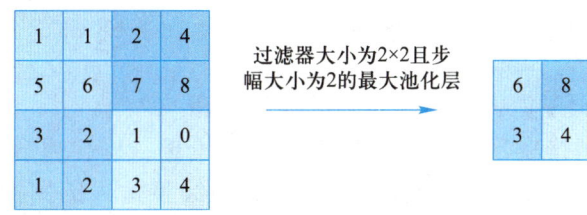

图 4.21　最大池化计算过程

3. 全连接层

在卷积和池化操作之后，网络通常会包含一层或多层全连接层。全连接层的每个神经元与前一层的所有神经元全连接，负责将提取的高层特征映射到最终的输出结果（如分类）。

以图 4.22 所示的图像分类为例，展示了卷积神经网络整个工作原理。

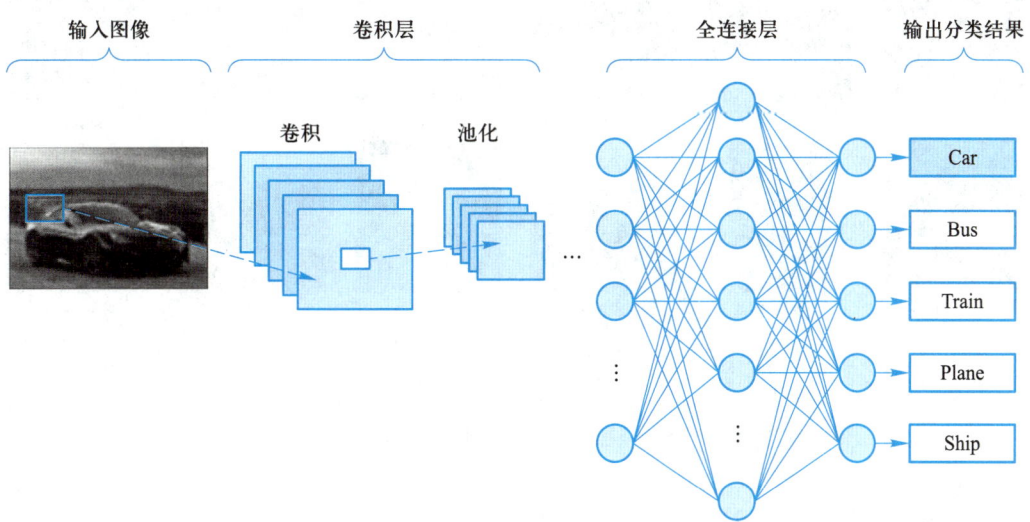

图 4.22　卷积神经网络在图像分类任务的实现过程

4.4.3 卷积神经网络的应用——猫狗识别

故事引入：小智家养了一只猫"喵喵"和一只狗"汪汪"（图4.23），每次给朋友分享照片，大家总是分不清它们。奶奶更是屡次把汪汪误认成喵喵，让小智哭笑不得。她尝试用耳朵形状、胡须长度等特征去区分，但效果不理想。直到她在课堂上学到了卷积神经网络，才意识到，这或许能帮计算机像人一样识别猫狗！

于是，小智开始收集图片，训练CNN模型，让它自动学习猫狗的特征……那么，CNN究竟是如何工作的呢？接下来，让我们一起探索！

例4.2 利用卷积神经网络实现猫狗分类。

1. 核心思想

卷积神经网络实现猫狗识别的核心思想还是和

图4.23 猫狗图像识别与分类

前面利用BP神经网络实现手写数字识别的核心思想一样，包含数据处理、模型设计、训练配置、训练过程、模型保存、预测，最终将输入的图像正确分类为"猫"或"狗"。

2. 数据集介绍

这里采用Kaggle官网的开源猫狗分类数据集，其中，类别是"0"表示猫类，类别是"1"表示狗类，训练数据集包含猫和狗的图像各有12 500张，测试数据集包含猫和狗的图像各有200张，每个图像的像素和尺寸不受限制，数据示例如图4.24所示。

图4.24 猫狗数据集图像示例

在BAIPLE平台上完成如图4.25所示的积木编程。

具体步骤如下。

① 导入框架：选择卷积神经网络AlexNet5。

② 导入框架下的猫狗数据集所在的文件夹并进行参数设置，数据集的名称为

"猫狗（Cat_or_dog）"，训练数据集的数量比例为 0.8，训练数据集的数量比例为 0.2。

③ 选择构建的模型：AlexNet5。

④ 选择训练的模型：AlexNet5。

⑤ 选择模型保存的位置，如 C:/Blockly-AI-Program/temp_files。

⑥ 选择预测的模型：AlexNet5。

基于 CNN 的猫狗分类原理如图 4.26 所示。训练过程中的训练精度和测试精度的数据变化，如图 4.27 所示，本次实验由

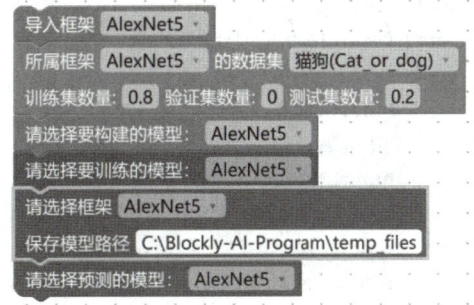

图 4.25　猫狗分类的积木程序

于平台设备限制，选择的数据较少，效果不是很好，读者可以自行扩充数据集后进一步完善。

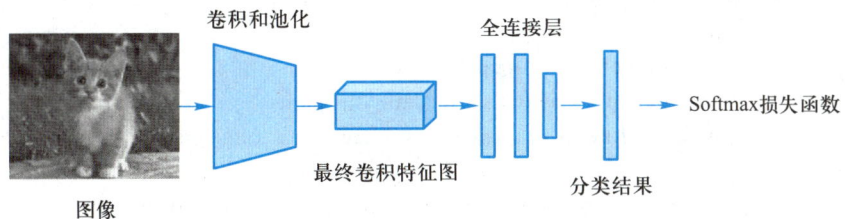

图 4.26　基于 CNN 的猫狗分类原理

图 4.27　训练过程的损失和验证精度图

以下是例 4.2 猫狗识别案例的 Python 代码：

```
import sys
import io
sys.stdout = io.TextIOWrapper(sys.stdout.buffer, encoding='utf-8', errors='replace')
sys.stderr = io.TextIOWrapper(sys.stderr.buffer, encoding='utf-8', errors='replace')
import matplotlib as mpl
```

```python
mpl.use('Agg')
import matplotlib.pyplot as plt
try:
    import tensorflow as tf
    import os
    import numpy as np
    from tensorflow.keras.models import Sequential
    from tensorflow.keras.layers import Input, Conv2D, MaxPooling2D, Flatten, Dense, Dropout
    from tensorflow.keras.models import Model
    from tensorflow.keras.preprocessing.image import ImageDataGenerator
    from tensorflow.keras.optimizers import Adam
    # 从标签文件中加载图片和对应标签
    def load_data(data_dir, label_file, target_size=(224, 224)):
        images = []
        labels = []
        with open(os.path.join(data_dir, label_file), 'r') as f:
            for line in f:
                path, label = line.strip().split(',')
                image_path = os.path.join(data_dir, path)
                image=tf.keras.preprocessing.image.load_img(image_path, target_
size=target_size)
                image = tf.keras.preprocessing.image.img_to_array(image)
                images.append(image)
                labels.append(int(label))
        # 将图片数组归一化到 [0, 1]，同时将数据从列表转换为 NumPy 数组
        images = np.array(images, dtype='float32') / 255.0  # 归一化图像
        labels = np.array(labels, dtype='int32')  # 标签转为整数数组
        return images, labels
    # 数据集所在的路径和标签文件
    train_dir = 'C:\sourcecode\datasets\catdog'
    test_dir = 'C:\sourcecode\datasets\catdog'
    train_label_file = 'train.txt'
    test_label_file = 'test.txt'
    # 加载训练和验证数据
    train_images, train_labels = load_data(train_dir, train_label_file)
    test_images, test_labels = load_data(test_dir, test_label_file)
    # 模型结构
    def create_alexnet_model():
        model = Sequential([
            # 第一层卷积层：96 个 11x11 卷积核，步幅为 4，激活函数 ReLU
            Conv2D(96, kernel_size=(11, 11), strides=(4, 4), activation='relu', input_
shape=(224, 224, 3)),
            # 第一层最大池化层：3x3 池化核，步幅为 2
            MaxPooling2D(pool_size=(3, 3), strides=(2, 2)),
            # 第二层卷积层：256 个 5x5 卷积核，padding 设为 'same' 以保持尺寸
            Conv2D(256, kernel_size=(5, 5), activation='relu', padding='same'),
            # 第二层最大池化层
```

```
        MaxPooling2D(pool_size=(3, 3), strides=(2, 2)),
        # 第三、第四、第五层卷积层：分别为 384、384、256 个 3x3 卷积核
        Conv2D(384, kernel_size=(3, 3), activation='relu', padding='same'),
        Conv2D(384, kernel_size=(3, 3), activation='relu', padding='same'),
        Conv2D(256, kernel_size=(3, 3), activation='relu', padding='same'),
        # 第三层最大池化层
        MaxPooling2D(pool_size=(3, 3), strides=(2, 2)),
        # 扁平化操作，将多维特征映射为一维
        Flatten(),
        # 全连接层 1：4 096 个神经元
        Dense(4096, activation='relu'),
        # Dropout：防止过拟合
        Dropout(0.5),
        # 全连接层 2：4 096 个神经元
        Dense(4096, activation='relu'),
        Dropout(0.5),
        # 输出层：1 个神经元（用于二分类），激活函数为 sigmoid
        Dense(1, activation='sigmoid')  # 注意这里改为了 1
    ])
    # 编译模型：Adam 优化器，使用 binary_crossentropy 作为损失函数
    model.compile(optimizer='adam', loss='binary_crossentropy', metrics=['accuracy'])
    return model
# 创建模型
model = create_alexnet_model()
# 训练模型
history = model.fit(
    train_images, train_labels,  # 输入训练集的图片和标签
    validation_data=(test_images, test_labels),  # 输入验证集的图片和标签
    epochs=2,  # 训练轮次设置为 2 轮
    batch_size=32)  # 每次训练的小批量大小设置为 32
# 可视化训练过程中的准确率变化 验证与测试
import matplotlib.pyplot as plt
plt.plot(history.history['accuracy'], label='Training Accuracy')  # 绘制训练集准确率曲线
plt.plot(history.history['val_accuracy'], label='Test Accuracy')  # 绘制验证集准确率曲线
plt.legend()  # 显示图例
plt.xlabel('Epochs')  # 横坐标名称：训练轮次
plt.ylabel('Accuracy')  # 纵坐标名称：准确率
plt.title('Training and Test Accuracy')  # 图表标题
plt.savefig('output1.png')
plt.savefig('output.png')
except Exception as e:
    print(" 执行错误 :", str(e))
```

卷积神经网络在多个领域取得了显著的成就，特别是在计算机视觉、医学影像、自动驾驶等领域。

4.5 循环神经网络

4.5.1 循环神经网络简介

循环神经网络是一种特别适合处理序列数据的深度学习模型。通常，序列数据指的是一条数据内部的元素有顺序关系的数据，如文本、文章、语句等；时序数据，如一周的天气、三个月的股市指数等。与传统神经网络不同，RNN 具有记忆能力，能够保留之前的信息，以便在处理当前输入时参考。想象你在阅读一本小说，理解故事的情节需要记住前面发生的事情。每一章的内容都依赖于之前的情节发展。RNN 就像是一个读者，不断地在脑海中记录下前面的故事，以便更好地理解接下来的情节。目前 RNN 在语音识别、自然语言处理、机器翻译、时间序列预测等任务中取得了很大的成功，如图 4.28 和图 4.29 所示。

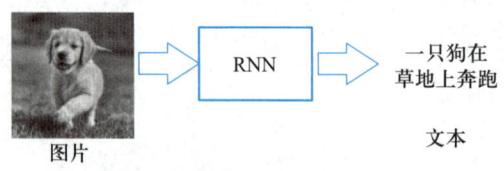

图 4.28 RNN 实现图片到文本的转换

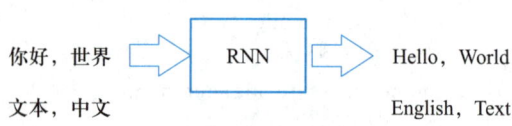

图 4.29 RNN 实现机器翻译

4.5.2 循环神经网络的结构

循环神经网络的基本结构包含多个神经元，这些神经元之间不仅有输入和输出连接，还通过循环连接来形成隐藏层状态。RNN 可以将前一时刻的隐藏层状态传递到当前时刻，形成内部的记忆。图 4.30 是循环神经网络的结构图。

输入层：负责接收数据序列的输入，如一段文本的单词或者时间序列的数值。

隐藏层：RNN 中的隐藏层负责持有信息并计算当前的输出。隐藏层可以被视为一个"记忆单元"，它通过循环结构不断更新，以适应新的输入。

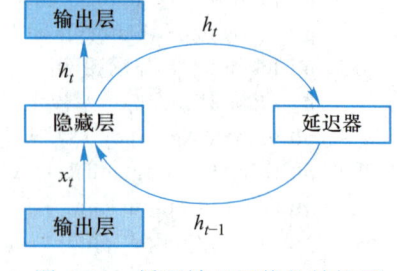

图 4.30 循环神经网络的结构图

输出层：负责生成最终的输出。如果处理的是文本，它将输出下一个词的概率分布；如果是时间序列预测，它将输出预测值。

如图 4.31 所示，隐藏层的输出隐变量 h_i 在 RNN 中既与当前时刻输入 x_i 有关，又与上一时刻的隐变量 h_{i-1} 有关。因此，可以认为 h_{i-1} 包含了影响当前输入信息的"上下文"信息，而可学习的参数矩阵 W 决定了上下文信息对当前影响程度。值得注意的是，在整个模型处理期间，参数矩阵 W 是使用的同一个矩阵。

故事回顾：到宜宾市蜀南竹海拍摄云海，秋季（9 月至 11 月）是效果最好的季节。此时，天高云淡，竹海中的云海景象更为壮观，且气温适宜，适合长时间户外拍摄。雨后初晴的天气是拍摄云海的最佳时机。雨后，竹海周围的山谷中水汽充足，容易形成云海。初晴时，阳光透过云层，洒在翠绿的竹海上，形成光影交错、层次分明的画面，非常适合摄影创作。

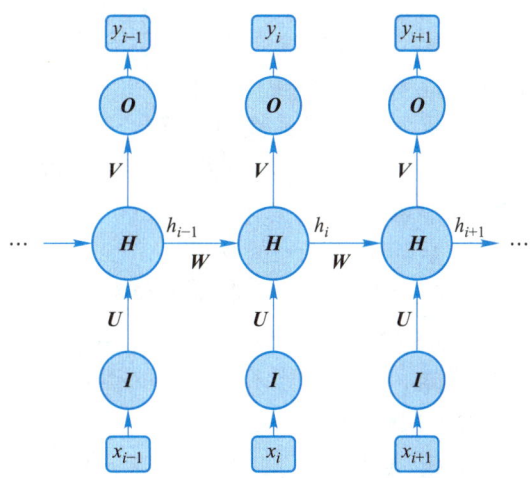

图 4.31　循环神经网络的展开结构图

从上面看出你决定是否外出拍摄取决于几个因素：今天的天气（当前输入 x_i）以及昨天的天气（上一时刻的隐变量 h_{i-1}）。

① 当前输入 x_i：今天的天气，如晴天、雨天或阴天。

② 上一时刻隐变量 h_{i-1}：昨天的天气影响了今天的拍摄，如昨天是雨天，可能让你今天更加倾向于外出。

当你得知今天的天气时，你会综合考虑以下信息。

① 如果今天下雨（当前输入 x_i 是“雨”），你可能不想出门。

② 如果昨天是雨天（上一个隐状态 h_{i-1} 是“雨”），这可能会增强你今天出行的动力，即使今天也有点阴云。

这里的“上下文”信息（即昨天的天气）对你今天的决策（是否外出拍摄）有重要影响。在 RNN 中，通过可学习的参数矩阵 W，模型决定这些上下文信息对当前输入的影响程度。因此，当你每次了解当天的天气并做出决策时，模型会不断更新状态和构建出更可靠的预测。

4.5.3　常用的循环神经网络及应用

在研究和应用中，有几种常用的循环神经网络变体。它们各自具有独特的结构和优点，能够应对不同类型的问题。这些网络的有效应用促进了多个领域的技术进步。

1. 长短期记忆网络

LSTM 是一种特殊的 RNN，旨在解决标准 RNN 在处理长期依赖问题时的不足。它包含输入门、遗忘门和输出门，这些门控机制帮助网络选择性地保存和删除信息，使模型能够有效地记住重要的上下文信息，如图 4.32 所示。

其中，× 表示矩阵中对应的元素相乘，因此要求两个相乘矩阵是同型的；+ 号则代表进行矩阵加法；c_{t-1} 是当前神经元的输出。

遗忘门和输入门的输入都是当前时间的输入 x_t 和上一个隐藏层的数据。遗忘门是负责遗忘记忆单元 h_{t-1} 中多少记忆得以保存。输出门的输入是当前的输出。

自然语言处理：在机器翻译中，LSTM 能够捕获句子中较长的上下文信息，确保翻译的流畅性和准确性。例如，翻译"我曾在去年夏天去过上海"时，LSTM 能够记住"去年夏天"这一时间信息，从而进行恰当的翻译。

时间序列预测：在股票价格预测中，LSTM 能够分析历史价格走势，学习股市的模式，进而进行未来价格的预测。

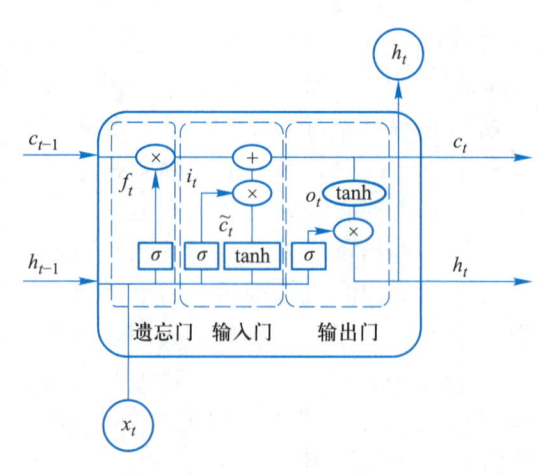

图 4.32　LSTM 的网络结构图

2. 门控循环单元

GRU 是 LSTM 的简化版本，使用更少的参数来控制信息流，通过更新门和重置门来决定存储和遗忘的信息。由于 GRU 结构更简单，所以 GRU 训练速度更快。

语音识别：GRU 模型在将语音信号转换为文本时表现出色。这使得智能助手（如 Siri 或 Alexa）能够实时识别用户的指令，而且反应快速。

情感分析：在社交媒体情绪分析中，GRU 可用于实时捕捉用户发布内容的情感倾向，帮助企业了解消费者的态度。

3. 双向循环神经网络（Bi-RNN）

Bi-RNN 同时在正向和反向两个方向上处理序列数据，这使得模型能够利用前后两侧的上下文信息，从而提高对序列的理解，但计算资源要求较高，训练时间可能较长，尤其在大规模数据集上，其网络结构如图 4.33 所示。

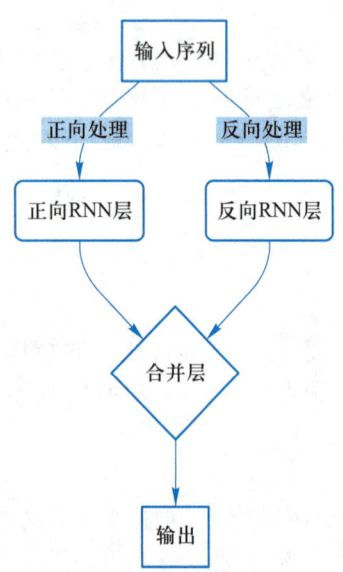

图 4.33　双向循环神经网络结构

正向层：从序列的开始处理到结束，捕捉到每个时间点之前的所有信息。

反向层：从序列的结束处理到开始，捕捉到每个时间点之后的所有信息。

应用案例：

情感分析：在分析一句话的情感时，如"尽管今天天气不好，我还是去散步"，Bi-RNN 能够同时考虑到"天气不好"和"去散步"之间的关系，从而更准确地判定情感倾向。

语音识别：在通话内容识别中，Bi-RNN 可以结合前后语境，通过实时分析音频流，提高识别的准确性，确保语音转文本的质量。

4.6　生成对抗网络

4.6.1　生成对抗网络简介

故事引入：在一个城市里，小偷们试图伪造假钞赚钱，但警察时刻警惕，努力识别并阻止假钞流通。最初，小偷的假钞拙劣，一眼就被警察识破（图 4.34）。

于是，小偷不断改进造假技术，让假钞越来越逼真。而警察也在不断提升识别能力，学习如何更精准地分辨真假（图 4.35）。

图 4.34　警察与小偷的较量阶段 1

图 4.35　警察与小偷的较量阶段 2

随着时间推移，双方你追我赶，形成了一场无休止的较量。假钞越来越难辨，警察的鉴别技术也越来越高超。最终，小偷几乎能以假乱真，而警察的识别能力也达到极限（图 4.36）。

这场"造假与识别"的对抗，正是生成对抗网络的核心思想，警察犹如生成对抗网络的判别器，小偷比作生成器，生成对抗网络的优化过程就像这场警察和小偷的较量。

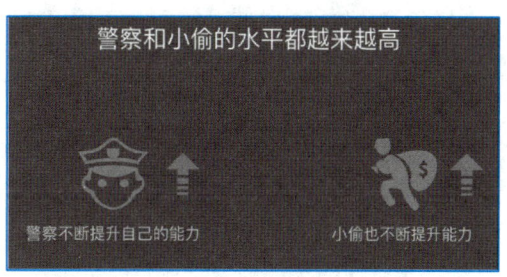

图 4.36　警察与小偷的较量阶段 3

2014 年，Goodfellow 等人受博弈论中的二人零和博弈启发，开创性地提出了生成对抗网络。它是一种深度学习模型，由一个生成器和一个判别器组成，基本思想是通过对抗训练生成器和判别器，使得生成器能够生成越来越真实的样本，而判别器则努力提高辨别真伪样本的能力。GAN 是近年来深度学习领域的一项重要进展，对无监督学习、图片生成的研究起到极大的促进作用，目前已被广泛应用于图像分割、风格转换、图像超分辨等多个领域。

4.6.2　生成对抗网络的结构

生成对抗网络的结构由两个主要部分组成：生成器（generator）和判别器（discriminator），它们通过一个特定的损失函数进行对抗训练，如图 4.37 所示。

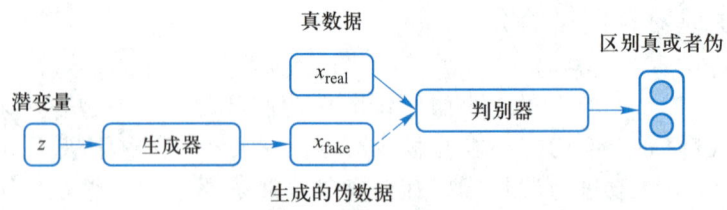

图 4.37　生成对抗网络的结构

生成器：任务是从随机噪声中生成样本。它接受一个随机噪声向量，经过多层神经网络的处理，输出一个样本。生成器的目标是"欺骗"判别器，使其认为生成的样本是真实的。

判别器：任务是区分输入样本是真实样本还是由生成器生成的假样本。它也是一个深度神经网络，输出一个概率值，表示输入样本是真实的概率。

GAN 的训练过程是一个交替优化的过程。

① 固定生成器用来训练判别器，以最小化判别误差。

② 固定判别器用来训练生成器，以最大化判别器对生成样本的误判概率。

这种对抗训练的过程通过交替优化，使得生成器生成的样本质量逐渐提高。

4.6.3　生成对抗网络的应用

1.　图像生成

GAN 首先被广泛应用于生成高质量、逼真的图像。例如，使用 GAN 生成的人脸图像可能在许多场景下被用作艺术创作、游戏角色生成或虚拟现实环境中的角色设计。

这里以 GAN 生成手写数字数据集 MNIST 为例，展示其原理，如图 4.38 所示。

GAN 生成手写数字图像的训练过程如下：生成器接受一个随机噪声，如一个从均匀分布中抽取的 100 维向量，并生成一个 28×28 的灰度图像，生成器的目标是生成尽可能真实的手写数字图像，使得判别器无法区分这些图像是来自真实的数据集还是生成的，而判别器的任务是尽可能准确地识别输入图像是来自真实手写数字数据集（标记为 1），还是来自生成器的虚假图像（标记为 0）。通过交替优化，生成器和判别器不断互相学习。经过多次训练后，生成器能够生成外观与真实手写数字相似的图像，而判别器的表现也会随着学习的深入而更为准确。

2.　风格迁移

通过生成对抗网络和卷积神经网络结合的方式，可以实现图像的风格迁移，即

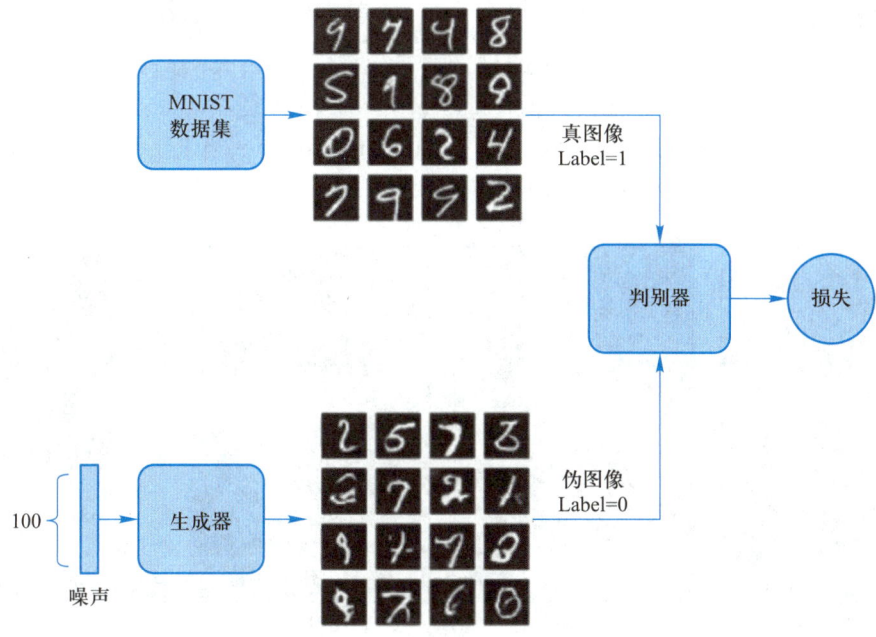

图 4.38　GAN 用于图像生成

将一幅图像的风格应用到另一幅图像上，图 4.39 展示了 CycleGAN 的成果，将同一物体进行"斑马"和"马"相互之间的转换，或同一场景实现"冬季"与"夏季"之间的转换。

图 4.39　CycleGAN 实现图像风格转换

3. 图像超分辨

在现实世界中，很多时候我们只能获取低分辨率的图像，比如老照片、监控摄像头的模糊画面、卫星遥感图像、医学影像（如 MRI 和 CT 扫描）等。如果能将低清晰度的图像增强到高分辨率，就能提高信息质量，使其更易于观察和分析。传统的图像放大方法（如双线性插值、立方插值）只能简单填补像素，无法恢复丢失的细节。而 GAN 通过学习数据中的模式，能智能生成丢失的高频信息，使放大的图像更自然、真实。SRGAN（super-resolution GAN）是由 Ledig 等人在 2017 年提出的，它使用 GAN 来学习从低分辨率（low resolution，LR）到高分辨率（high resolution，HR）的映射关系，如图 4.40 所示。

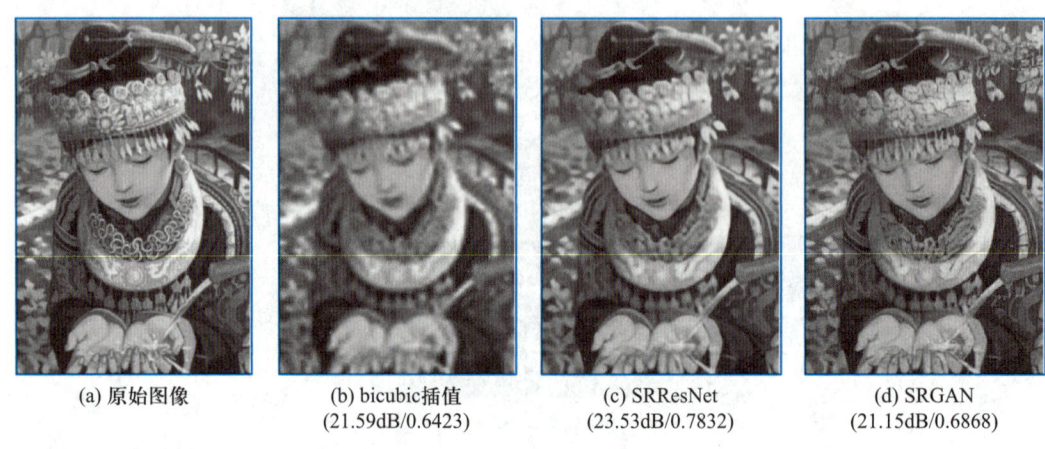

| (a) 原始图像 | (b) bicubic 插值
(21.59dB/0.6423) | (c) SRResNet
(23.53dB/0.7832) | (d) SRGAN
(21.15dB/0.6868) |

图 4.40　SRGAN 实现图像超分辨任务与其他模型的对比

图 4.40 明确展示了不同超分辨率算法在处理同一图像（原始 HR 图像）时的性能差异。可以观察到，尽管 bicubic 插值是一种基础方法，但它在细节和清晰度上表现较弱；而 SRResNet 通过引入深度学习技术，提高了图像质量，SRGAN 则在生成更为自然和真实图像方面表现优秀。

4. 数据增强与生成

在许多机器学习任务中，数据稀缺是一个重大问题。例如，医学、金融等领域的数据往往难以收集，GAN 可以用来生成高质量的合成数据，帮助 AI 进行训练。传统的数据增强方法（如旋转、缩放）仅适用于图像，而 GAN 可直接创造新的数据，大幅提高模型的泛化能力。例如，CTGAN（conditional tabular GAN）适用于生成高质量表格数据；SimGAN（simulation GAN）用于生成自动驾驶模拟数据，提高 AI 适应能力。

总之，图像生成、风格迁移、超分辨、文本生成图像和数据增强都是 GAN 在 AI 领域的核心应用，并且不仅于此，未来 GAN 将在医学、金融、游戏等行业发挥更大作用。GAN 正在从"AI 造假"走向"AI 创造"，真正改变我们的世界。

4.7　本章小结

本章介绍了人工神经网络及其在深度学习中的发展与应用。首先，从生物神经元的结构出发，分析了其数学模型，并探讨了人工神经网络的基本结构和工作方式。人工神经网络的核心在于通过大量数据的学习来调整权重，实现对复杂任务的自动学习和泛化能力。

随后，详细介绍了 BP 神经网络及其学习算法。BP 神经网络是多层前馈神经网络的代表，通过误差反向传播算法（backward propagation）优化权重，实现对数据的有效建模。我们探讨了其结构、学习规则以及在模式识别等任务中的应用。

在此基础上，引入了深度学习的概念，分析了其核心原理与要素。深度学习是一种基于深层神经网络的学习方法，由于大规模数据训练和高效计算框架（如 GPU/TPU）的支持，深度学习已广泛应用于图像识别、语音处理、自然语言理解等领域。

在深度学习架构中，卷积神经网络是一种专为处理图像任务设计的网络，具有局部连接、权重共享和池化操作等特点。卷积神经网络极大地提升了计算机视觉任务的性能，典型的应用包括图像分类、目标检测和语义分割。

另一方面，循环神经网络适用于处理时间序列和序列数据，能够利用前序信息影响当前决策。由于传统循环神经网络存在梯度消失问题，我们介绍了 LSTM 和 GRU 等改进结构，这些模型广泛应用于语音识别、机器翻译等任务。

最后，我们介绍了生成对抗网络，一种基于对抗学习策略的深度生成模型。GAN 由生成器和判别器构成，两者相互博弈，不断提升生成数据的质量。GAN 在图像生成、数据增强、风格迁移等领域具有广泛应用价值。

通过本章的学习，读者应掌握以下核心内容。

① 了解人工神经网络的基本结构和工作机制。

② 掌握 BP 神经网络的训练过程及其在模式识别中的应用。

③ 理解深度学习的概念、核心要素及其在不同领域的应用。

④ 熟悉卷积神经网络的基本原理及其在计算机视觉中的优势。

⑤ 理解循环神经网络的特点，并掌握 LSTM 和 GRU 的改进方法。

⑥ 掌握生成对抗网络的基本结构及其应用场景。

4.8 本 章 习 题

一、单项选择题

1. 下列关于人工神经网络的说法错误的是（　　　）。

    A. 人工神经网络模拟了人脑神经元的工作方式

    B. 神经网络的学习过程本质上是参数优化的过程

    C. 单层感知机可以解决异或（XOR）问题

    D. 深度学习通常需要大量数据进行训练

2. BP 神经网络的主要特点是（　　　）。

    A. 只能进行无监督学习

    B. 采用误差反向传播算法进行训练

C. 只能用于分类问题，不能用于回归问题

D. 仅包含输入层和输出层

3. 卷积神经网络（CNN）相比传统神经网络的优势在于（　　　）。

A. 不需要进行任何训练

B. 通过局部感受野和权重共享减少参数，提高计算效率

C. 只能用于图像分类任务

D. 其隐藏层完全由全连接层组成

4. 在循环神经网络（RNN）中，可以有效缓解梯度消失问题的结构是（　　　）。

A. 普通 RNN   B. 卷积神经网络（CNN）

C. 长短期记忆网络（LSTM）   D. 支持向量机（SVM）

5. 生成对抗网络（GAN）的基本组成部分是（　　　）。

A. 编码器和解码器   B. 生成器和判别器

C. 卷积层和池化层   D. 递归神经元和激活函数

二、填空题

1. 人工神经网络的基本构成单元是_____，它通过加权输入和激活函数产生输出。

2. BP 神经网络采用_____作为优化方法，核心思想是通过计算损失函数的梯度来调整权重。

3. 在卷积神经网络（CNN）中，_____主要用于提取局部特征，而_____主要用于降低维度，提高计算效率。

4. 传统 RNN 在长序列训练时容易出现_____问题，因此引入了 LSTM 和 GRU 等改进模型。

5. 生成对抗网络（GAN）中的_____负责生成伪造样本，而_____负责判断样本是真实数据还是伪造数据。

三、解答题

1. 解释 BP 神经网络的误差反向传播过程，并说明如何调整权重。

2. 说明深度学习的核心要素，并举例说明其在计算机视觉中的应用。

4.9　本章实验

实验：人工神经网络实验。

实验内容：

1. 手写 0~9 的数字，按照例 4.1 的文件大小保存。

2. 利用 BP 神经网络模型进行识别。

第5章　计算机视觉及其应用

在当今智能化技术日新月异的时代背景下，计算机视觉作为连接物理世界与数字智能的桥梁，正逐步渗透至我们生活的方方面面，特别是在自动驾驶领域展现出了巨大的应用潜力。

本章将探索计算机视觉在自动驾驶中的应用，从基础理论到实践应用，逐一展开。首先，系统阐述计算机视觉的基本概念与技术流程，通过案例分析，揭示其如何赋能自动驾驶实现环境感知与决策制定。随后，将深入探讨自动驾驶斑马线识别数据集的构建，涵盖数据采集、标注、预处理与增强等关键环节。接着，介绍空间域图像处理、图像增强、分类及目标检测等核心技术，为自动驾驶的环境理解提供有力支持。最后，通过斑马线识别的实验场景设计，展示卷积神经网络在自动驾驶中的实际应用与部署流程。

5.1　计算机视觉基础与自动驾驶应用

计算机视觉作为人工智能领域的重要分支，正逐步成为推动自动驾驶技术发展的关键力量。本节将从计算机视觉的基本概念出发，探讨计算机视觉在自动驾驶中的应用，解析其如何通过图像采集、数字化、特征提取及决策输出等流程，使自动驾驶具备"看"的能力。

5.1.1　计算机视觉的基本概念

一辆车如何像人类一样感知环境并做出实时决策？这一问题的核心在于如何赋予机器"视觉"能力，使其能够理解复杂的动态场景。假设某自动驾驶车辆在首次道路测试中因无法识别障碍物而撞到路障。传统传感器（如超声波雷达）仅能检测距离信息，缺乏对障碍物类型、形状及语义的深度理解。因此，需要为车辆引入计算机视觉系统，其核心环节如下。

1. 图像采集

安装高分辨率摄像头，实时采集道路图像，摄像头通过光学镜头捕捉环境光信号，并将其转化为电信号，其中分辨率（如 1 920×1 080）、帧率（如 30 FPS）直接影响图像质量与实时性［图 5.1（a）所示为车辆摄像头采集的原始图像］。

2．图像数字化

连续的光信号被离散化为二维像素矩阵，每个像素包含 RGB 三通道数值（范围 0~255），共同描述颜色信息。为适应不同任务，图像可转换至 HSV（色相、饱和度、明度）或灰度空间［图 5.1（b）所示为灰度化 RGB 图像后的效果］。

3．特征提取

利用 Canny 算法提取物体轮廓。该算法通过高斯滤波去噪、计算梯度幅值、非极大值抑制与双阈值检测四步实现［图 5.1（c）、（d）］。

(a) 原始图像　　　　(b) 灰度化图像　　　　(c) Canny边缘检测　　　　(d) 深度学习方法检测

图 5.1　自动驾驶应用中的图像处理

4．决策输出

根据提取的特征判断场景，即语义理解。例如，检测到停车标志后，系统触发刹车指令。

因此，计算机视觉是人工智能领域的重要分支，旨在通过算法与硬件结合，使机器具备模拟人类视觉系统的能力。其核心任务是通过摄像头采集图像数据，提取关键信息，并转化为可执行的语义指令，从而指导机器完成自主导航、目标识别、环境交互等任务。

5.1.2　计算机视觉的应用

作为自动驾驶系统的核心感知系统，计算机视觉通过多维环境感知与智能决策赋能车辆自主驾驶能力。本节将介绍计算机视觉在自动驾驶领域的技术实现路径，分别从传统视觉算法和深度学习模型两个技术维度展开论述，结合车道线识别、行人检测、交通标志识别等典型应用场景，深入理解计算机视觉的应用。

计算机视觉在自动驾驶中的应用主要涵盖以下关键领域。

1．车道线检测

在自动驾驶感知系统中，霍夫变换算法作为经典的车道线检测方案，其技术实现遵循明确的数学推导路径。该算法通过建立图像空间到极坐标参数空间的映射关系，将直线检测问题转化为参数空间中的峰值搜索问题。具体而言，图像坐标系中的直线可表述为

$$\rho = x\cos \theta + y\sin \theta$$

其中，ρ 为直线到原点的距离，θ 为直线与 x 轴夹角。通过累加器统计参数空间峰值，

最终确定直线方程参数。

图 5.2 为车道线场景下霍夫变换的检测结果。

可以看出，在实际复杂道路场景中，其检测结果并不理想，并且其计算复杂度高，易导致处理延迟，可能引发追尾或误刹事故，这严重制约了决策系统的响应时效。

为突破传统算法的性能瓶颈，引入深度学习方法检测车道线，如可设计基于 MobileNet 的轻量化网络架构，采用深度可分离卷积替代标准卷积层，减少参数量，提升推理速度和特征提取精度；或通过模型剪枝，移除冗余神经元，进一步压缩模型体积。

2. 行人识别

城市道路中行人频繁穿行，自动驾驶需在毫秒级内完成检测以避免碰撞。如何平衡检测速度与精度？传统采用基于 Haar 特征分类器的检测技术，用矩形区域对比度分析方法，通过计算图像中相邻矩形区域的明暗差异（如眼睛比脸颊暗）构建特征描述体系，常用特征类型包括边缘、线型和中心环绕特征。但是，在城市复杂道路环境中，若行人被树木或车辆部分遮挡，传统方法检测率会显著下降，类似行人纹理的栅栏、广告牌也可能触发误报。

由此提出深度学习的方法，如采用 Faster R-CNN 系列、YOLO 系列等卷积神经网络进行检测，并引入注意力机制引导模型关注目标可能出现的区域（如道路中央），或引入 Transformer 架构，通过自注意力机制建模长距离依赖，提升对部分遮挡目标的识别能力。

3. 交通标志识别

交通标志是城市交通的核心信号源，但其识别受光照变化（如逆光、夜间）影响显著。传统方法采用特征工程范式，其技术实现可分为三个核心阶段：①基于 HSV/HSL 色彩空间转换的预处理模块，通过动态阈值分割与形态学滤波消除光照干扰；②结合 Sobel 边缘检测与 Hu 不变矩的形状特征提取层；③采用 HOG 特征描述子+SVM 分类器的决策架构，其识别准确率受限于人工特征的表达能力。相比之下，基于深度学习的解决方案构建了端到端的识别范式：Faster R-CNN 通过区域建议网络（regional proposal network，RPN）实现双阶段精确检测，其改进版本采用可变形卷积（deformable ConvNets）增强复杂形变适应能力。

5.2　斑马线识别数据集构建

在自动驾驶的视觉系统中，斑马线识别是实现安全驾驶的关键任务之一。然而，识别算法的性能高度依赖于训练数据的质量与多样性。本节将系统介绍如何构建一个高质量的斑马线识别数据集，涵盖从数字图像基础到数据采集、标注与优化的全流程，掌握数据集的构建方法，理解数据质量对模型性能的影响，并能够独立完成从原始数据到训练集的转化。

5.2.1　数字图像基础

数字图像是计算机视觉的基础，理解其基本概念是构建高质量数据集的前提。本节将从像素与分辨率入手，详细解析数字图像的构成及其对视觉任务的影响。通过介绍 RGB 与 HSV 等色彩空间的特点，了解如何根据任务需求选择合适的图像表示方式。

1. 像素与分辨率

分辨率指图像的宽度和高度像素数，直接影响清晰度。高分辨率图像（如 1 920×1 080）可保留更多细节，但计算成本更高（图 5.3）。

图 5.3　同一斑马线在高分辨率（清晰）与低分辨率（模糊）下的差异

像素是构成数字图像的基本单位，每个像素包含颜色或亮度信息，其值通常在一个范围内（如 0~255），即每个像素通过 RGB（红、绿、蓝）三通道表示颜色信息。例如，一张分辨率为 640×480 的图像包含 307 200 个像素。

2. 色彩空间

色彩空间是指一种用来表示颜色的数学模型，也被称为色域。色彩学有多种色彩模型，如基于光的三原色建立的 RGB 模型，该模型适用于显示器。而 HSV 模型通过色相（hue）、饱和度（saturation）、明度（value）描述颜色，更适合颜色分割任务。这些模型通过一维、二维、三维甚至四维空间坐标来表示某一色彩，这种坐标系统所能定义的色彩范围即色彩空间。

例 5.1　根据下列 Python 代码在 BAIPLE 平台实现提取斑马线图像的像素值,并可视化不同分辨率下的效果。

```python
import cv2
img = cv2.imread("./ 图 /1yuan.png")
print(" 原始分辨率 :", img.shape)
for i, (w, h) in enumerate([img.shape[1::-1], (320,240), (160,120)]):
    resized = cv2.resize(img, (w, h))
    win = f"{w}x{h}"
    cv2.imshow(win, resized)
    cv2.moveWindow(win, i*(w+20), 0)    # 水平排列窗口
    cv2.setMouseCallback(win, lambda e,x,y,_,__,r=resized,wn=win:
        cv2.setWindowTitle(wn, f"{wn} | Pixel: {r[y,x]}") if e == cv2.EVENT_
MOUSEMOVE else None)
cv2.waitKey(0)
cv2.destroyAllWindows()
```

根据上述代码,在平台上搭如图 5.4 所示的积木程序(注意缩进),运行可以得到原始分辨率的图片并压缩产生另外两种分辨率的图片,如图 5.5 所示。

图 5.4　积木程序

(a) 分辨率(358, 238)　　(b) 分辨率(320, 240)　　(c) 分辨率(160, 120)

图 5.5　同一张图片不同分辨率状态

5.2.2 数据采集与标注

数据采集与标注是数据集构建的核心环节，直接决定了数据的可用性与模型的泛化能力。本节将详细介绍如何选择合适的硬件设备（如摄像头与行车记录仪）以及如何设置关键参数（如曝光时间与白平衡）以确保采集到高质量的图像。同时探讨数据标注的规范与方法，包括使用 LabelMe 工具标注目标边界框，并生成符合标准的标签文件。

1. 数据采集流程

（1）硬件选择

摄像头：推荐使用广角摄像头（如 LogitechC920）覆盖更大视野。

行车记录仪：用于动态场景下的连续图像采集。

（2）参数设置

曝光时间：短曝光避免运动模糊，长曝光适应低光照。

白平衡：根据环境光源（如日光、荧光灯）调整，避免色偏。

2. 数据标注方法

工具选择：采用 LabelMe 进行斑马线区域标注（示例见图 5.6）。

图 5.6　LabelMe 标注斑马线边界框

标注标准：边界框需精确贴合目标边缘（最大容差 ±2 像素）；支持多模态标注策略（矩形/多边形）；标注文件需完整记录目标类别及归一化坐标。

格式转换：通过脚本工具将 LabelMe 原始 JSON 标注转换为标准训练格式（COCO/Pascal VOC），确保与主流检测框架兼容。

3. 数据集示例

```
zebra/
├──images/
│├──img_001.jpg
│├── img_002.jpg
└── labels/
├── img_001.txt
└── img_002.txt
```

5.3 图像处理与目标检测

图像处理与目标检测是计算机视觉中的核心技术，直接影响自动驾驶对环境的感知与理解能力。本节将系统介绍从图像预处理到目标检测的过程，涵盖空间域滤波、图像增强、图像分类以及目标检测等关键技术，进而掌握如何通过图像处理提升数据质量，并通过目标检测算法定位场景中的关键物体。

5.3.1 空间域滤波与噪声抑制

在自动驾驶的行驶过程中，摄像头采集的图像常常受到环境噪声的干扰，如灰尘、光线变化等，这些噪声会导致图像模糊不清，进而影响后续的目标检测与识别任务。为了提升图像质量，空间域图像处理技术应运而生。空间域处理直接在像素级别对图像数据进行操作，通过修改像素值来改善图像质量。本节将重点介绍空间域处理的基本概念，并通过均值滤波器的应用，展示如何有效去除图像中的噪声，为后续的视觉任务提供清晰的输入数据。

1. 空间域处理

空间域处理是图像处理中的基础技术之一，其核心思想是直接在图像的像素矩阵上进行操作。通过修改像素值，可以改善图像的视觉效果或提取特定的特征。常见的空间域操作包括滤波、锐化、边缘检测等。在自动驾驶的视觉系统中，空间域处理通常用于去除噪声、增强细节或提取目标轮廓。

2. 均值滤波器

均值滤波器是一种常用的空间域滤波技术，主要用于去除图像中的随机噪声。其基本原理是通过定义一个滑动窗口，计算窗口内所有像素的平均值，并用该平均值替代窗口中心的像素值。这种方法能够有效平滑图像，抑制噪声，但同时也会导致图像细节的丢失。

3. 算法流程

均值滤波的实现流程如下。

① 输入噪声图像：读取待处理的图像（图 5.7）。

② 定义滑动窗口：确定滤波器的窗口大小（如 5×5）。

③ 计算窗口内像素均值：对窗口内的像素值取平均。

④ 更新中心像素：用计算得到的均值替换窗口中心的像素值。

⑤ 输出平滑图像：遍历整张图像，输出滤波后的结果。

为了直观展示均值滤波的效果，我们通过对原图（含椒盐噪声）和滤波后得到的均值滤波图进行分析，可以知道，原图中包含明显的椒盐噪声，表现为随机分布的黑白点；滤波后，经过均值滤波处理，噪声被显著抑制，图像变得更加平滑，但部分细节（如边缘）也有所模糊。

图 5.7　椒盐噪声图和均值滤波图

4. 滤波技术的局限性

尽管均值滤波器在去除噪声方面表现良好,但其也存在一定的局限性。

（1）细节丢失

滤波过程中,图像的边缘和细节信息可能会被平滑掉。

（2）计算复杂度

随着窗口大小的增加,计算量也会显著增加,影响实时性。

为了在去噪的同时保留更多细节,可以采用以下改进方法。

（1）高斯滤波

通过加权平均的方式,减少对边缘信息的平滑。

（2）中值滤波

用窗口内像素的中值替代均值,更适合去除椒盐噪声。

5.3.2　图像增强

图像增强是计算机视觉识别中的关键环节,旨在通过调整图像的对比度、亮度等属性,突出关键信息,从而提升视觉系统的鲁棒性。在自动驾驶的应用中,环境光照条件的复杂性（如阴天、隧道、夜间等）往往导致图像对比度不足,影响车道线、行人等关键目标的识别效果。图像增强技术通过调整图像的像素分布,能够有效提升图像的视觉效果,增强关键目标的可见性。

原始数据常含噪声与冗余,直接使用其来训练可能会影响模型性能。因此,数据集的清洗与优化对于构建高质量数据集至关重要。本节将详述数据增强技术,包括几何变换与噪声注入,旨在提高数据的多样性和鲁棒性。

1. 几何变换

对图像进行旋转（±15°）、平移（±10%）、缩放（0.8~1.2倍）等操作。

2. 噪声注入

通过添加高斯噪声或椒盐噪声,进一步增强模型的鲁棒性。图 5.8 展示了原始图像与经过亮度调整、旋转、翻转等增强处理后的对比效果。

3. 直方图均衡化

作为一种经典的图像增强方法,直方图均衡化通过拉伸图像的像素分布,有效提升图像的全局对比度。其原理在于将图像的灰度直方图从集中区域扩展至整个灰

| (a) 原始图像 | (b) 亮度调整 | (c) 旋转 | (d) 翻转 |

图 5.8　原始图像与增强后的对比

度范围，从而凸显出更多图像细节。

4. 对比度自适应直方图均衡化

鉴于传统直方图均衡化在处理局部过曝或欠曝区域时存在局限，本节引入了对比度自适应直方图均衡化（contrast limited adaptive histogram equalization，CLAHE）技术。该技术将图像划分为多个子区域，并分别对每个子区域进行直方图均衡化处理，有效避免了局部失真问题，特别适用于光照不均匀的场景。通过对比低对比度原图、传统均衡化图像以及 CLAHE 处理后的图像，可以清晰地看到：低对比度原图整体偏暗，车道线与背景对比度不足；传统均衡化虽提升了全局对比度，但局部过曝区域（如天空）细节丢失；而 CLAHE 处理后的图像局部对比度显著提升，车道线清晰可见，且有效避免了过曝问题。

光照条件的动态变化是自动驾驶面临的一大挑战。例如，正午强光下摄像头采集的图像可能出现局部过曝，导致斑马线或行人轮廓模糊；而隧道入口或树荫下则可能出现阴影区域细节丢失的问题，严重影响目标检测的准确率。因此，可以采用对比度自适应直方图均衡化技术，将图像划分为若干子区域并分别进行均衡化处理，既避免了全局调整导致的局部失真问题，又显著提升了低对比度区域的可见性，同时有效抑制了过曝区域的亮度溢出。特斯拉 Autopilot 系统就采用了类似技术来处理隧道内外的光照突变问题。

例 5.2　根据下列 Python 代码在 BAIPLE 平台体验原始图像的对比度自适应直方图均衡化的效果。

具体步骤如下。

① 读取图像：加载低对比度的斑马线图像。

② 灰度化处理：将图像转换为单通道灰度图。

③ CLAHE 增强：分块调整对比度并融合结果。

④ 效果对比：对比原始图像与增强后的细节差异。

具体积木程序如图 5.9 所示，Python 代码如下所示。

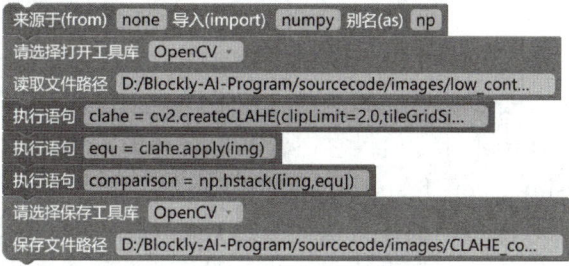

图 5.9　CLAHE 的积木程序

```
import cv2
import numpy as np
# 读取灰度图像
img = cv2.imread("D:/Blockly-AI-Program/sourcecode/images/low_contrast.jpg", 0)
# CLAHE 增强
clahe = cv2.createCLAHE(clipLimit=2.0, tileGridSize=(8,8))
equ = clahe.apply(img)
# 水平拼接原图与处理结果
comparison = np.hstack([img, equ])
cv2.imwrite("D:/Blockly-AI-Program/sourcecode/images/CLAHE_comparison.png",
comparison)
```

原始图像与增强后图像如图 5.10 所示。

图 5.10　原始图像与增强后图像

5.3.3　图像分类

图像分类作为计算机视觉领域的基础任务，其核心目标是将图像准确地归类到预定义的类别之中。在自动驾驶技术的应用场景中，分类技术发挥着至关重要的作用，它能够帮助系统判断前方区域是否适宜行驶以及准确识别出特定类型的障碍物，如行人、车辆等。本节将深入探讨基于方向梯度直方图（histogram of oriented gradient，HOG）的特征提取方法，并结合 SVM 分类器，共同实现高效的图像分类。

在自动驾驶的行驶过程中，系统需要实时对前方区域进行可行驶性判断，并准确识别出各类障碍物。图像分类技术通过提取图像中的关键特征，并将其映射到预定义的类别中，为自动驾驶系统的决策层提供了至关重要的信息支持。

1. 传统图像分类

（1）特征提取

① HOG。HOG 是一种广泛应用的特征描述方法。它通过计算图像局部区域的梯度方向直方图，来有效捕捉目标的纹理特征。HOG 方法的显著优势在于其对光照变化和几何形变的良好鲁棒性，使得它在各种复杂环境中都能保持稳定的性能。

② SIFT（scale-invariant feature transform，尺度不变特征变换）。SIFT 是一种极为稳定和有效的局部特征描述方法。它通过在图像的不同尺度空间上寻找关键点，并计算这些关键点的方向梯度信息，生成具有尺度不变性和旋转不变性的特征

向量。SIFT 特征对于光照变化、噪声以及视角变换都具有很强的鲁棒性，因此在图像匹配、物体识别等领域有着广泛的应用。在自动驾驶中，SIFT 特征可以用于提取道路标志、车辆轮廓等关键信息，为后续的图像分类和决策提供支持。

（2）分类器训练：SVM

SVM 是一种经典的分类算法，它通过构建最优超平面，将特征空间划分为清晰的类别区域。SVM 算法在处理高维数据时表现出色，并且在小样本情况下也能保持优异的性能，这使得它成为传统图像分类任务中的首选分类器。

2. 深度学习方法

随着深度学习技术的蓬勃发展，卷积神经网络已成为图像分类领域的主力军。卷积神经网络通过逐层学习图像的层次结构特征，能够提取出更接近高级语义的抽象特征。自 AlexNet 在 2012 年的 ImageNet 竞赛中取得突破性成就以来，卷积神经网络模型经历了飞速的发展，涌现出了 VGG、GoogLeNet、ResNet 等一系列优秀模型。这些模型在图像分类任务上的表现已经超越了人类水平，为自动驾驶等应用领域提供了强大的技术支持。

5.3.4　目标检测与图像分割

目标检测（object detection）是计算机视觉领域的关键任务，旨在通过算法在图像/视频中同时实现目标识别（物体类别判定）与空间定位（边界框坐标回归）。其输出为每个目标的类别概率及四维坐标，相较于图像分类（image classification）仅输出全局类别标签，目标检测需完成像素级空间推理。目标检测算法演进如下。

① 两阶段检测器：R-CNN 系列（Fast R-CNN、Faster R-CNN）通过区域建议网络（region proposal Network，RPN）生成候选框，再分类回归，精度优先。

② 单阶段检测器：YOLO 系列（v1~v8）采用"分而治之"策略，将检测转化为网格单元回归问题，实现实时性突破。

图像分割（image segmentation）则以像素级解析为核心的高级视觉任务，通过为每个像素分配语义标签，将图像划分为具有语义一致性的独立区域。与目标检测的边界框定位不同，分割需构建像素级掩膜（pixel-wise mask），实现亚像素级精度，尤其擅长处理复杂边缘与遮挡场景。图像分割经典模型如下。

① U-Net：医学影像标杆架构，跳跃连接（skip connection）解决特征融合问题。

② SegNet：编码器-解码器结构，利用池化索引实现精准上采样。

目标检测、图像分割技术对比与应用场景如表 5.1 所示。

在自动驾驶系统中，两类技术形成感知互补。目标检测实时定位车辆（3D BBox）、行人（2D BBox），输出障碍物运动轨迹（Kalman 滤波预测）。语义分割可精确识别可行驶区域（drivable area）、车道线（lane mask），构建高精矢量地图。协同工作示例：YOLOv5 检测前方车辆，DeepLabv3+分割车道线，融合数据输入路径规划模块（A* 算法），实现安全变道决策。

表 5.1 目标检测、图像分割技术对比与应用场景

维度	目标检测	图像分割
输出形式	边界框+类别标签	像素级语义掩膜
精度层级	物体级定位	像素级分类
典型应用	自动驾驶障碍物检测、安防监控	医学影像器官分割、遥感地表分析
计算开销	实时性优先（YOLO 系列）	精度优先

5.4 卷积神经网络实现斑马线检测

在无人驾驶系统中，斑马线识别是保障行人安全的核心功能之一。传统图像处理方法（如边缘检测、颜色分割）虽然简单高效，但在复杂场景中面临显著挑战。

（1）光照干扰

夜间低光照或强逆光环境下，斑马线纹理模糊，导致漏检或误检。

（2）动态遮挡

行人、车辆遮挡斑马线时，传统算法难以恢复完整轮廓。

（3）视角变化

车载摄像头因颠簸或俯仰角变化，易造成几何形变。

卷积神经网络凭借其强大的特征提取与非线性建模能力，可有效克服上述问题。斑马线识别任务的完整流程包括数据采集、数据增强、模型构建、训练与部署。分析 CNN 在复杂场景下的性能，如光照变化、动态遮挡和视角变化等。

例 5.3 在 zebra 数据集上用卷积神经网络实现斑马线检测。

分析：数据集 zebra 包含 224 张有斑马线的图片，212 张无斑马线的照片，总计 436 张三通道 50×50 像素的彩色照片。通过训练卷积神经网络，判断图中是否存在斑马线，并分析传统方法的局限性、CNN 模型设计与训练流程、复杂场景下的性能评估与优化。积木程序如图 5.11 所示。

代码如下：

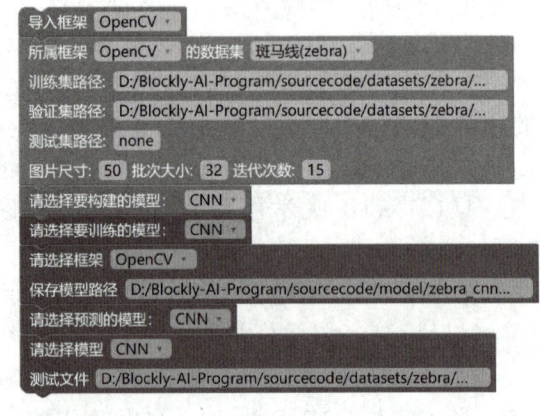

图 5.11 斑马线检测的积木程序

```
import os
import cv2
import numpy as np
import tensorflow as tf
from tensorflow.keras import layers, models
from tensorflow.keras.preprocessing.image import ImageDataGenerator

# 数据集路径
TRAIN_DIR = "./Zebra/train/"
VAL_DIR = "./Zebra/val/"
# 基础配置
IMG_SIZE = 50    # 图片尺寸
BATCH_SIZE = 32
EPOCHS = 15
# 数据预处理
train_datagen = ImageDataGenerator(rescale=1. / 255)
val_datagen = ImageDataGenerator(rescale=1. / 255)

train_generator = train_datagen.flow_from_directory(
    TRAIN_DIR,
    target_size=(IMG_SIZE, IMG_SIZE),
    batch_size=BATCH_SIZE,
    class_mode='binary'
)
val_generator = val_datagen.flow_from_directory(
    VAL_DIR,
    target_size=(IMG_SIZE, IMG_SIZE),
    batch_size=BATCH_SIZE,
    class_mode='binary',
    shuffle=False
)

# 构建简单 CNN 模型
model = models.Sequential([
    layers.Conv2D(32, (3, 3), activation='relu', input_shape=(IMG_SIZE, IMG_SIZE, 3)),
    layers.MaxPooling2D((2, 2)),
    layers.Flatten(),
    layers.Dense(64, activation='relu'),
    layers.Dense(1, activation='sigmoid')
])

model.compile(optimizer='adam',
              loss='binary_crossentropy',
              metrics=['accuracy'])

# 训练模型
history = model.fit(
    train_generator,
    epochs=EPOCHS,
    validation_data=val_generator
```

```
)
# 保存模型
model.save('zebra_cnn.h5')

# 预测函数
def predict_image(img_path):
    img = cv2.imread(img_path)
    if img is None:
        return " 无法读取图片 ", 0.0

    img = cv2.resize(img, (IMG_SIZE, IMG_SIZE))
    img = img / 255.0
    img = np.expand_dims(img, axis=0)

    prediction = model.predict(img)[0][0]
    return " 斑马线 " if prediction > 0.5 else " 非斑马线 ", prediction

# 测试样例
test_image = "./Zebra/val/zebra_crossing/21.png"    # 修改为实际路径
result, confidence = predict_image(test_image)
print(f"\n 预测结果 : {result}")
print(f" 置信度 : {confidence:.2%}")
```

5.5　本章小结

　　本章系统探讨了计算机视觉在自动驾驶中的核心应用，从基础理论到实践技术层层递进。首先，介绍了计算机视觉的基本流程，包括图像采集、数字化、特征提取及决策输出，并对比了传统算法（如霍夫变换、Haar 特征）与深度学习方法（如CNN、YOLO）在车道线检测、行人识别和交通标志识别中的优劣。其次，重点解析了斑马线识别数据集的构建方法，涵盖数据采集、标注、预处理与增强技术，强调数据质量对模型性能的影响。最后，详细阐述了空间域滤波、图像增强、目标检测与图像分割等关键技术，并通过实验案例展示了卷积神经网络在斑马线检测中的实际应用。本章揭示了计算机视觉如何通过多维感知与智能决策赋能自动驾驶，为后续实践奠定了理论与技术基础。

5.6　本章习题

一、单项选择题

1. 以下是计算机视觉的核心任务的是（　　　）。
   A. 生成随机数

B. 提取图像关键信息并转化为语义指令

C. 优化网络传输速度

D. 设计硬件电路

2. 霍夫变换主要用于解决（　　　）问题。

  A. 图像分类   B. 直线检测

  C. 数据压缩   D. 语音识别

3. 以下方法更适合处理椒盐噪声的是（　　　）。

  A. 均值滤波   B. 中值滤波

  C. 高斯滤波   D. 直方图均衡化

4. YOLO 系列属于（　　　）目标检测方法。

  A. 两阶段检测   B. 单阶段检测

  C. 区域建议网络   D. 特征金字塔网络

5. CLAHE 技术的主要优势是（　　　）。

  A. 降低计算复杂度   B. 避免局部过曝或欠曝

  C. 增强全局对比度   D. 减少模型参数量

二、填空题

1. 图像数字化过程中，每个像素的 RGB 通道取值范围是_____。

2. 在 HSV 色彩空间中，H 表示_____。

3. 目标检测的输出形式是_____和类别标签。

4. 图像分割任务中，常用的评价指标是_____。

5. 斑马线识别数据集的标注工具是_____。

三、简答题

1. 简述计算机视觉在自动驾驶中的三大应用场景及其技术难点。

2. 对比传统图像分类（HOG+SVM）与深度学习方法的优缺点。

3. 解释均值滤波的算法流程及其局限性。

4. 为什么数据增强技术对模型训练至关重要？列举两种数据增强方法。

5. 说明目标检测与图像分割在自动驾驶中的互补性。

四、应用题

若某斑马线检测模型在夜间低光照条件下表现不佳，请提出两种改进方案。

5.7 本 章 实 验

实验：通过卷积神经网络实现行人检测

文件夹中有一个 PennFudanPed 数据集，是专门用于行人检测任务的小型图像数据集，以下是对该数据集的详细介绍。

（1）数据集概述

创建机构：由宾夕法尼亚大学和复旦大学的研究者共同创建。

主要用途：用于学术研究和算法验证，特别是行人检测任务。

数据集规模：包含 170 张高分辨率的 RGB 图像，这些图像都是从视频序列中截取的。

标注信息：每张图像中有 0 到 6 个不等的行人目标，每个行人的位置都通过矩形框（mask）进行了精确标注，提供了边界框坐标信息。

（2）数据集结构

文件结构：

PNGImages/　包含数据集的所有图像。

PedMasks/　包含每个图像对应的行人分割掩膜。

Annotation/（在某些版本中可能存在）　包含每个图像的标注文件。

标注格式：所有图像都按照 PASCAL VOC 格式进行标注，包括每个行人的精确边界框和像素级分割掩膜。

参考代码：

```python
import os
import numpy as np
import torch
from PIL import Image
from torchvision.datasets import PennFudanDataset
# 定义数据集路径
dataset_path = "path/to/PennFudanPed"
# 加载数据集
dataset = PennFudanDataset(root=dataset_path, transforms=None)
    # 遍历数据集
for idx in range(len(dataset)):
    img, target = dataset[idx]
    print(f"Image {idx}: {img.size}")
        print(f"Targets: {target}")
```

第 6 章　自然语言处理

同学小智家里安装了智能家居系统，每天早上从睡梦中醒来，呢喃地说了一声"开窗帘"。床边智能音箱立刻用悦耳的声音回答说，"早上好，主人，这就为您打开窗帘"。它像一位训练有素的管家，通过物联网将你的指令准确地下达给智能家居系统。随着窗帘缓缓拉开，清晨的第一缕阳光如约而至，温柔地洒满整个卧室，开启崭新的一天。同学小慧在网上浏览外文网页，平台自动将外文转换为中文。提交论文、报告前，AI 写作助手不仅帮她修正了语病，还提示了潜在的逻辑漏洞。这些看似平常的场景背后，都蕴藏着人工智能领域最迷人的技术之一：自然语言处理（natural language processing，NLP）。

本章将解析计算机如何识别人类语言丰富的语义信息，探讨人工神经网络怎样捕捉语言背后的情感温度，解密预训练模型突破认知边界的奥秘。通过机器翻译、情感分析、智能问答等典型案例，你将亲身感受算法理解人类语言的思维脉络。

6.1　自然语言处理的概念与应用

6.1.1　现代语言学基础

1. 语言学

语言学是研究人类语言的科学。它帮助我们理解语言的结构、功能以及语言如何随时间变化。语言不仅是交流的工具，还承载着文化、社会和认知的丰富内涵。从古至今，人们对语言的研究从未停止，但现代语言学与传统语言学有很大不同。

传统语言学主要关注语言的规范性，侧重于对语言的语法、词汇等进行描述和规定，以制定语言的标准和规范。而现代语言学则更加注重语言的科学性和系统性，它运用科学的方法和理论来分析语言现象，试图构建科学的语言理论体系。

2. 语言学在自然语言处理中的应用

语言学尤其是现代语言学为自然语言处理提供了坚实的理论基础和方法指导。以下是一些具体的体现。

（1）形式化方法的引入

现代语言学中有一些理论，比如生成语法理论，用了一种"数学化"的方式来描述语言现象。这种方法对计算机处理语言（如让机器理解人类说的话）提供了很大的帮助。举个例子，有一种叫做"上下文无关文法"（context-free grammar，CFG）的工具，它可以用一些简单的规则来描述句子的结构。例如，我们可以用这些规则来告诉计算机：一个句子可以由一个名词短语和一个动词短语组成，名词短语可以是一个名词，动词短语可以是一个动词加上一个名词短语。

假设有一个句子："猫抓老鼠"。用 CFG 的规则来分析，我们可以按表 6.1 所示进行分解。

表 6.1   CFG 的规则实例

序号	规则	序号	规则
1	句子→名词短语+动词短语	4	动词→"抓"
2	名词短语→"猫"	5	名词短语→"老鼠"
3	动词短语→动词+名词短语		

通过这种方式，计算机就能理解"猫"是主语，"抓"是动作，"老鼠"是宾语。这种"数学化"的方法让语言描述更加精确，也更容易让计算机理解和处理。

（2）层次化分析框架的建立

现代语言学认为，语言就像一座大楼，是由不同的"楼层"组成的。从最基础的"声音"（音位）到"词素"（比如"苹果"中的"果"），再到"词""短语"，最后到完整的"句子"，每一层都有自己独特的结构和规则。这种分层分析的方法为自然语言处理（比如让计算机理解人类语言）提供了重要的思路。

在实际的自然语言处理系统中，计算机通常会按照从低到高的顺序一步步处理语言信息，其实例如表 6.2 所示。

表 6.2   层次化分析实例

步骤	内容
语音识别	你对着手机说"今天天气怎么样？"它会先把你的语音转换成文字
词法分析	接着，它会分析每个词的形态和词性。比如，"今天"是时间名词，"天气"是名词，"怎么样"是疑问词
句法分析	然后，会分析句子的结构。比如，"今天"是主语，"天气"是主题，"怎么样"是谓语
语义分析	最后，手机会理解句子的意思，知道你在询问天气情况

这种分层处理的方式，就像剥洋葱一样，一层一层深入，最终让计算机更准确地理解语言。

（3）语料库语言学的发展

语料库语言学是现代语言学的一个新方向，它通过收集和分析大量的真实语言数据（比如书籍、新闻、对话记录等），来研究语言的实际使用规律。这些语言数据被称为"语料库"，它们为自然语言处理提供了宝贵的资源。

通过对语料库进行统计分析，我们可以得到很多有用的信息。例如，哪些词更常用（比如"的"比"之"更常见），哪些词经常一起出现（比如"喝"和"水"经常搭配），哪些句子结构更常见（如"主谓宾"结构比"宾谓主"更普遍）。这些信息对自然语言处理非常重要。举个例子，n-元语法模型就是基于语料库中的词序统计信息来预测下一个词的概率。例如，如果语料库中"我喜欢"后面经常跟着"吃"，那么当你说"我喜欢"时，计算机可能会预测下一个词是"吃"。

语料库语言学的发展让自然语言处理更加贴近真实语言的使用情况，也让计算机的语言模型变得更聪明、更实用。

6.1.2　自然语言处理及其发展历史

1．基本概念

（1）定义

自然语言处理是让计算机能够理解、解释和生成人类语言的技术。简单来说，就是教计算机"听懂"人话，并且能用人类语言回应。例如，当你和智能音箱说话时，它能听懂你的指令并做出回应，这就是 NLP 的应用。

（2）相关概念

语言（language）：人类用于沟通的一种结构化系统，可以包括声音、书写符号或手势。

自然语言（natural language）：自然进化中通过使用和重复，无须有计划或预谋而形成的语言。

计算语言学（computational linguistics）：语言学和计算机科学之间的跨学科领域，包括计算机辅助语言学和自然语言处理。

（3）研究范围

NLP 的研究范围非常广，以下是一些常见的研究领域。

语言理解：让计算机"听懂"人类语言。例如，当你对手机说"明天天气怎么样？"时，手机能理解你在问天气，并给出回答。

语言生成：让计算机"说出"人类能理解的语言。例如，智能客服自动回复你的问题，给出"您的订单已发货"。

机器翻译：把一种语言翻译成另一种语言。例如，你用翻译软件把中文翻译成英文，或者把英文翻译成法语。

情感分析：分析一段文字是积极的、消极的还是中性的。例如，电商平台通过分析用户评论，判断用户对某件商品是喜欢还是不喜欢。

语音识别和语音合成：语音识别是把你说的话转成文字，语音合成是把文字转成语音。例如，你用语音输入法说话，手机把它转成文字；或者你让导航软件"说话"告诉你该怎么走。

文本分类：把文本分成不同的类别。例如，邮件系统自动把邮件分类为"垃圾邮件"或"正常邮件"。

文本摘要：从一篇文章中提取出最重要的信息，生成简短的摘要。例如，新闻

App 自动生成新闻的简短摘要，让你快速了解主要内容。

问答系统：让计算机回答用户的问题。例如，你问智能助手"北京今天多少度？"它会回答你"北京今天 25 度"。

（4）基本任务

NLP 的基本任务包括分词与词性标注、句法分析、语义分析和语用分析等。

分词与词性标注：把一句话拆分成一个个词，并标注每个词的词性（名词、动词、形容词等）。例如，"我喜欢吃苹果"会被拆分成"我/喜欢/吃/苹果"，并标注为"代词/动词/动词/名词"。

句法分析：分析句子的结构，找出主语、谓语、宾语等成分。例如，句子"小明吃苹果"中，"小明"是主语，"吃"是谓语，"苹果"是宾语。

语义分析：理解句子的意思，如词的多义性（一个词有多个意思）。例如，"苹果"可以指水果，也可以指苹果公司。语义分析要判断在句子"我喜欢苹果"中，"苹果"指的是水果还是公司。

语用分析：分析语言在特定情境中的使用意图。例如，当你说"你能把窗户关上吗？"，表面上是问对方能不能关窗，实际上是在请求对方关窗。

2. 发展历史

（1）起步阶段（20 世纪 50—80 年代）

NLP 的起步可以追溯到 20 世纪 50 年代的专家系统。当时计算机刚刚诞生，科学家们开始尝试让计算机理解人类语言。这个阶段的 NLP 主要基于规则和模式匹配，其应用范围相对有限。

1956 年被广泛认为是现代 AI 学科诞生的一年，同时也是 NLP 领域开始发展的时期。感知机（perceptron）被发明，这是一种早期的机器学习算法，有点像今天的神经网络，但非常简单。

1964 年，美国政府发布了一份报告（ALPAC 报告），认为机器翻译的效果不好，导致政府减少了对 NLP 研究的资助。

（2）基于统计的方法（20 世纪 90 年代—2010 年）

随着计算机性能的提高和语料库的积累，NLP 开始进入基于统计的方法阶段。这个阶段的主要特点是使用概率模型和统计学习方法来处理语言数据。关键技术和方法如下。

隐马尔可夫模型（hidden Markov model，HMM）：广泛应用于词性标注和命名实体识别等任务。

条件随机场（conditional random field，CRF）：在序列标注任务中表现出色。

深度神经网络和循环神经网络：开始崭露头角，用于处理序列数据。

（3）深度学习时代（2011 年至今）

自 2011 年以来，深度学习在 NLP 领域取得了巨大的突破。随着大规模语料库的积累和计算能力的提升，深度学习模型在文本分类、情感分析、机器翻译等领域取得了显著成果。关键技术和方法如下。

卷积神经网络：用于处理文本数据，提取局部特征。

长短期记忆网络：通过复杂的门控机制解决梯度消失问题，适用于长序列建模任务。

Transformer：使用自我注意机制并行处理整个序列，能有效捕捉长距离依赖关系。BERT、GPT 和 RoBERTa 等模型在多个任务上树立了新的标杆。

ELMo：利用双向 LSTM 生成深度语境化的单词表征，能有效编码多义词和语境。

6.1.3　自然语言处理的应用

自然语言处理就像给机器装上了"语言大脑"，让它们能听懂、看懂，甚至会说人类的语言。现在，这个"语言大脑"已经悄悄地走进了我们生活的方方面面，下面是一些常见的应用场景和案例。

1. 智能客服（24 小时在线小帮手）

想象一下，你在网上购物时遇到问题，半夜三更找客服，结果秒回！这就是智能客服的功劳。例如，某宝的客服机器人，它每天能处理上百万条咨询，从"我的快递到哪了？"到"这件衣服有没有大码？"，它都能对答如流（图 6.1）。这不仅省了商家雇人的钱，还让你不用苦等人工客服，购物体验噌噌往上涨！

2. 语音助手（私人小秘书）

"嘿 Siri，明天早上 7 点叫我起床！""小度小度，今天天气怎么样？"这些语音助手（图 6.1），像你的贴心小秘书，随时待命。它们靠的就是自然语言处理技术，能听懂你的话，还能帮你查信息、定闹钟、放音乐，甚至讲笑话逗你开心。有了它们，动动嘴就能搞定很多事，真是懒人福音啊！

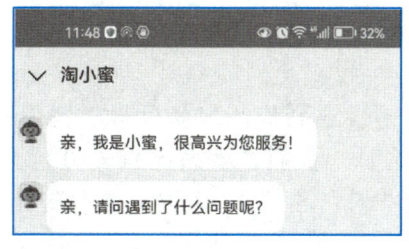

图 6.1　淘宝客户和小度音箱

3. 机器翻译（随身翻译官）

出国旅游语言不通？别怕，Google 翻译来帮忙！它支持 100 多种语言，拍个照、说句话，立马就能翻译成你能看懂的文字。例如，你在法国餐厅点菜，菜单上全是法文，用翻译软件一拍，立马知道"escargots"原来是蜗牛！是不是很神奇？

4. 情感分析（企业的"读心术"）

企业怎么知道你喜欢还是讨厌他们的产品？靠的就是情感分析。例如，某手机品牌发布了一款新机，网上评论炸开了锅。通过自然语言处理技术，企业可以快速分析出用户是夸它"拍照真清晰"还是吐槽"电池不耐用"。如果发现大家都在吐槽某个问题，企业就能赶紧改进，避免口碑翻车。

5. 文本分类（垃圾邮件的"克星"）

每天收到一堆垃圾邮件，烦不胜烦？自然语言处理技术可以帮你过滤掉它们！例如，邮箱服务商会用一种叫"朴素贝叶斯分类器"的算法，这种算法通过学习大量正常邮件和垃圾邮件的特征，自动识别哪些是垃圾邮件，直接丢进垃圾箱，还你一个清爽的收件箱。

6. 智能问答系统（"百科全书"）

"今天北京多少度？""现在几点了？"这些问题，智能问答系统都能秒答。例如，你问某智能音箱，"明天适合洗车吗？"它不仅能告诉你天气，还能建议你"明天有雨，最好别洗哦！"是不是很贴心？

7. 文本生成（AI 也能当"作家"）

你以为写诗、写故事只能是人类的专利？自然语言处理技术让 AI 也能当"作家"！例如，有些 AI 模型可以根据你给的关键词，生成一首诗或者一个小故事。虽然比不上大文豪，但创意和连贯性已经让人惊叹了。未来，说不定 AI 写的书也能登上畅销榜呢！

8. 总结（NLP，让生活更智能）

从早期的简单规则到现在的深度学习，自然语言处理技术取得了显著的进展。自然语言处理技术应用广泛，涵盖了智能客服、语音助手、机器翻译、情感分析、文本分类、问答系统和文本生成等多个领域。随着技术的不断发展，自然语言处理技术将在更多行业和场景中发挥更大的作用，推动社会的数字化转型和智能化升级。

6.2 文本处理

故事引入：小宜在网上买了本书，遇到商品发货问题，她给客服发了条消息："我上周买的书怎么还没发货？"这时，智能客服系统首先进行文本分析，识别出关键词"上周买的书"和"还没发货"，理解提出的问题是关于订单延迟。接着，它会查询数据库获取订单信息，最后回复："非常抱歉，您的订单因物流原因稍有延迟，预计明天发出。如有需要，您可以申请退款或联系我们的人工客服。"

这个过程看似简单，实际上涉及了文本预处理（过滤掉文本中的表情符号、特殊字符）、分词（将句子拆分成有意义的词或词组）、词性标注（识别每个词是名词、动词还是其他词性）、语义理解（把握句子的整体意思）、文本分类（识别文本内容是属于商品质量问题还是物流问题等用户诉求类型）等多个复杂的步骤。正是这些技术的综合运用，让计算机能够"听懂"并回应我们的需求。文本处理就是让计算机能够"阅读"和理解我们日常使用的语言。文本处理的一般流程如图 6.2 所示。

6.2.1 文本预处理

文本预处理是自然语言处理中的一个重要步骤，是后续文本处理的前提和基础，

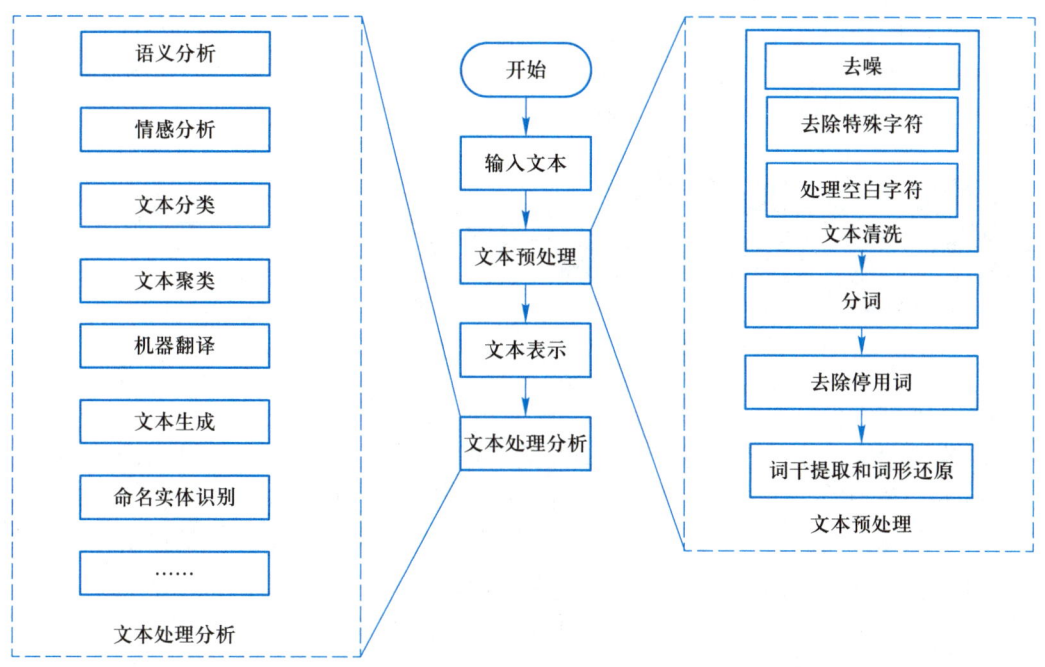

图 6.2　文本处理的一般流程

主要包括以下几个方面。

1. 文本清洗

文本清洗包括去除文本中的噪声，如 HTML 标签、特殊字符等。文本清洗不仅是文本预处理的关键步骤，也是提高数据质量、提升分析效率和增强模型性能的重要保障。

（1）去除噪声

在处理文本数据时，我们经常会遇到一些"干扰信息"，这些信息对理解文本的意思没有帮助，反而会增加分析的难度。比如，从网页上抓取的文本中，常常会包含像"<p>"这样的 HTML 标签（它的作用是告诉浏览器，从这里开始是一个段落）。如图 6.3 所示，在 BAIPLE 环境下利用 Python 中的正则表达式去掉标签"<p>"，最终得到："这是 段文本内容，其中包含 些无用的标签"。

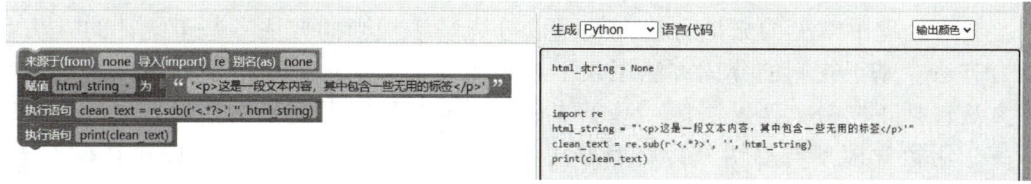

图 6.3　文本去除噪声实例

此外，文本中还可能存在一些不可见的控制字符，它们通常是在数据传输或存储过程中产生的，可通过特定的字符编码处理方式来识别和去除。

（2）去除特殊字符

标点符号、数字等特殊字符有时会干扰文本分析。例如，对于一段网上关于宜宾李庄古镇的旅游评论文本"什么？！！！这还是李庄吗！！！不对呀123"，利用字符串操作函数或正则表达式，能够方便地移除其中的标点和数字。如图6.4所示，最终得到："什么这还是李庄吗不对呀"。

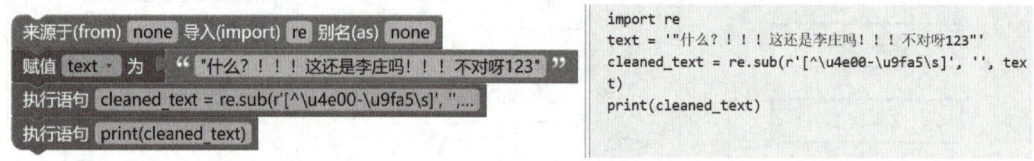

图6.4 文本去除特殊字符实例

（3）处理空白字符

多余的空格、换行符不仅会占用存储空间，还可能影响文本处理的准确性。例如，另一条李庄古镇的旅游评论文本："前天晚上匆匆逛了一圈，下次一定会二刷，好好游览一番！\n"。其中有空格和换行符"\n"。借助字符串的内置方法（如Python中的strip()、replace()方法），可以轻松删除多余的空白字符。如图6.5所示，最终得到"前天晚上匆匆逛了一圈，下次一定会二刷，好好游览一番！"，这种方法使文本更加简洁规范，便于后续处理。

```
sentence = '"前天晚上匆匆逛了一圈，下次一定会二刷，好好游览一番！\\n"'
cleaned_sentence = sentence.replace(" ", "").replace("\n", "")
print(cleaned_sentence)
```

图6.5 文本处理空白字符实例

2. 分词

文本数据挖掘中的分词技术将连续的文本切分为单独的词汇单元。例如，中文分词将"我爱北京天安门"切分为"我/爱/北京/天安门"。分词是理解文本含义、进行文本数据挖掘的第一步，因为只有把文本拆分成有意义的词语，才能进一步分析它的内容。

英文分词比较简单，通常以空格为分隔符。例如，"I like AI"会被分成三个词：I、like、AI。中文分词比较复杂，因为中文没有明显的分隔符。例如"下雨天留客天留我不留"这句著名的无标点符号句子，可以有多种分词结果和意义解读。

文本处理中常见的分词方法大致可以分为基于规则的方法、基于统计的方法和混合方法。基于规则的分词方法用人工编写的规则（如词典、语法）切分词语，典型方法包括正向最大匹配法等。基于统计的分词方法通过大量文本学习词语出现的概率，用数学模型自动切分，典型方法包括隐马尔可夫模型、条件随机场模型等。混合方法则结合规则和统计，例如，先用词典匹配，再用统计模型处理未登录词，典型工具包括Python中的Jieba分词（中文常用）。

此处以正向最大匹配法为例来展示文本分词的过程。正向最大匹配法（maximum matching）是一种基于规则（词典）的分词方法。其分词原理是，从左到右将待分词文本中的几个连续字符与词表（词典）进行匹配，如果匹配上，则切分出一个词。但要做到最大匹配，并不是第一次匹配到就可以切分的，需要保证下一个扫描的不是词表中的词或词的前缀才可以结束当前匹配。

假设待分词的文本为"今天来了许多新同事"，词典中包含"今天""来了""许多""新同事"等词，下面展示具体的分词过程。

（1）设定最大词长

假设设定的最大词长为 5（这个长度可以根据实际词典中的最长词来设定）。

（2）从左到右扫描文本

首先，从"今天来"开始匹配，但"今天来"不在词典中。然后，去掉最后一个字"来"，剩下"今天"，发现"今天"在词典中，但此时还不能确定"今天"就是最大匹配词，因为还需要看后面的字符是否能组成更长的词。接下来，继续扫描下一个字符"了"，组成"今天了"，但"今天了"不在词典中。此时可以确定，"今天"是到目前为止能匹配到的最长词，因此将其切分出来。

（3）继续扫描剩余文本

剩余文本为"来了许多新同事"。从"来了许"开始匹配，但"来了许"不在词典中。去掉最后一个字"许"，剩下"来了"，发现"来了"在词典中，同样地，需要继续扫描后面的字符。扫描到下一个字符"多"，组成"来了多"，但"来了多"不在词典中。因此，"来了"是到目前为止能匹配到的最长词，将其切分出来。

（4）重复上述过程

剩余文本为"许多新同事"。依次扫描并匹配"许多新""许多""新同事"等，最终得到分词结果："许多"和"新同事"都在词典中，因此将它们分别切分出来。

（5）最终分词结果

经过上述步骤，最终得到的分词结果为"今天/来了/许多/新同事/"。

目前已经有一些分词工具可以直接实现分词功能，例如，Jieba 是常用的中文分词工具，NLTK 是常用的英文分词工具，它们可以帮助我们快速有效地将文本切分成单词。例如文本："新修的月亮田晚上非常漂亮，央视中秋晚会有好几个节目在这里表演"。如图 6.6 所示，在 BAIPLE 环境下利用 Python 中的 Jieba 工具，最终得到"新修/的/月亮/田/晚上/非常/漂亮/，/央视/中秋/晚会/有/好几个/节目/在/这里/表演"。

图 6.6　文本分词实例

3.　去除停用词

停用词是指在文本中频繁出现但对语义贡献较小的词汇，如"的""是""在"等。去除停用词可以简化数据、减少噪声，提高处理效率。去除停用词的方法大致包括基于规则的方法、基于词典的方法、基于统计的方法和基于机器学习的方法。例如，文本经过分词以后得到："'地方''环境''优美''是''不错''的''旅游''景点'"。如图 6.7 所示，在 BAIPLE 环境下利用 Python 去除停用词，识别并且过滤了停用词 '是' 和 '的'。最终得到："'地方' '环境' '优美' '不错' '旅游' '景点'"。

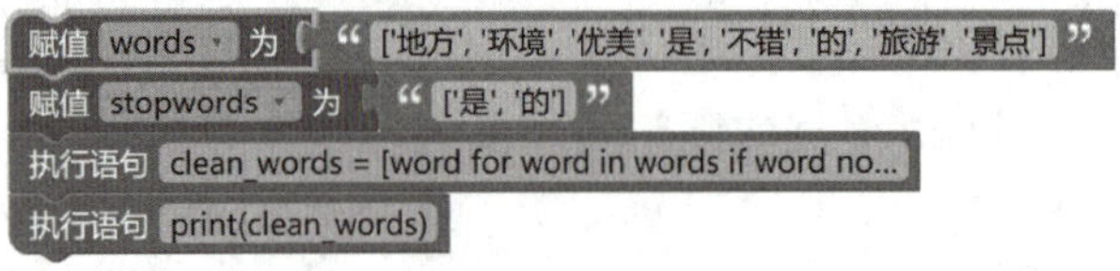


```
words = ['地方', '环境', '优美', '是', '不错', '的',
'旅游', '景点']
stopwords = ['是', '的']
clean_words = [word for word in words if word not in
stopwords]
print(clean_words)
```

图 6.7　文本去除停用词实例

4．词干提取和词形还原

词干提取是将词汇还原为其基本形式，能把一些意思相似但形式不同的词归到一起，让我们在统计词频或者分析文本主题时，不会因为同一个词的不同形式而觉得是不同的词，从而更准确地把握文本的主要内容。例如，将“running”还原为“run”。词形还原是将词汇还原为其词典形式，例如，将“are”还原为“be”。词干提取和词形还原过程通常需要借助词典或者一些语言知识数据库，结合一些复杂的算法来分析单词的形态、语法等信息，找到它的正确基础形式。例如，根据动词的时态、人称变化规则，名词的单复数变化规则等，来确定单词应该还原成什么形式，相对来说比词干提取更智能、更准确。

6.2.2　文本表示

计算机无法直接理解人类的文字，就像不懂中文的人看到“我喜欢人工智能”只是一串符号。为了让机器处理文本，需要将文字转化为它能理解的“语言”——通常是数字形式（如向量或矩阵）。这个过程就是文本表示，相当于给计算机配了一个“翻译官”，把文字转换成它能计算的数值。目前，文本表示的常用方法包括词袋模型（bag of words，BoW）、TF-IDF 向量、词嵌入和句子嵌入等。

1．词袋模型

词袋模型把文本看作一个装单词的“袋子”，统计每个词出现的次数，忽略顺序和语法。词袋模型首先构建所有单词的词典，然后将文本转化为向量，向量的每个位置表示词典中对应词出现的次数。

例 6.1　李庄景区管理者想分析游客对李庄古镇的评论，词典为［古镇，风景，文化，悠久，河流，山景，自然，美丽］，有两条评论。

评论 1：“李庄古镇的风景非常美丽，山景让人心旷神怡。”

评论 2：“古镇的文化悠久，风景给人留下深刻印象。”

那么通过词袋模型，两条评论分别表示为以下两个向量。

评论 1 向量：［1，1，0，0，0，1，0，1］（“古镇”“风景”“山景”“美丽”各出现 1 次）。

评论 2 向量：［1，1，1，1，0，0，0，0］（“古镇”“风景”“文化”“悠久”各出现 1 次）。

在 BAIPLE 中，可以用积木方式实现，如图 6.8 所示（被遮挡的代码见 Python 代码）。

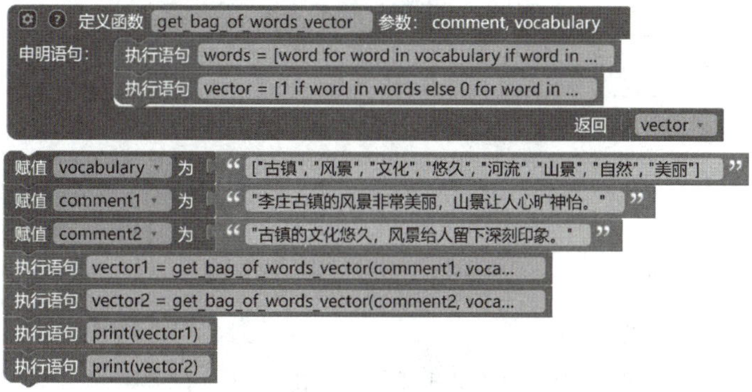

图 6.8　词袋模型文本表示实例

对应产生的 Python 代码及运行结果如下：

```
def get_bag_of_words_vector(comment, vocabulary):
global vector, comment1, comment2
words = [word for word in vocabulary if word in comment]
    vector = [1 if word in words else 0 for word in vocabulary]
return vector
vocabulary = ['"古镇","风景","文化","悠久","河流","山景","自然","美丽"]'
comment1 = '"李庄古镇的风景非常美丽，山景让人心旷神怡。"'
comment2 = '"古镇的文化悠久，风景给人留下深刻印象。"'
vector1 = get_bag_of_words_vector(comment1, vocabulary)
vector2 = get_bag_of_words_vector(comment2, vocabulary)
print(vector1)
print(vector2)
```

词袋模型简单易实现，适合小规模数据。但是，它忽略了词序和语义，比如"风景美，但是不好停车"和"风景不美，但是好停车"表示为完全一样的向量。

2. TF−IDF 模型

TF−IDF 模型不仅统计每个词在文本中出现的频率，也就是词频（term frequency，TF），还通过统计逆文档频率（inverse document frequency，IDF）惩罚常见词，突出文本中的关键特征。

假设分析某网站 1 000 条手机评论，其中"电池"在 100 条评论中出现，IDF 值为 log（1 000/100）=1。"手机"在 900 条评论中出现，IDF 值为 log（1 000/900）=0.045。虽然"手机"出现次数多，但 TF−IDF 会降低它的权重，而"电池"更能区分不同评论。图 6.9 所示是 TF−IDF 文本表示实例，IDF 值如表 6.3 所示。

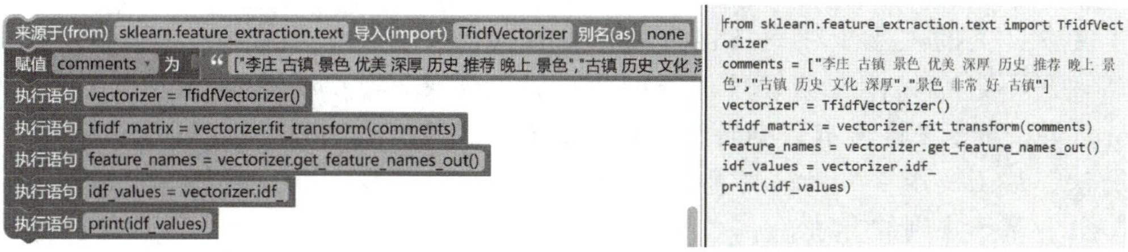

图 6.9　TF−IDF 文本表示实例

表 6.3　李庄评论的 IDF 值

原始数据									词	IDF 值
李庄	古镇	景色	优美	深厚	历史	推荐	晚上	景色	古镇	1
古镇	历史	文化	深厚						文化	1.69
景色	非常	好	古镇						景色	1.28

3．词嵌入和句子嵌入

词嵌入是一种将词语转化为向量的技术，将每个词映射到一个高维空间中。这些向量不仅能表示词语本身，还能捕捉词语之间的语义关系，语义相似的词在空间中距离更近。一个词的含义可以通过它的上下文来推断。例如"猫喜欢吃鱼"和"狗喜欢啃骨头"，通过上下文可以知道"猫"和"狗"都是动物。"猫"和"狗"常出现在相似语境中，那么在高维空间中它们的向量会更接近；而"猫"和"汽车"的向量则会相距较远。例如，假设我们用二维空间表示词向量："猫"$=[0.8, 0.6]$，"狗"$=[0.7, 0.5]$，"汽车"$=[-0.9, -0.7]$。可以看到，"猫"和"狗"的向量很接近，而"汽车"则远离它们。

常用的词嵌入模型包括 Word2Vec、GloVe 和 FastText 等。Word2Vec 模型通过上下文预测目标词，例如"＿＿＿喜欢吃鱼"，预测空缺词是"猫"。GloVe 模型利用整个语料库中词语的共现频率（两个词一起出现的次数）来学习词向量，例如，"冰"和"冷"常一起出现，它们的共现频率高，因此它们的向量会很接近。而词语"冰"和"蒸汽"很少一起出现，它们的向量会相距较远。FastText 模型将词语拆分为子词（如"苹果"＝"苹"＋"果"），通过学习子词的向量来表示整个词，它适合处理生僻词。

句子嵌入模型是将整个句子表示为一个向量，将句子的语义信息封装在固定长度的向量中，这些向量可以捕捉上下文、含义和词汇间的关系。这种转换使得机器能够把握人类语言的微妙之处，并利用这些向量之间的距离或相似性来比较句子相似性。句子嵌入模型通常基于深度学习方法，通过训练大量文本数据来学习句子的语义表示。

6.2.3　文本分类与聚类

分类和聚类在第 3 章中已经做了介绍，只不过这里的数据处理对象变成了文本。

1．文本分类的方法

文本分类的主要步骤一样包含数据收集与预处理、模型训练、模型测试与评估等。只不过在具体数据处理过程中要进行文本表示，即用词袋模型、TF-IDF、Word2Vec 等方法将文本数据转换为数值特征。具体的文本分类方法包含基于规则的方法、基于机器学习和深度学习的方法。

（1）基于规则的方法

早期的文本分类方法以基于规则的方法为主，该类方法通过人工定义规则进行分类。例如，在垃圾邮件识别中建立规则：如果邮件中包含"免费""中奖"，则分类为"垃圾邮件"。这种方法需要专家根据具体的应用场景和问题设计分类规则，规则复杂且难以覆盖所有情况，且难以推广到其他应用场景中。规则的建立和维护都非常耗时耗力。

（2）基于机器学习和深度学习的方法

基于机器学习的方法通过标注数据训练分类模型（如朴素贝叶斯、支持向量机、决策树等），通过分类器识别不同类别的文本数据的特征，进而实现文本分类。基于深度学习的方法使用神经网络（如 CNN、RNN、BERT）捕捉文本的复杂语义信息，能够处理更复杂的分类任务。图 6.10 所示是基于朴素贝叶斯算法的文本分类实例。

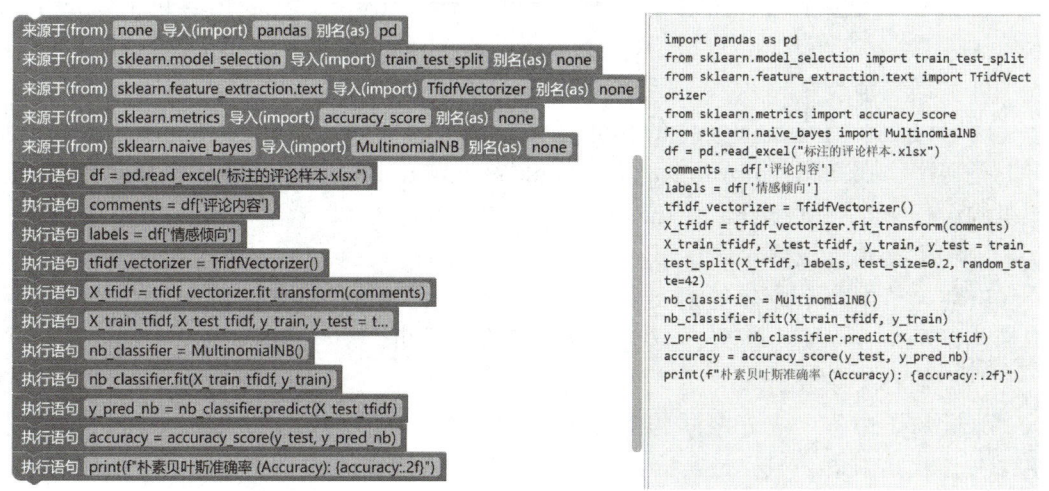

图 6.10　基于朴素贝叶斯算法的文本分类实例

文本分类技术广泛应用于各个领域，旨在提高信息处理的效率与准确性。以下是文本分类的几个常见应用场景：垃圾邮件过滤、新闻分类、主题标签生成、客户服务自动化等。

2. 文本聚类的方法

文本聚类的主要步骤也和第 3 章介绍的聚类步骤类似，主要包括数据收集与预处理、文本表示、特征选择或降维（文本数据通常具有高维性）、聚类算法选择、结果评测等。文本聚类的方法主要如下。

（1）基于统计的方法

基于统计的方法利用文本特征（如词频）的统计信息来衡量文本之间的相似性。例如，k-means 算法通过迭代优化每个簇的质心和成员分配，将文本数据划分为 k 个簇。这种方法简单直观，但在处理非球形簇或噪声数据时可能表现不佳。

（2）基于图的方法

基于图的方法将文本数据视为图中的节点，利用节点之间的相似性（或距离）构建边，并通过图分割或谱聚类等技术来识别簇。这类方法在处理高维稀疏数据时具有优势，能够捕捉到复杂的文本相似性结构。

（3）基于深度学习的方法

基于深度学习的方法利用神经网络（如自编码器、变分自编码器）学习文本的潜在表示，然后在这些潜在表示上进行聚类。这类方法能够捕捉到文本的深层语义信息，适用于处理复杂和多样的文本数据。

文本聚类技术典型的应用场景包括文档组织与管理、舆情监测与分析、个性化推荐等。

6.2.4　语义分析

语义分析是计算机理解文本意义的关键步骤，为后续支持如机器翻译、问答系统、智能客服等复杂的自然语言处理任务打下坚实的基础，主要内容包括以下几个方面。

（1）词义消歧

确定词汇在特定上下文中的具体意义。例如，"bank"在英文中可以是银行也可以是河岸，那么"I'm going to the bank to withdraw money"中的"bank"指金融机构银行，在"the bank of the river"中指河岸。

（2）语义角色标注

识别句子中各个成分的语义角色，如施事、受事、工具等。例如，在"小明用刀切苹果"中，小明是施事，刀是工具，苹果是受事。

（3）依存关系分析

分析句子中各个成分之间的依存关系。例如，在"小明喜欢编程"中，小明是主语，喜欢是谓语，编程是宾语，它们之间存在主谓宾的依存关系。

1. 语义分析的常用方法

（1）基于词典的方法

利用现有的词典资源，将文本中的词语与词典中的定义、解释等进行对照，来确定词语的语义。例如，通过汉语词典确定"美丽"就是形容事物好看的意思。

（2）基于统计的方法

统计词语在文本中出现的频率、共现情况等。如果"银行"和"钱"经常一起出现，就可以推测它们在语义上有一定关联。此外，还可以通过分析大规模文本中词语的分布规律来理解语义。

（3）基于机器学习的方法

让计算机通过学习大量已标注语义信息的文本数据（样本数据，详见第3章）来建立模型，从而对新的文本进行语义分析。例如，用神经网络模型（详见第4章）来判断一句话是表达喜悦还是悲伤的情感。

（4）基于知识图谱的方法

知识图谱就像是一个巨大的知识网络，把各种概念、实体以及它们之间的关系都连接起来。将文本中的内容与知识图谱中的信息匹配，能更好地理解文本语义。例如，当提到"牛顿"时，知识图谱可以帮助我们知道他是一位物理学家，与万有引力等知识相关。

2．语义分析的应用场景

语义分析在文本数据挖掘中起着至关重要的作用，它使计算机能够更好地处理和理解文本信息，为众多领域的应用提供了有力支持，帮助我们从海量的文本数据中获取有价值的知识。下面简单介绍一些语义分析的经典应用场景。

（1）信息检索：从"关键词匹配"到"语义理解"

当我们在搜索引擎中输入关键词时，语义分析可以帮助搜索引擎找到与关键词语义相关的更准确的结果，而不仅仅是匹配字面意思。例如，用户在网上通过搜索引擎搜索"苹果最新产品"。传统方法只匹配包含"苹果"和"最新产品"的网页，可能会返回关于水果"苹果"的结果。现在大部分搜索引擎都会通过语义分析，理解"苹果"在这里指的是公司，而不是水果，返回关于 iPhone、MacBook 等产品的信息。

（2）机器翻译：从"词对词翻译"到"语义转换"

计算机在翻译文本时，能够根据语义来准确地转换语言，而不是简单地词对词翻译，让翻译结果更符合目标语言的表达习惯。例如一个英文句子："The cat is on the mat."词对词翻译的结果是"这只猫是在垫子上。"这非常不符合中文表达习惯。通过语义分析，理解句子的语义是"猫在垫子上"，生成更自然的翻译："猫在垫子上。"

（3）智能客服：从"机械回答"到"理解意图"

传统客服系统只能根据预设规则回答固定问题，无法理解用户的复杂需求，常常出现答非所问的情况。语义分析技术让客服系统能够理解用户的问题，并根据语义给出合适的回答，提供更好的服务体验。例如，在一个网购平台，用户问客服："我的订单怎么还没到？"传统客服通过匹配关键词"订单"，回复固定答案："请提供订单号。"现在的客服系统通过语义分析，理解用户意图是查询订单状态，自动检索订单状态，并且回复："您的订单正在配送中，预计明天到达。"

6.2.5　情感分析

情感分析是让计算机自动判断一段文本的情感倾向，如是积极的、消极的还是中性的。简单来说，就是让机器"读懂"人类的情绪。例如，一名游客在社交媒体上写下一段旅游的体验："宜宾李庄是一处值得一游的旅游目的地。它既有丰富的历史文化底蕴，又拥有迷人的自然风光。但与此同时，过度的商业化和基础设施的不足也是不容忽视的问题。希望未来李庄能在保护历史文化和自然风光的同时，进一步优化旅游环境，为游客提供更加舒适和便捷的旅行体验。"语义分析"它既有丰富的历史文化底蕴，又拥有迷人的自然风光。"是积极情感，但是"过度的商业化和基础设施的不足"则是消极情感；"宜宾李庄是一处值得一游的旅游目的地"表示该游客的整体情感偏积极。

情感分析技术可以有效地理解文本中隐含的人类情绪，无论是企业优化产品、政府监控舆情，还是个人了解市场趋势，情感分析都提供了强大的支持。

情感分析的常用方法有基于词典的方法、基于机器学习和深度学习的方法。

1. 基于词典的方法

基于词典的方法使用情感词典来判断文本的情感倾向。情感词典通常包含正面情感词、负面情感词、否定词以及程度副词等。常用的中文情感词典如表 6.4 所示，知网情感分析词典（HOWNET）是一套比较全面的词汇资源，包含了中文词汇的多种语义信息，其中就有情感倾向分类。这个词典通过对词汇的语义分析来确定情感类别，如褒义、贬义、中性等。台湾大学情感词典（NTUSD）分为简体和繁体版本，收录了大量的中文情感词汇。该词典能够帮助研究人员分析中文文本中的情感倾向，在处理中文文本情感分析时有较高的实用价值。大连理工大学情感词汇本体库从不同的维度对情感词汇进行了标注，包括情感分类（如乐、好、怒、哀、惧、恶、惊）、强度等信息。它为更精细的情感分析提供了可能。不同的词典的词汇量、适用场景各不相同。

表 6.4　常用的中文情感词典

词典名称	特点	词汇量	应用场景	更新频率
知网情感分析词典（HOWNET）	词汇丰富，情感极性标注明确，适用于多种情感分析场景	10 万词	社交媒体、舆情监控、产品评论分析	持续更新
BosonNLP 情感词典	专注于中文自然语言处理，情感分析效果较好	15 万词	社交媒体、电商评论分析	不定期更新
台湾大学情感词典（NTUSD）	词汇量大，情感分类细致，适合中文文本分析	20 万词	社交媒体、学术研究	不定期更新
清华大学中文褒贬义词典	专注于中文褒贬义词汇，情感分析准确度高	8 万词	社交媒体、产品评论分析	不定期更新
大连理工大学情感词汇本体库	支持情绪分析（如喜、怒、哀、乐等），适合复杂情绪识别	12 万词	情绪分析、学术研究	持续更新
SPSSAU 综合词典	结合了 BosonNLP、NTUSD、HOWNET 等词典，支持自定义扩展	13 万词	多场景情感分析	持续更新
CNSenti 词典	默认使用 HOWNET，支持自定义情感词典导入，可进行情绪分析	10 万词	情感分析、情绪分析	持续更新

基于情感词典的情感分析流程如图 6.11 所示。

2. 基于机器学习和深度学习的方法

（1）基于机器学习的方法

基于词典的方法以其直观性和相对简易的实施流程，在情感分析的早期探索中占据了主要地位。但是一个不够全面或更新滞后的词典，很可能遗漏了新兴的网络用语、俚语或是特定文化背景下的情感词汇，进而影响了分析的准确性和时效性。

近年来，随着人工智能和数据挖掘技术的不断突破，机器学习算法以其强大的

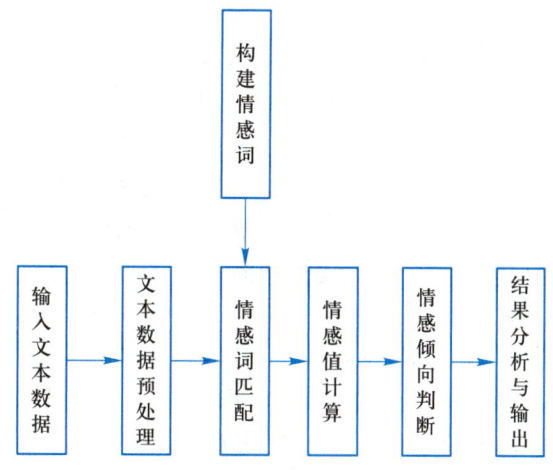

图 6.11　基于情感词典的情感分析流程

数据处理能力和模式识别能力，在多个领域展现出了超越传统方法的卓越性能。深度学习，作为机器学习的一个分支，更是凭借其深层的神经网络结构，在复杂特征提取和非线性关系建模方面展现出了非凡的潜力。进行情感分析的常用机器学习算法包括支持向量机、朴素贝叶斯分类和逻辑回归等。

支持向量机是一种二分类模型，通过寻找一个超平面将不同类别的样本分开。在情感分析中，支持向量机可以学习文本特征与目标情感类别之间的非线性关系。

朴素贝叶斯分类器基于贝叶斯定理，假设特征之间相互独立。在情感分析中，它常用于处理文本分类任务，尽管这种独立性假设在现实中往往不成立，但朴素贝叶斯分类器在实践中仍表现出色。

基于机器学习的情感分析的实施步骤如下。

第一步：数据收集与标注。收集大量包含情感倾向的文本数据，并进行人工标注，以形成训练集和测试集。

第二步：特征提取。对文本进行预处理，如分词、去停用词等，然后提取能够反映情感倾向的特征，如词频、TF-IDF 值等。

第三步：模型训练。针对具体的应用场景，选择合适的机器学习算法，并使用训练集数据对模型进行训练。

第四步：模型评估与优化。使用测试集数据对训练好的模型进行评估，根据评估结果调整模型参数或选择更优的算法。

第五步：情感倾向预测。将训练好的模型应用于新输入的文本，预测其情感倾向。

（2）基于深度学习的方法

深度学习的相关理论、模型和算法在第 4 章进行了详细介绍。基于深度学习的情感分析方法，主要是利用深度神经网络（如卷积神经网络、递归神经网络及其变种 LSTM、Bi-LSTM 等）自动学习文本中的高维特征表示，并进行情感分类。深度学习模型能够捕捉到文本中的复杂情感模式，显著提升情感分析的准确性。

进行情感分析的常用深度学习算法包括卷积神经网络、递归神经网络、Transformer

和 BERT 等。

卷积神经网络主要用于提取文本的局部特征，通过卷积和池化操作实现特征降维和分类。在情感分析中，卷积神经网络可以捕捉文本中的 $n-gram$ 特征以及短语级别的情感信息。

递归神经网络及其变种能够处理序列数据，捕捉文本中的时间依赖关系。在情感分析中，递归神经网络及其变种（如 LSTM、Bi-LSTM）可以捕捉文本中的长距离依赖关系，从而更好地理解文本的情感倾向。

Transformer 是一种基于注意力机制的模型，能够捕捉文本中的长距离依赖关系。BERT（bidirectional encoder representations from Transformers）是 Transformer 的一个变种，通过双向编码的方式提高了模型的性能。在情感分析中，BERT 及其相关模型（如 RoBERTa、ALBERT 等）取得了显著的效果。

基于深度学习的情感分析的实施步骤如下。

第一步：首先进行数据收集与标注。

第二步：进行数据预处理和特征提取。将文本转换为数值向量表示，常用的方法包括 Word2Vec、GloVe、FastText 等。此外，还可以使用预训练语言模型（如 BERT）生成的上下文嵌入。

第三步：模型构建与训练。选择合适的深度学习模型架构（如 CNN、RNN、Transformer 等），并使用训练集数据对模型进行训练。在训练过程中，可以使用数据增强技术（如同义词替换、回译等）来提高模型的泛化能力。

第四步：模型评估与优化。使用测试集数据对训练好的模型进行评估，并根据评估结果调整模型参数或选择更优的模型架构。

第五步：情感倾向预测。将训练好的深度学习模型应用于新输入的文本，预测其情感倾向。

例 6.2　利用支持向量机分类器实现中文酒店评论数据集（ChnSentiCorp）的情感分析。

其积木程序如图 6.12 所示。

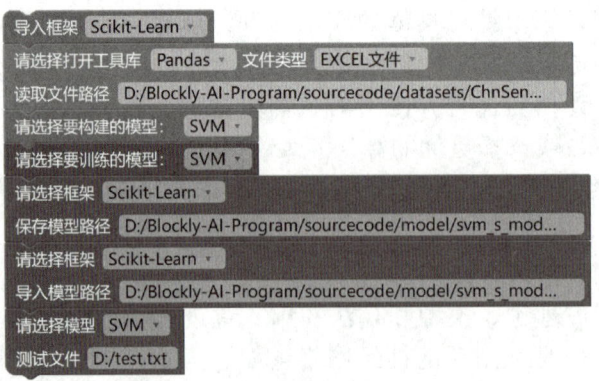

图 6.12　中文酒店评论数据集的情感分析实例

对应的 Python 代码如下：

```python
import pandas as pd
import keras
import joblib

# 加载数据集（假设数据集已下载并保存为 ChnSentiCorp.xlsx）
df = pd.read_excel('D:/Blockly-AI-Program/sourcecode/datasets/ChnSentiCorp/
ChnSentiCorp.xlsx', sheet_name=0)

# 数据预处理
import re

# 定义去除噪声的函数
def clean_text(text):
# 去除 HTML 标签
    text = re.sub(r'<[^>]+>', '', text)
# 去除特殊字符和数字
text = re.sub(r'[^a-zA-Z\u4e00-\u9fa5]', '', text)
return text
# 应用函数清洗数据
df['review'] = df['review'].apply(clean_text)
# 中文分词
import jieba
# 加载停用词表
stopwords = set()
with open('D:/Blockly-AI-Program/sourcecode/datasets/ChnSentiCorp/cn_stopwords.txt',
'r', encoding='utf-8') as f:
    for line in f:
            stopwords.add(line.strip())

# 定义分词函数
def chinese_tokenizer(text):
        words = jieba.lcut(text)
return [word for word in words if word not in stopwords and len(word) > 1]
# 应用函数进行分词
df['tokens'] = df['review'].apply(chinese_tokenizer)

from keras.preprocessing.sequence import pad_sequences

# 将分词后的文本转换为序列
max_length = 100
tokenizer = Tokenizer()
tokenizer.fit_on_texts(df['tokens'])
sequences = tokenizer.texts_to_sequences(df['tokens'])
# 填充与截断序列
X = pad_sequences(sequences, maxlen=max_length)
y = df['label'].values

# 特征提取

from sklearn.feature_extraction.text import CountVectorizer
```

```
# 将分词后的文本转换为词袋模型特征
vectorizer = CountVectorizer(tokenizer=chinese_tokenizer, max_features=5000)
X_bow = vectorizer.fit_transform(df['review']).toarray()
from sklearn.feature_extraction.text import TfidfVectorizer

# 将分词后的文本转换为 TF-IDF 特征（可选）
tfidf_vectorizer = TfidfVectorizer(tokenizer=chinese_tokenizer, max_features=5000)
X_tfidf = tfidf_vectorizer.fit_transform(df['review']).toarray()

# 模型构建与训练
from sklearn.svm import LinearSVC

# 初始化 SVM 分类器（使用线性核）
svm = LinearSVC(C=1.0, random_state=42)

from sklearn.model_selection import train_test_split
# 划分训练集和测试集
X_train, X_test, y_train, y_test = train_test_split(X, y, test_size=0.2, random_state=42)

# 训练模型
svm.fit(X_train, y_train)
# 预测与评估
from sklearn.metrics import accuracy_score, classification_report

# 预测测试集
y_pred = svm.predict(X_test)
# 计算准确率
print(f" 测试集准确率 " {accuracy_score(y_test, y_pred):.4f}")

# 打印分类报告
print(classification_report(y_test, y_pred))

# 保存模型
joblib.dump(svm, 'D:/Blockly-AI-Program/sourcecode/model/svm_s_model.pkl')
# 加载模型
loaded_model = joblib.load('D:/Blockly-AI-Program/sourcecode/model/svm_s_model.pkl')
# 新样本预测
new_review = " 这家酒店环境很好，服务也很周到，下次还会选择这里。"
new_tokens = chinese_tokenizer(new_review)
new_sequence = tokenizer.texts_to_sequences([new_tokens])
new_X = pad_sequences(new_sequence, maxlen=max_length)
prediction = loaded_model.predict(new_X)

print(f" 情感预测结果 : {' 正面 ' if prediction[0] == 1 else ' 负面 '}")
```

6.2.6   大语言模型

大语言模型（large language model，LLM）建立在自监督学习和 Transformers
网络架构之上，通过大规模无监督学习预训练模型，再在下游任务上进行微调，代
表了当前 NLP 的主流范式。大语言模型在很大程度上扩展了模型的大小、预训练

数据和总计算量，从而实现了对自然语言更深刻的理解和更精准的生成。大语言模型在此范式下取得了巨大成功。目前，部分热门大语言模型的性能和特点如表 6.5 所示。

表 6.5　部分热门大语言模型的性能和特点

大语言模型	性能	特点
文心一言	在中文场景下的知识问答、多模态生成（文本、图像、语音）能力突出，尤其在金融与教育领域的应用成熟度高	中文处理能力强，多模态生成能力出色，应用领域广泛
DeepSeek-R1	凭借强化学习与模型蒸馏技术，以 1/10 的参数规模实现与 GPT-4 Turbo 相当的数学推理能力，性价比优势显著	性价比高，数学推理能力强，采用创新的训练技术
KIMI	长文本处理能力独树一帜，支持 20 万汉字上下文输入，学术分析与实时联网检索能力突出，但创意内容生成同质化问题明显	长文本处理能力强，学术分析和实时检索能力出色，创意生成有待提升
通义千问	信息检索与多语言翻译能力领先，性价比高	信息检索和多语言翻译出色，成本效益高，适用于多种语言场景
豆包	多模态交互功能丰富（文本、图像、视频脚本生成），生态完善，适合日常场景应用，但复杂任务处理能力较弱	多模态交互丰富，生态完善，适合日常应用，复杂任务处理能力有待加强
ChatGPT-4.5	在复杂逻辑推理与代码生成上保持优势，集成多模态推理，支持 3D 模型交互，动态思维链（CoT++）可处理 10 步以上的复杂逻辑推理，混合输入文本、代码、3D 模型，输出结构化报告，但单次 API 调用成本较高	核心优势在于复杂逻辑推理与代码生成，多模态交互能力强，适用于跨国智库咨询、新药研发分子关系推理等场景，成本较高
Gemini Ultra	实时搜索增强，调用 Google Search 数据补全时效性信息，多模态隐式对齐，文本与图像关联准确率较高，但在中文场景的适配性较弱，且需绑定 Google Cloud 服务	时效性信息补全能力强，多模态对齐效果好，适用于跨境电商客服、全球舆情监控等场景，中文处理能力和独立性有待提升
Llama3-400B	自托管推理成本仅为 GPT-4 的 1/3，长文本处理效率提升，分层稀疏化架构训练所需算力资源较少，但生成内容缺乏情感张力	成本低，长文本处理效率高，适用于资源有限的中小企业和开发者，创意生成能力有待加强

大语言模型的应用将在第 7 章进行介绍。

6.3　语音识别与合成

语音是人类最自然、最直接、最有效的交流方式。语音识别与合成是自然语言处理的重要分支，旨在实现人机交互的语音化，是衔接人与机器的重要研究方向。

本章的最开始讲述了一个通过语音控制智能家居打开窗帘的例子。这是一个典型的通过语音实现人机交互人工智能应用场景。我们分析一下这个过程。第一步，人的指令"开窗帘"通过语音信号采集系统（如智能音箱的话筒设备）探测，并转化为电压信号。第二步，通过语音信号预处理系统进行滤波、采样、量化、预加重和端点检测等预处理，转化为计算机可以理解的数字语音信息。第三步，根据语音信号的特征，通过语音识别技术识别语音代表的词语，将语音信息转为文本信息。第四步，通过文本处理技术理解文本信息，得到用户指令的语义信息，并通过智能问答系统回答用户问题和将用户指令下达给物联网系统。第五步，将回答用户问题的文本信息通过语音合成技术变成语音信息通过音箱等播放设备播放出来。

通过这个例子可以看到，要实现基于语音的人机交互，需要经过语义信息采集、语音识别、文本处理、语音合成等步骤。6.2 节已经介绍了文本处理的基本内容，语音识别和语音合成是语音处理领域最为核心的两项任务，而语音识别与合成都要基于语音特征来进行。本节将重点介绍语音特征提取、语音识别和语音合成。

6.3.1　语音特征提取

语音信号是连续的波形信号，如图 6.13 所示，具有以下关键特征。

① 时域特征：语音信号的振幅随时间变化，如能量、过零率。

② 频域特征：通过傅里叶变换将语音分解为不同频率成分，如频谱、共振峰。

③ 梅尔频率倒谱系数（mel-frequency cepstral coefficients，MFCC）：模拟人耳听觉特性，提取语音的短时频谱特征，是语音识别的核心特征之一。

④ 基频与音高：反映语音的音调高低，用于语音合成的情感表达。

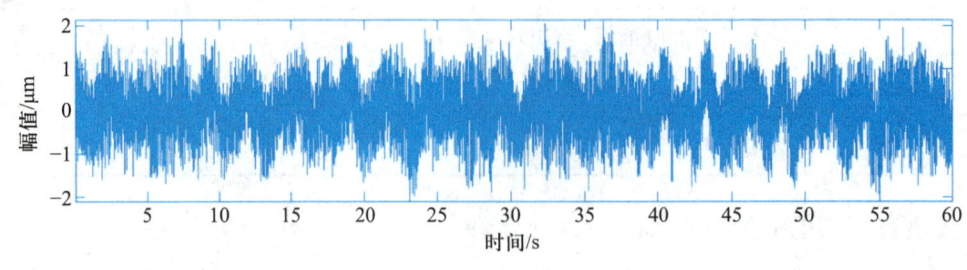

图 6.13　语音信号

　　这些特征是语音识别与合成的基础，帮助模型捕捉语音的语义和情感信息。例如，基音频率反映了声带振动的频率，不同性别、年龄的人基音频率有明显差异。以智能语音助手小爱同学为例，初次使用时，用户需要进行一段简短的语音录入，小爱同学会基于傅里叶变换等数学方法，对录入语音进行频谱分析，精准识别出用户的基音频率等特征。在后续交互中，小爱同学便能依据这些特征，更准确地理解用户指令，如在嘈杂环境下，也能有效区分出用户的声音，避免误识别。

　　共振峰也是关键语音特征，它代表了声道的共振特性，不同的元音和辅音有着不同的共振峰模式。例如，发"a"音和"i"音时，共振峰的频率和强度分布是不同的。在语音合成中，通过调整共振峰参数，可以模拟出不同的发音效果。像一些有声读物的合成语音，运用线性预测编码（linear predictive coding，LPC）技术来分析和提取共振峰信息。通过 LPC，能够将语音信号表示为全极点模型，从而精确获取共振峰的频率、带宽和幅度等参数。合成时，根据文本内容和所需的发音特点，灵活调整这些参数，模拟出人类自然的发音，让听众听起来更舒适。

例 6.3　计算音频文件的 MFCC 特征。

步骤如下。

① 准备任一音频文件，这里选择数字"0"的语音文件。地址如下：
D:/Blockly-AI-Program/sourcecode/datasets/wav0-9/train/digit_0/1_0.wav
② 按照图 6.14 从积木工具箱中拖入对应的积木。

图 6.14　数字"0"的 MFCC 特征积木程序

　　自动生成的 Python 代码如下：

```
import librosa
import librosa.display
import numpy as np
import matplotlib.pyplot as plt

# 加载音频文件
y, sr = librosa.load('D:/Blockly-AI-Program/sourcecode/datasets/
wav0-9/train/digit_0/1_0.wav', sr=22050)
# 计算 MFCC 特征
```

```
mfcc_features = librosa.feature.mfcc(y=y,sr=sr,n_mfcc=13)

plt.figure(figsize=(10, 4))
librosa.display.specshow(mfcc_features, x_axis='time', sr=sr)
plt.colorbar()
plt.title('MFCC')
plt.tight_layout()
    plt.show()
```

运行结果如图 6.15 所示。

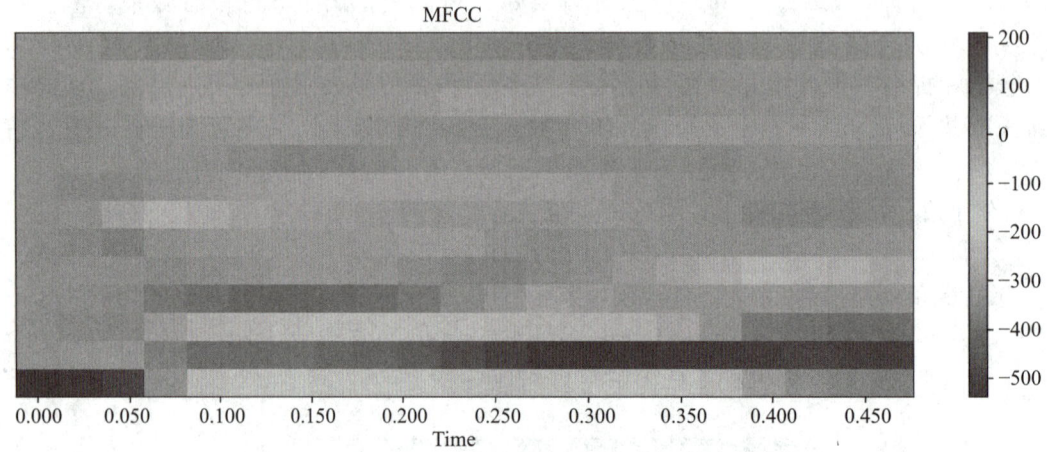

图 6.15　数字"0"的语音文件的 MFCC 特征

6.3.2　语音识别

语音识别是将语音信息自动转化为文本信息的技术。语音识别系统总体结构一般包括前端处理、声学模型、语言模型和解码器。本节主要介绍前两者。

前端处理就是上述提到的对语音信号进行采样、量化和特征提取。

声学模型则是对语音特征和音素之间的关系进行建模,常用模型有隐马尔可夫模型、高斯混合模型(GMM)。隐马尔可夫模型用于音素转移和音素对应输出音频特征之间关系的建模,高斯混合模型用于对音素所对应的音频特征分布进行建模。以苹果的 Siri 语音助手为例,其声学模型的训练过程涉及海量的语音数据。这些数据包含不同口音、语速、语调的语音样本,基于最大似然估计等方法,让隐马尔可夫模型学习不同语音特征对应的音素状态转移概率和观察概率。这样,当 Siri 接收到用户语音时,声学模型就能将接收到的语音特征转换为音素序列。

例 6.4　基于 GMM 的 0~9 数字语音识别。

(1)训练数据准备

实验所使用数据集为 0~9 英文录音,其分布情况如图 6.16 所示,records 文件夹下包括 digit_0~digit_9 共 10 个子文件夹。每个子文件夹代表一个数字,里面有 x 个人对该数字的录音音频(本实验每个文件夹下有 30 个数据,其中 x 取决于实验训练个数），如 1_0.wav 就代表第 1 个人录数字 0 的音频文件。

实验数据集按照 4∶1 的比例分为训练集和测试集，其中训练集一共有 160 条音频，测试集有 40 条录音。

（2）语音预处理

语音预处理过程分为预加重、分帧和加窗三步，这三步本实验将在 MFCC 特征提取前中一并实现。除了常规的预处理以外，往往还会对音频文件的时间长度进行处理。

（3）MFCC 特征提取

在语音识别和话者识别方面，最常用到的语音特征就是 MFCC。其具体步骤如图 6.17 所示。

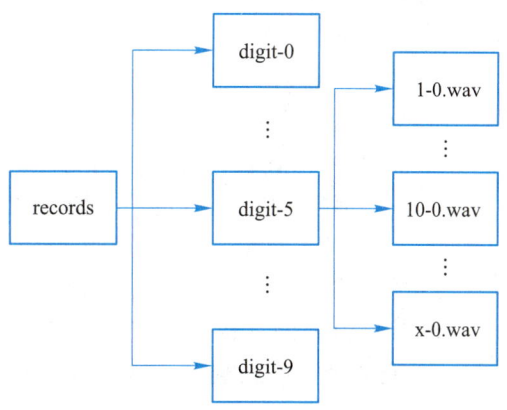

图 6.16　数据集分布情况

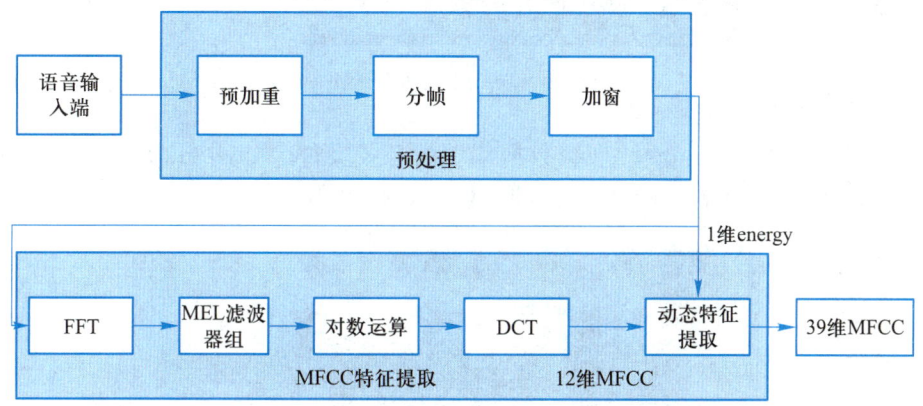

图 6.17　语音预处理与特征提取过程

在 Python 中，可以用封装好的工具包 librosa 或 python_speech_features 实现对 MFCC 特征的提取。本实验使用 librosa 提取给定音频的 MFCC 特征，每帧提取 39 维 MFCC 特征，也可以提取 13 维 MFCC 但一般效果较差。

（4）模型的训练与预测

本实验以 GMM 模型进行说明，其训练过程如图 6.18 所示，每个 GMM 都是用它对应的语音数据训练，测试时，也只能整段语音分帧、加窗、提特征，然后在每

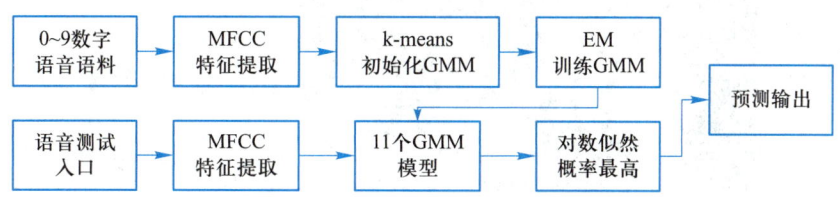

图 6.18　GMM 模型训练过程

个 GMM 上，计算每一帧的似然，最后求和得到最终似然。训练过程中对语音特征进行提取，具体操作见上一步，然后使用 k-means 算法初始化 GMM 参数，最后使用 EM 算法训练 GMM 生成 11 个 GMM 模型。

GMM 进行预测的过程可以分为下面 5 个部分。

① MFCC 特征提取已事先提取好。

② 11 个 GMM 模型已经训练好。

③ 每个测试语音计算每一个模型的对数似然概率。

④ 对数似然最大的对应的模型即为预测输出。

⑤ 将预测输出与标签对比，计算模型测试准确率。

在 BAIPLE 的工作区分别定义各个函数，具体步骤如下。

① 定义函数以加载音频文件并提取 MFCC 特征，如图 6.19 所示。

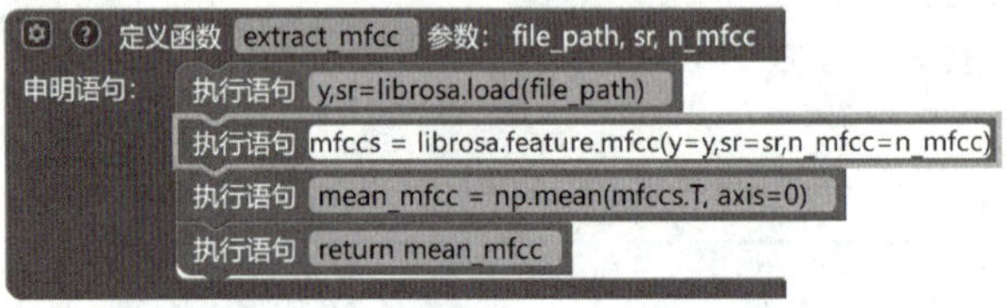

图 6.19　extract_mfcc 特征提取函数

② 定义函数 load_dataset 加载数据集中的音频文件，如图 6.20 所示（含完成形如…\wav0-9\test\digit_0\17_0.wav 的文件路径拼接）。

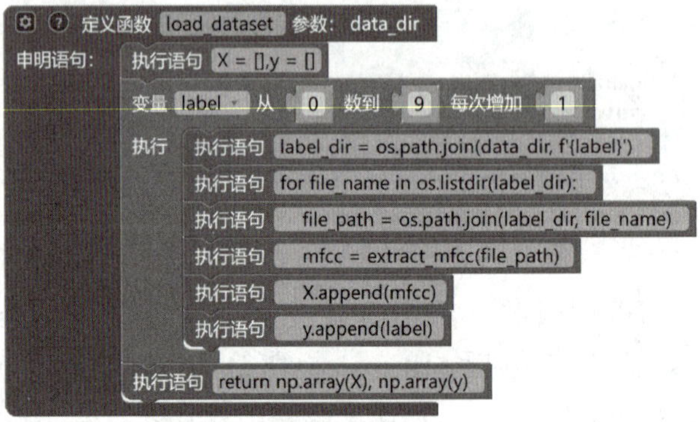

图 6.20　load_dataset 函数

③ 定义函数 train_gmm 训练 GMM 模型，如图 6.21 所示。

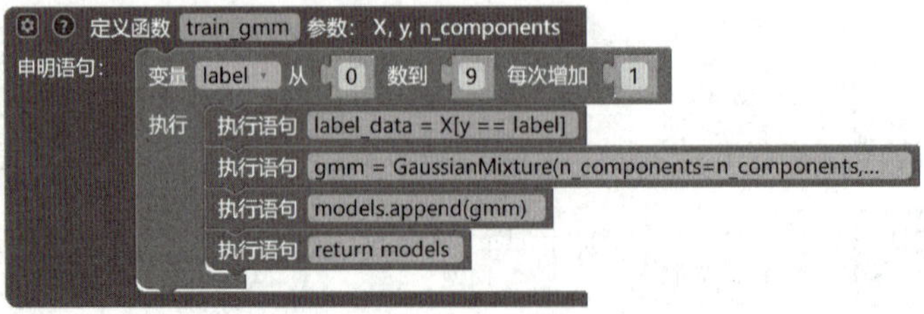

图 6.21　train_gmm 函数

④ 定义函数 predict 预测标签，如图 6.22 所示。

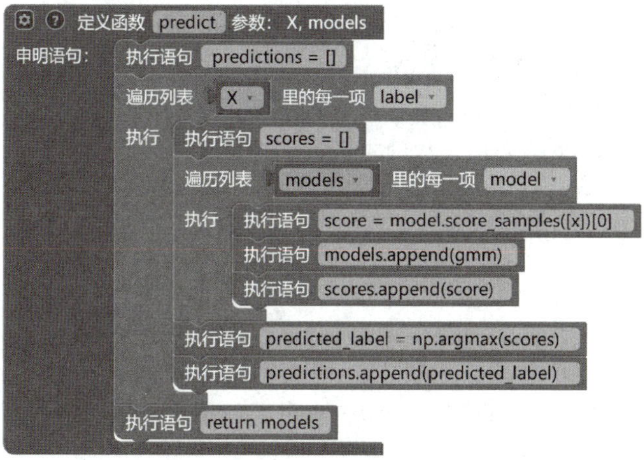

图 6.22　prdeict 函数

GMM 进行预测的过程如图 6.23 所示。

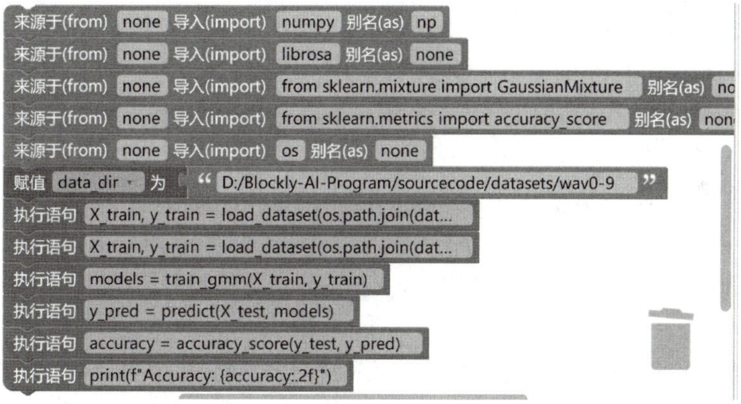

图 6.23　GMM 进行预测过程

6.3.3　语音合成

故事引入：小慧同学喜欢读诗经，当读到诗经《秦风·无衣》的时候，在想能否自己设计程序，根据自己输入的诗经文字，让计算机帮助阅读。她查阅文献资料发现语音合成技术中就有将文本转换为语音的过程，并设计出如例 6.5 的程序代码。

例 6.5　将文件包中的诗经《秦风·无衣》文本转语音播放（使用 pyttsx3 库）。积木程序如图 6.24 所示。

Python 代码如下：

图 6.24　诗经《秦风·无衣》文本转语音

```
import pyttsx3
engine = pyttsx3.init()
with open('D:/Blockly-AI-Program/sourcecode/datasets/ 诗经 .txt', 'r', encoding='utf-8')
as file:
        content = file.read()
engine.setProperty('rate', 100)    # 改变语速，范围：0~200
engine.setProperty('volume',0.1)    # 音量，范围：0.0~1.0
engine.say(content) # 朗读
engine.runAndWait()
```

运行将语音播放《秦风·无衣》。

语音合成的方法主要有拼接合成、基于参数合成和基于深度学习合成。

1. 拼接合成

最传统的语音合成方法是将预录制的语音片段拼接在一起，形成完整的语音。原始音频来源于真人录制，因此合成的语音具有较为真实的发音效果，但缺乏语音、语调之间的自然变化，在语音连贯性上也有所欠缺。

2. 基于参数合成

基于参数合成利用语音产生的物理模型或统计模型，通过调整模型的参数来合成语音。例 6.5 就是基于参数的合成方法。相对于拼接合成方法，参数合成方法不需要大量的语音数据。

3. 基于深度学习合成

随着深度学习相关技术的发展，以神经网络为核心的语音合成技术成为主流，包括 WaveNet、Tacotron、FastSpeech 等模型。

① WaveNet：基于深度神经网络的原始波形生成模型，音质接近人类语音。

② Tacotron：端到端的文本到声谱图模型，结合 WaveNet 生成高质量语音。

③ FastSpeech：引入时长预测模块，提升合成速度与稳定性。

目前主流的语音合成方法是基于深度学习的端到端模型，如 Tacotron 系列。以微软小冰的语音合成功能为例，它使用深度学习模型，输入文本后，首先通过字符嵌入层将文本中的每个字符转换为低维向量，再经过一系列的卷积层、循环层对文本特征进行提取和编码。模型直接生成语音的声学特征，如梅尔频谱图。然后再通过声码器，如 WaveNet，将声学特征转换为实际的语音波形。在合成过程中，还会考虑韵律、情感等因素。例如，当合成一段欢快的文本时，会利用情感分析模型对文本进行情感分类，确定为欢快情感后，调整语音的节奏，加快语速；提升音高，使声音更明亮；增强音量变化，模拟出人类在欢快情绪下说话的自然起伏，让合成语音更自然、生动。

6.3.4　应用前景

语音识别与语音合成技术作为自然语言处理的重要组成部分，已经在多个领域实现了广泛应用。以下是一些典型的应用场景。

1．智能助手与虚拟客服

① 语音助手：通过语音识别理解用户指令，并通过语音合成提供反馈，实现自然的人机交互。

② 虚拟客服：在银行、电商等场景中，语音识别用于理解用户问题，语音合成用于提供自动化的语音回复，提升服务效率。

2．智能家居

① 语音控制：通过语音识别技术，用户可以用语音控制家电（如灯光、空调、电视等），语音合成则用于设备的状态反馈。

② 家庭机器人：如扫地机器人、陪伴机器人，通过语音交互实现更智能的家居体验。

3．车载系统

① 语音导航：语音识别用于接收用户的目的地指令，语音合成用于播报导航信息，减少驾驶员分心。

② 车载娱乐：通过语音控制播放音乐、拨打电话等功能，提升驾驶安全性。

4．医疗健康

① 语音电子病历：医生通过语音输入病历信息，语音识别技术将其转换为文本，提高工作效率。

② 辅助诊疗：语音合成技术用于生成患者健康报告或用药提醒，帮助患者更好地管理健康。

5．教育领域

① 语言学习：语音识别用于评估学习者的发音准确性，语音合成用于提供标准发音示范。

② 智能教学助手：通过语音交互为学生答疑解惑，提供个性化的学习支持。

6．无障碍支持

① 视障辅助：语音合成技术将文本信息转换为语音，帮助视障用户阅读电子书、浏览网页等。

② 听障辅助：语音识别技术将语音转换为文字，帮助听障用户参与对话或会议。

7．娱乐与媒体

① 语音搜索：在视频平台或音乐应用中，用户通过语音搜索内容，语音合成用

于播放搜索结果。

② 虚拟主播：通过语音合成技术生成虚拟角色的语音，结合动画技术实现虚拟主播的直播或视频制作。

8. 工业与安防

① 语音控制设备：在工厂或仓库中，工人通过语音指令控制机械设备，提高操作效率。

② 语音监控：通过语音识别技术分析监控中的语音内容，用于安防预警或事件记录。

9. 金融与零售

① 语音支付：用户通过语音指令完成支付操作，语音合成用于确认交易信息。

② 智能导购：在零售场景中，语音助手通过语音交互为用户推荐商品或解答问题。

语音识别与语音合成技术的应用场景正在不断扩展，从日常生活到工业生产，从教育医疗到娱乐媒体，其价值在于提升效率、增强交互体验以及支持无障碍服务。随着技术的进一步发展，语音交互将成为人机交互的主流方式之一，推动智能化社会的建设。

6.4　本章小结

本章从文本处理和语音识别与语音合成两个方面详细介绍了自然语言处理的基本流程、常用方法、技术和典型应用。

自然语言处理是一个快速发展的领域，从最初的基于规则的方法到现在的深度学习模型，逐渐成为人工智能领域中不可或缺的一部分。未来，随着技术的进步和应用场景的拓展，NLP将在更多领域发挥其巨大的潜力。同时，我们也期待着更多的研究者能够在这一领域取得更多的突破和创新。

6.5　本章习题

一、单项选择题

1. 以下不属于自然语言处理（NLP）的主要任务的是（　　　）。
   A. 文本分类　　　B. 图像识别　　　　C. 机器翻译　　　　　D. 情感分析
2. 在文本预处理中，以下操作是为了去除对语义贡献不大的词语的是（　　　）。
   A. 分词　　　　　B. 去除停用词　　　C. 词干提取　　　　　D. 词形还原
3. Word2Vec是一种常用的词嵌入模型，它的主要作用是（　　　）。
   A. 将文本转化为图像　　　　　　　　B. 将词语映射到高维向量空间

　　C. 将文本分类为不同类别　　　　　　D. 将语音转化为文本

4. 在情感分析中，以下技术可以帮助判断文本的情感倾向的是（　　）。

　　A. 词袋模型（BoW）　　　　　　　　B. TF-IDF

　　C. 语义角色标注（SRL）　　　　　　D. 情感词典

5. 以下关于大语言模型的描述中，错误的是（　　）。

　　A. 大语言模型通常基于 Transformer 架构，利用自注意力机制处理长文本

　　B. 大语言模型的训练数据通常包括互联网文本、书籍和代码等多种来源

　　C. 大语言模型在训练完成后无须微调即可直接应用于所有任务

　　D. 大语言模型的涌现能力是指模型规模超过一定阈值后表现出的超预期能力

二、填空题

1. 自然语言处理的核心任务之一是_____，它帮助机器理解文本的深层含义。

2. 在文本表示中，_____模型通过统计词频将文本转化为向量，但忽略了词序和语义。

3. _____是一种基于上下文的词嵌入模型，通过预测目标词或上下文来学习词向量。

4. 情感分析的主要目标是判断文本的情感倾向，通常分为_____、消极和中性三类。

三、简答题

1. 什么是文本表示，文本表示在整个计算机的文本处理中的作用是什么？

2. 在智能客服系统中，语义分析如何帮助提升用户体验？请结合具体实例说明。提示：可以从理解用户意图、提供个性化回答等方面分析。

四、设计题

请针对视障患者设计一套基于人工智能的智能生活系统（要分析用到哪些具体的人工智能技术）。

6.6　本章实验

　　情感分析在分类器上的对比实验：参照例 6.2 情感分析实例，利用支持向量机、朴素贝叶斯和逻辑回归等分类器分别实现中文酒店评论数据集（ChnSentiCorp）的情感分析。

第 7 章　AIGC

7.1　AIGC 概述

AIGC（artificial intelligence generated content，人工智能生成内容）指的是由人工智能模型生成的多种类型的内容，如文本、图像、音频和视频等。AIGC 技术的发展依赖于深度学习、生成模型及大规模数据的应用，尤其是在自然语言处理和计算机视觉等领域的突破。

随着计算能力的提升和大数据的普及，AIGC 逐渐从研究领域走向商业化应用。国外以 OpenAI、Google、DeepMind 等为代表，国内则以抖音、深度求索、百度、华为、智谱清言等为领军者，这些公司的大模型产品在文本、图像、音频、视频和多模态等领域推动了 AI 技术的广泛应用。

AIGC 技术广泛应用于以下领域。

① 文本生成：自动化内容创作，包括新闻报道、小说、广告文案等。

② 图像生成：基于文本描述生成图片，常见应用如 DALL·E 和 MidJourney。

③ 音频与视频生成：生成语音、音乐以及合成视频内容，适用于语音助手、内容创作、游戏开发等。

④ 跨模态生成：不同模态之间的智能交互和内容生成将成为主流，例如，文字转图像、图像转视频等。

⑤ 教育与科研：为教育内容的创作和科学研究提供智能支持。

⑥ 营销与广告：帮助企业生成个性化的广告文案和视觉内容。

AIGC 具有以下特点。

① 高效性。AIGC 具有极高的内容生成速度。相较于传统的人工创作，AIGC 可以在短时间内生成大量内容，极大地提高了生产效率。这对于信息爆炸时代的内容需求具有重要意义，有助于满足用户多样化、个性化的信息需求。

② 多样性。AIGC 能够根据用户需求和场景，生成丰富多样的内容。通过对大量数据的分析和学习，人工智能可以掌握不同风格、类型的内容特点，从而实现多样化创作。这使得 AIGC 在广告、新闻、娱乐等领域具有广泛的应用前景。

③ 个性化。AIGC 可以根据用户的兴趣、偏好和行为习惯，定制个性化内容。

通过对用户数据的挖掘和分析，人工智能可以精准把握用户需求，为用户提供量身定制的内容，提高用户体验。

④ 可扩展性。AIGC 具有较好的可扩展性。随着技术的不断进步，人工智能在内容生成方面的能力将进一步提升，应用领域也将不断拓展。从文本、图像到音频、视频，AIGC 的应用范围将越来越广泛。

⑤ 低成本。相较于传统内容生产方式，AIGC 的成本较低。在人力、物力等方面，AIGC 可以节省大量资源，降低企业运营成本。这对于推动产业发展、提高企业竞争力具有重要意义。

随着技术的不断进步，AIGC 有望在以下方面取得突破。

① 自适应与个性化内容生成：AI 将根据用户的偏好和需求生成定制化的内容。

② 增强创作能力：AIGC 不仅能够替代某些内容创作者，还可以作为辅助工具，提升创作效率与创意。

AIGC 技术发展迅猛，为人们生活、工作、娱乐带来了便利，但需要注意的是，使用 AIGC 时要注意保护个人隐私和数据安全，AI 生成的内容需要人工审核和编辑，要注意辨别真假，以确保信息的准确性、合规性和质量；在使用 AI 生成的内容时，不得违背社会公益和良序，要遵守法律法规。

7.2　AIGC 产品及使用方法

AIGC 通常利用深度神经网络通过训练大量数据来学习潜在的模式和规律，其中涵盖了多种生成模型的原理和算法，主要集中在自回归模型（AR）、变分自编码器（VAE）、扩散模型（diffusion model）以及 Transformer 架构等方面，它们为实现文本生成、图像生成、音频生成、视频生成、跨模态生成和代码生成等提供了强大的技术基础。

7.2.1　AIGC 产品

AIGC 技术的不断发展，推动生成式大模型高速发展，AIGC 产品各行各业种类繁多。2024 年 AI 前 50 强如图 7.1 所示，截至 2024 年年底，国内大模型如图 7.2 所示。可见大模型生态已经形成。

到 2025 年国内外 AI 产品发展迅猛，竞争激烈，如图 7.3~图 7.5 所示。

本章将通过其中的几款大模型工具介绍 AIGC 技术在文本生成、图像生成、音频生成、视频生成、多模态生成以及代码生成方面的具体应用。

需要注意的是，书中的操作界面为 2025 年 3 月选取，可能会因为 AIGC 应用软件后续更新迭代与读者使用时的界面存在差异。

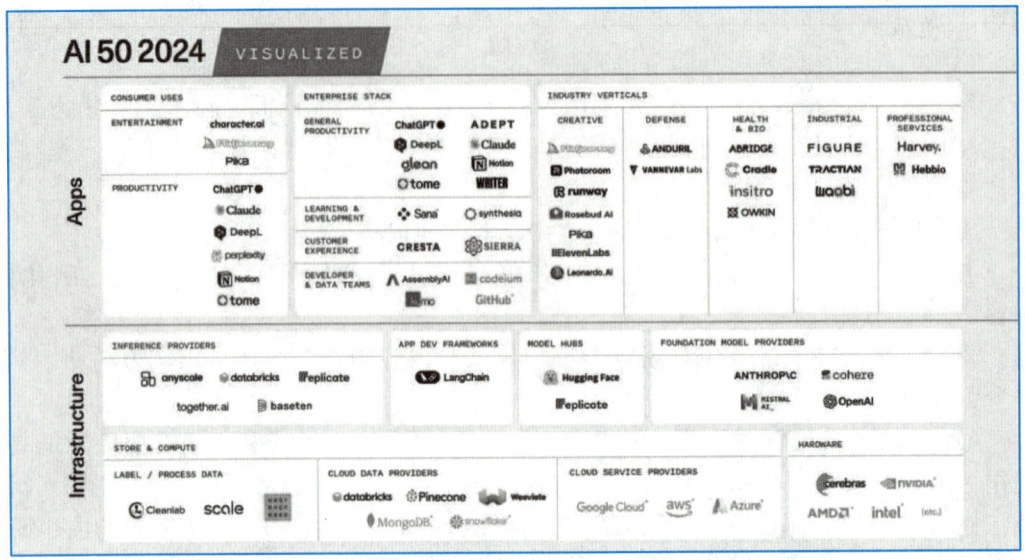

图 7.1　2024 年 AI 前 50 强

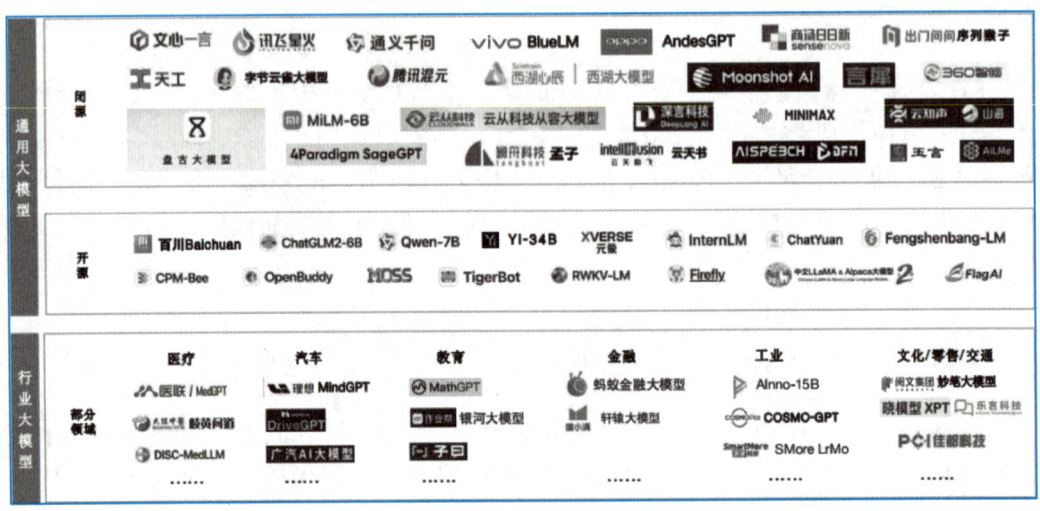

图 7.2　2024 年年底国内大模型

全球排名	Ai产品榜	产品名 AI产品榜	应用(APP)简短描述	1月上榜应用 APP MAU	1月上榜应用 MAU变化
1		ChatGPT	The official app by OpenAI	349.41M	10.82%
2		豆包	AI 智能助手 | 抖音	78.61M	10.47%
3		Nova	聊天AI与AI写作机器人	56.6M	2.84%
4		DeepSeek	AI 智能助手 | 深度求索	33.7M	NEW
5		Talkie AI	Chat With Character | MiniMax	32.58M	9.47%
6		Remini	人工智能修图	31.77M	12.15%
7		ChatOn	Powered by ChatGPT & GPT-4o	29.1M	11.88%
8		Character AI	Chat Ask Create	28.75M	2.01%
9		Ask AI	Chat with Ask AI	28.35M	6.27%
10		Chatbot AI	Chatbot AI & Smart Assistant	25.65M	6.44%
11		FaceApp	AI 人脸编辑器	25.35M	-6.84%

国内排名	Ai产品榜	产品名 AI产品榜	应用(APP)简短描述	1月上榜应用 APP MAU	1月上榜应用 MAU变化
1		豆包	AI 智能助手 | 抖音	78.61M	10.47%
2		DeepSeek	AI 智能助手 | 深度求索	33.7M	NEW
3		Kimi 智能助手	Kimi 智能助手 | 月之暗面	19.43M	16.46%
4		文小言	你的随身智能助手 | 百度	13.05M	-3.13%
5		星野	所建您你所AI | MiniMax	7.31M	21.60%
6		猫箱	开启你的 AI 奇遇 | 抖音	7.19M	4.42%
7		智谱清言	工作提效 AI 助手 | 智谱	7.02M	4.81%
8		讯飞星火	懂我的AI助手 | 科大讯飞	6.11M	-2.40%
9		天工AI	天工AI智能助手 | 昆仑万维	5.28M	-4.69%
10		通义	你的超级AI助手 | 阿里	4.19M	0.33%
11		纳米AI搜索	拍照问, 语音搜, 直接给答案 | 360	4.12M	NEW
12		光速写作	语文作文批改与AI智能写作 | 作业帮	3.67M	-5.79%

图 7.3　2025 年 1 月 AI 产品全球和国内排行榜

全球排名	Ai	产品名 AI产品榜	应用(APP)简短描述	2月上榜应用 APP MAU	2月上榜应用 MAU变化
1		ChatGPT	The official app by OpenAI	400.61M	14.66%
2		豆包	AI 智能助手 | 抖音	81.98M	4.28%
3		Nova	聊天AI与AI写作机器人	62.79M	10.93%
4		DeepSeek	AI 智能助手 | 深度求索	61.81M	83.40%
5		Remini	人工智能修图	33.08M	4.15%
6		Talkie AI	Chat With Character | MiniMax	31.43M	-3.53%
7		Character AI	Chat Ask Create	29.91M	4.04%
8		ChatOn	Powered by ChatGPT & GPT-4o	29.09M	-0.06%
9		Genius	AI Art Photo Editor	28.96M	73.79%
10		Gemini	Google Gemini	28.4M	48.08%
11		Ask AI	Chat with Ask AI	27.56M	-2.78%
12		Kimi 智能助手	Kimi 智能助手 | 月之暗面	26.22M	34.94%

仅包含应用 (APP) 全球 iOS、海外 GP、以及国内安卓市场, 不含网站 (Web) 数据来源: AI产品榜

国内排名	Ai	产品名 AI产品榜	应用(APP)简短描述	2月上榜应用 APP MAU	2月上榜应用 MAU变化
1		豆包	AI 智能助手 | 抖音	81.98M	4.28%
2		DeepSeek	AI 智能助手 | 深度求索	61.81M	83.40%
3		Kimi 智能助手	Kimi 智能助手 | 月之暗面	26.22M	34.94%
4		纳米AI搜索	拍照问, 语音搜, 直接给答案 | 360	24.06M	484.67%
5		腾讯元宝	发现AI新体验 | 腾讯	13.12M	265.22%
6		文小言	你的随身智能助手 | 百度	12.72M	-2.49%
7		智谱清言	工作提效 AI 助手 | 智谱	7.92M	12.75%
8		星野	所建您你AI | MiniMax	7.59M	3.80%
9		即梦AI - 即刻	即刻造梦 | 字节	7.45M	106.48%
10		猫箱	开启你的 AI 奇遇 | 抖音	6.98M	-2.90%
11		讯飞星火	懂我的AI助手 | 科大讯飞	6.06M	-0.86%
12		天工AI	天工AI智能助手 | 昆仑万维	5.19M	-1.64%

仅包含应用 (APP) 全球 iOS、海外 GP、以及国内安卓市场, 不含网站 (Web) 数据来源: AI产品榜

图 7.4　2025 年 2 月 AI 产品全球和国内排行榜

图 7.5　智谱清言 2025 年 2 月和 3 月计算机端功能界面

1. ChatGPT

ChatGPT 是由美国 OpenAI 公司开发的一款基于大规模语言模型（large language model，LLM）的人工智能聊天助手，采用深度学习技术（主要基于 Transformer 架构）来理解和生成自然语言文本，支持文本生成、多轮对话、代码编写、数据分析、知识问答等，最新版本集成 DALL·E3 实现文生图功能，并支持联网搜索与插件生态扩展。该产品通用性强，覆盖学术研究、创意写作、编程辅助等场景；多语言处理能力突出，支持 95 种语言交互；开放 API 接口，可快速嵌入企业工作流。全球用户量超 2 亿，被誉为"AI 对话标杆"。

ChatGPT 可以接受文字或语音信息录入，通过搜索或推理回答用户提问，如图 7.6 所示。

2. 豆包

豆包是字节跳动开发和运营的一款人工智能产品。它依托先进的算法和海量数据训练的大语言模型，为用户带来丰富且优质的交互体验。豆包具备出色的自然语言处理能力，解答专业的学术问题，辅助撰写各类文章，提供生活中的实用建议，如旅游攻略、美食推荐、健康小贴士。除了输入文本、文件、图片信息，豆包还可以通过语音、语音通话等进行信息输入，如图 7.7 所示。

图 7.6　ChatGPT Web 端界面

图 7.7　豆包计算机端界面

3. DeepSeek

DeepSeek 是由杭州深度求索人工智能基础技术研究有限公司开发和运营的一款领先的 AIGC（人工智能生成内容）工具，它依托于先进的大语言模型技术，为用户提供强大的内容创作和交互体验。DeepSeek 具备多模态理解能力，能够高效处理图像和文本信息，实现图文融合的内容生成。DeepSeek 的应用场景广泛，从文本创作、图像编辑到医疗影像分析，都能看到它的身影。低成本的训练模式和开源策略使得 DeepSeek 在保障高性能的同时，还能确保数据安全和隐私保护。在 AIGC 领域，DeepSeek 以其高效的内容生成能力和友好的用户界面，赢得了市场的认可，成为内容创作者和开发者的优选工具，如图 7.8 所示。

图 7.8　DeepSeek Web 端

4. KIMI 智能助手

KIMI 是由北京月之暗面科技有限公司开发的人工智能助手，专注于为用户提供高效、安全且富有创意的交互体验。它基于前沿的人工智能技术，能够处理多种类型的文本对话，无论是日常交流、学术研究还是专业咨询，都能提供精准且富有深度的回答。KIMI 的优势在于其强大的语言理解能力，能够精准把握用户需求，生成自然流畅且富有逻辑的内容。此外，KIMI 还具备多语言能力，支持中文和英文的无缝切换，满足不同用户的需求。在数据安全方面，KIMI 严格遵循隐私保护原则，确保用户信息安全。凭借其高效、安全且用户友好的特点，KIMI 在人工智能助手领域脱颖而出，成为众多用户信赖的智能伙伴，如图 7.9 所示。

图 7.9　KIMI Web 端助手

5. 智谱清言

智谱清言是由北京智谱华章科技股份有限公司开发的一款生成式 AI 助手，它基于中英双语对话模型 ChatGLM2，经过万亿字符的文本与代码预训练，并结合有监督微调技术，为用户提供智能化服务。智谱清言具备通用问答、多轮对话、创意写作、代码生成、虚拟对话、AI 画图、文档和图片解读等功能，如图 7.10 所示。

6. 即梦 AI

即梦 AI 是剪映旗下 AIGC 创作平台，以自然语言和图片输入，生成高清图像视频。功能包括智能画布、故事创作模式，支持 AI 绘画、创意改造、背景替换等，满足多样创作需求，确保风格统一。其智能画布能实现多元素无缝拼接，故事创作模式提升效率，助力用户轻松实现创意梦想，如图 7.11 所示。

7. 讯飞星火

讯飞星火是科大讯飞推出的一款智能大模型，它集成了自然语言处理、语音识别与合成等多项先进技术。能够高效地理解和生成人类语言，广泛应用于教育、医疗、金融等多个领域，如图 7.12 所示。

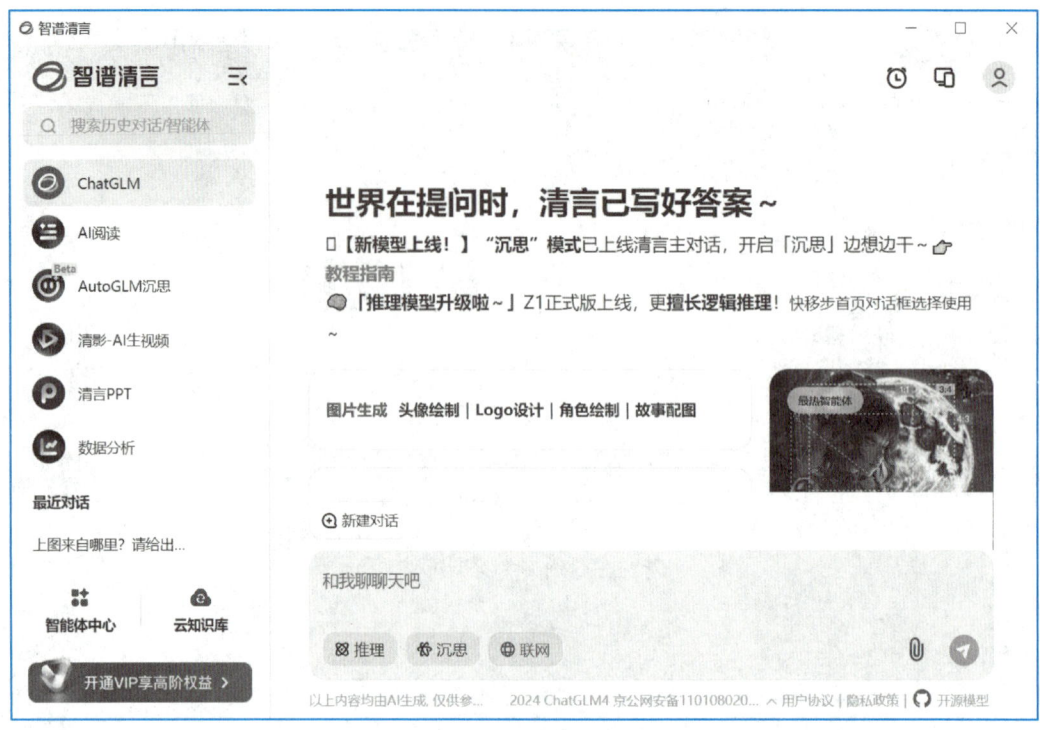

图 7.10　智谱清言计算机端界面

图 7.11　即梦 AI Web 端界面

图 7.12　讯飞星火计算机端界面

7.2.2　AIGC 使用方法

从前面的内容中可以了解到，AIGC 的应用是以接收数据信息，调用经过训练学习的模型进行处理后，给出反馈的方式展开的。

如图 7.13 所示，AIGC 工具可以以对话窗口的方式给出提示词（prompt），也可以通过 API 接口将提示词发送给大模型，得到答案（response）。

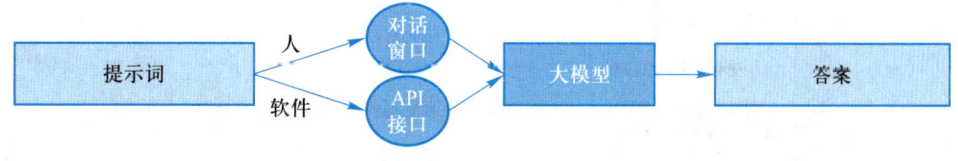

图 7.13　AIGC 使用方式

通过 API 接口使用大模型有两种方式：一种是用户通过大模型的 API 密钥认证后使用代码调用 API，集成到自己的应用程序中完成某类功能需求；另一种是已有的应用软件通过 API 接口将大模型以插件的方式嵌入应用软件中，供用户使用，如 WPS 中有 WPS AI，网易有道翻译中有 AIBOX，网页浏览器中嵌入 ChatGPT 侧边栏等，本章主要介绍对话窗口方式的大模型使用。

目前，常用的大模型几乎都开发有手机 App、计算机应用端或 Web 端，提供免费会员功能和付费会员功能。

1. 工具的使用方法

不同的平台可能会有不用的使用方式和功能特点。用户在使用时，需要了解平台的功能和使用方法，根据自己的需求和实际情况选择合适的平台。

（1）启动进入大模型平台

进行注册或登录。选择需要的大模型平台后，用户通过计算机、手机或其他设备打开 AIGC 的应用平台（进入对应的官网或下载安装运行后）进行注册、登录操作。

（2）选择生成数据的类型进行提问与对话

使用大模型前，要确定生成的数据类型，如文本、文本文档、PPT、图片、视频。如在 AIGC 工具窗口输入提示词，单击"发送"按钮，AIGC 就会分析用户输入的内容，然后生成答案或建议，并将其显示在窗口中。

在大多数的 AIGC 工具的提示词对话框中，都提供"深度思考"和"联网搜索"两个按钮供用户选择是联网搜索得到答案还是通过推理得到答案，如图 7.14 所示。

图 7.14　DeepSeek 提示词对话框

对话窗方式的大语言模型的基本使用方式均为提示词+答案。以生成文本答案为例，如向讯飞星火了解 2025 年中国各地元宵节的情景。

示例：

提示词：*"2025 年中国各地元宵节情景 *"[①]。

大模型根据提问使用"联网搜索"工具给出答案，如图 7.15 所示。

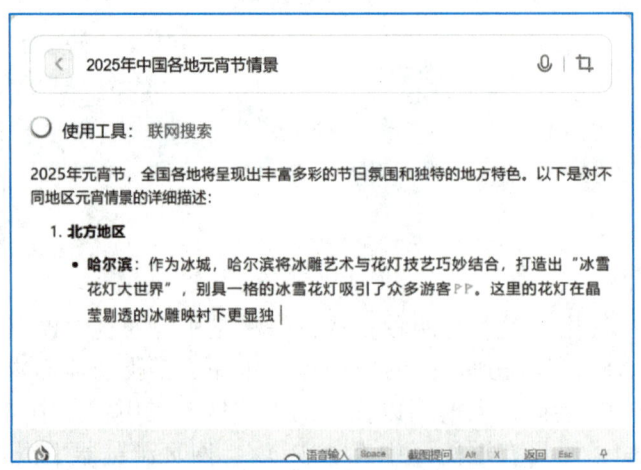

图 7.15　讯飞星火对话窗

---

① 本书的示例中以符号"*"表示提示词的开始和结束。

（3）追问与使用对话

当 AIGC 的回答不具体，或回答中有不清楚的地方时，用户可以进一步提问。当 AIGC 给出了用户想要的答案后，用户可以直接复制或导出对话，或通过 AIGC 工具进一步将答案制作成 PPT、思维导图或流程图等。

（4）查看、使用历史对话

AIGC 平台会自动保存与用户的对话记录，用户可以通过查看历史对话来回顾以往的对话内容，有助于用户了解以前的对话历史记录，避免重复提问，同时，也可以进入以前的对话，进一步和 AIGC 沟通，获得进一步的答案。当历史对话记录较多时，用户可以使用 AIGC 界面提供的搜索功能，通过搜索关键字找到历史对话，如图 7.16 所示。

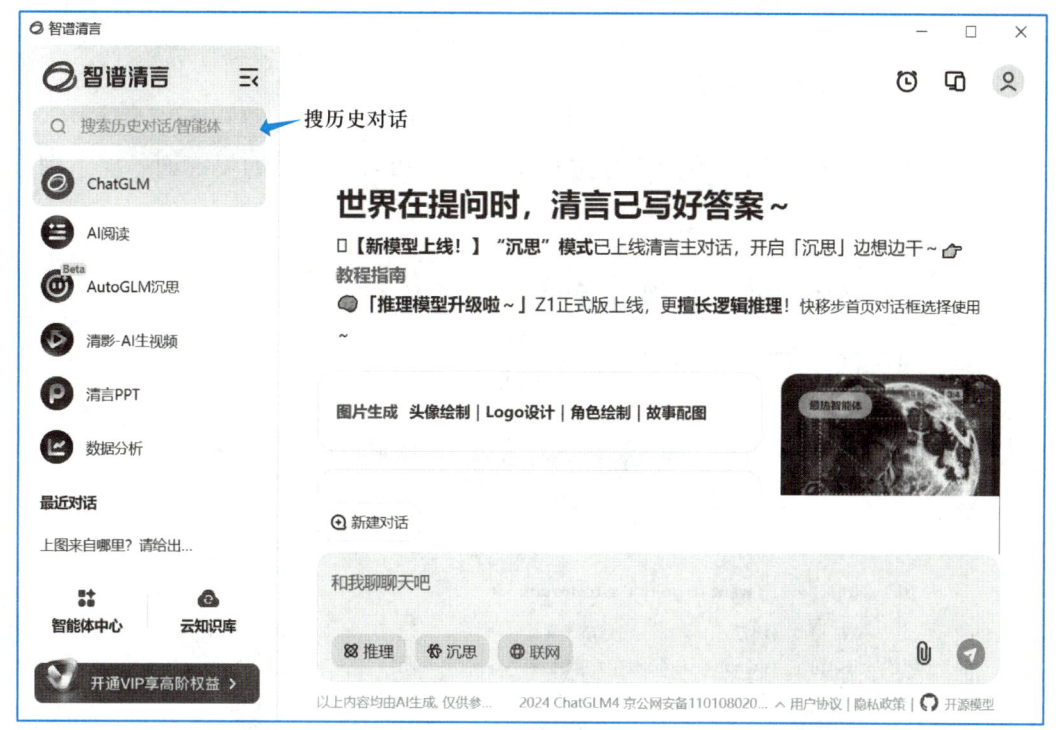

图 7.16　AIGC 工具搜索历史对话

2. 提高或鉴别答案的准确性

作为用户来说，可以从以下几个方面提高答案的准确性。

（1）保证数据质量

使用 AIGC 进行数据分析时，使用最新、最准确的数据源。确保数据来源是可靠的，例如学术期刊、官方统计数据、权威网站等。

（2）事实核查

对 AI 生成的答案进行事实核查。使用事实核查工具和数据库来验证信息。

（3）专家审核

让相关领域的专家对 AI 生成的答案进行审核。专家可以识别和纠正错误或过时的信息。

（4）交叉验证

比较多个来源的信息，确保一致性。如使用不同的工具或方法来验证同一问题的答案。

（5）用户反馈

收集用户反馈，了解答案的准确性和可靠性。

（6）明确范围

明确 AI 工具的能力和限制。避免在 AI 不擅长的问题上依赖其生成的答案。

通过上述方法，可以大大提高 AI 生成答案的准确性。然而，需要注意的是，即使采取了这些措施，也不能保证 100% 的准确性，因此在使用 AI 生成的内容时，始终需要谨慎和批判性的思考。

7.2.3 提示词和提示工程

提示词是 AIGC 中用于指导用户进行文本输入和内容生成的关键词。提示词表达的需求更准确，获得的结果才会更满意。

1. 提示词

一个完整的提示词包含以下组成部分，如图 7.17 所示。

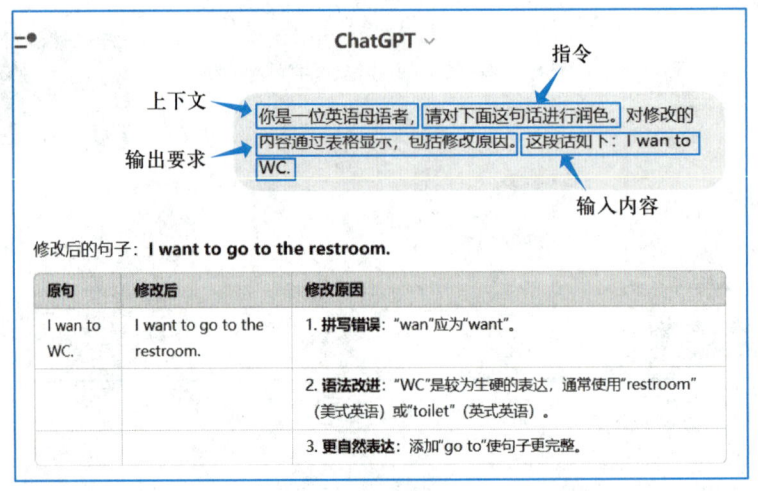

图 7.17　提示词的组成

提示词的字符可以是任何文本，包括以下两类。

（1）文字（人类语言）

各国语言：英语、西班牙语、法语、德语、中文、日语、俄语……

各种文体：小说、诗歌、报告、论文、广告……

（2）代码（机器语言）

编程语言：Java、C/C++、Python、R……

数据文件：JSON、CSV、Markdown、HTML……

脚本命令：Linux 命令……

2．提示工程

提示工程是大语言模型开发、训练和使用过程中的一个基本元素，涉及输入提示的设计，以提高模型的性能和准确性。以下从输入输出、任务指令、上下文——背景知识、持续交流等方面介绍提示词的基本设计策略。

（1）输入输出

① 明确输入输出格式。

对于输入格式：大模型将接收的输入信息的类型和格式可以是一段文本、一组问题、一个主题或任何相关信息。使用分隔符清晰地表示输入的不同部分，分隔符可以是 `、"、<>、<tag>、<\tag>、"、"、|、空格等。

如输入：日期，金额，备注 2023-01-01，100，购物 2023-01-02，200，餐饮

此处分隔符按照特定的格式排列数据，形成一个（CSV）格式数据，这在数据处理和导入导出时尤其有用。

对于输出格式：明确指定输出格式，可以是表格、JSON、HTML 等格式，或指定语言、风格。

注意：在输入文本框中可以通过组合键 Shift+Enter 实现提示词换行。

② 确定输入输出长度。

对于输入长度：可以直接在大模型中提问单次可以输入字符的长度，如图 7.18 所示。

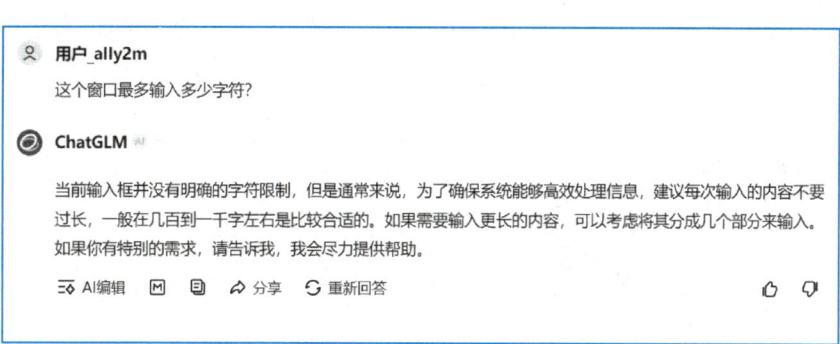

图 7.18　提问大模型一次能接受的输入字符长度

对于输出长度：可以指定输出内容的长度，如"字数在 200 字左右"。当希望输出更长内容时，如果一次答案未完整，可以发送"继续输出"。

如给出提示词：

"以僰人文化为背景，写一篇历史传奇类小说，超过 1 000 字，和宜宾历史、人文自然景观相关，可以分多次输出。"

当大模型提示"未完待续"时，给出 *"继续 *" 指令即可。

（2）任务指令

① 单个任务。通常情况下，当向文本大模型提问时，需要聚焦单一问题，不要同时问多个问题，这样答案才会具体。

包含条件判断的任务，使用"如果……那么……"，如图 7.19 所示。

您将获得由引号括起来的文本。如果它包含一系列的指令，则需要按照以下格式重新编写这些指令:第一步-...
第二步- ....
第N步-...
"
泡一杯茶很容易。首先，需要把水烧开。\在等待期间，拿一个杯子并把茶包放进去。\一旦水足够热，就把它倒在茶包上。\
等待一会儿，让茶叶浸泡。几分钟后，取出茶包。\如果你愿意，可以加一些糖或牛奶调味。\
就这样，你可以享受一杯美味的茶了。"

第一步- 把水烧开。
第二步- 在等待期间，拿一个杯子并把茶包放进去。
第三步- 一旦水足够热，就把它倒在茶包上。
第四步- 等待一会儿，让茶叶浸泡。
第五步- 几分钟后，取出茶包。
第六步- 如果你愿意，可以加一些糖或牛奶调味。
第七步- 享受一杯美味的茶。

图 7.19　包含条件判断的单任务指令

② 复杂任务。对于包含多个步骤的任务，将多条提示词形成一个链条，顺序执行，也可以结合条件逻辑"如果……那么……"组合更复杂的任务，如图 7.20 所示。

用户_ally2m

执行以下操作:
1-用一句话概括下面用引号括起来的文本。
2-将你生成的这句摘要翻译成英语。
3-在这句摘要里提取每个人名。
每个操作结果分段显示。
"

翌日清晨，山雾弥漫。阿珩背着弓箭，跟随巫师一同踏上前往悬棺的道路。同行的还有一名女子——青珑，她是巫师的孙女，也是部落最聪慧的女巫。
三人沿着险峻的山路攀爬，青珑手持一只青铜铃铛，口中轻吟古老的祭祀歌谣。阿珩从小与她一起长大，虽未明说，但他知道自己对她怀有别样的情感。
"悬棺为何突然异动?" 阿珩问道。
"有人在寻找它。" 青珑轻叹，目光复杂，"外族人……他们想打开悬棺。"
"

ChatGLM

1- 阿珩与巫师及其孙女青珑一同前往探究悬棺的异常移动，并揭示了外族人试图打开悬棺的意图。

2- Aheng, along with the shaman and his granddaughter Qinglong, set out to investigate the abnormal movement of the suspended coffin, uncovering the intention of outsiders trying to open it.

3- 阿珩 巫师 青珑

图 7.20　复杂任务指令

③ 交互式任务。对于交互式任务，即非一次性问答任务，要和大模型说清楚交流的规则，能确保大模型的输出符合预期，提高交互效率。明确交流规则的关键如下。

a. 任务拆解（是否一次性完成，还是逐步进行）。

b. 反馈机制（是否需要用户确认后再继续）。

c. 输出要求（格式、风格、是否需要解释等）。

d. 互动节奏（一次生成多少，是否需要等待用户测试或确认）。

例如：学习英语对话练习。

任务目标：用户希望进行英语口语练习，要求大模型扮演特定角色进行互动。

交流规则说明：

用户：我想练习英语口语，请你扮演一位旅行社员工，我扮演顾客。

大模型：好的，我们将进行角色扮演，你是顾客，我是旅行社员工。你希望如何进行？

用户：你要使用简单、自然的英语，语速适中。

每轮对话请先用英语回复，然后附上中文翻译，以便我理解。

当我有语法错误时，你需要指出并提供正确表达。

我觉得难以理解时，可以让我要求你简化表达。

大模型：明白了，我们开始吧。Hello! How can I help you today?（你好！我今天能为您提供什么帮助？）

（3）上下文——背景知识

① 任务背景信息。包括关于问题、项目或主题的基本信息。突出任务中的关键要点或关注点，以便大模型能够更好地针对性地完成任务。

不清晰的提示词：*" 写一篇关于人工智能的文章。*"

优化的提示词：*" 请写一篇 2 000 字的学术论文，主题为‘人工智能生成内容（AIGC）在教育领域的应用’。文章需要包括以下部分：

a. 引言（介绍 AIGC 的定义和背景）

b. 相关研究（引用 2~3 篇相关论文）

c. AIGC 在教育中的应用场景（如智能辅导、自动评分）

d. 挑战与未来发展趋势

e. 结论

请使用正式学术语言，并提供适当的引用格式。*"

② 指定任务角色。可以是单一角色：学生、面试官、健身教练、导师；也可以是多个角色：如可以模拟一个团队各种岗位，来看对一个事情的观点，也可以明确提问者的角色，如图 7.21 所示。

③ 给出样例。给提示词提供样例（示例输入和期望输出）可以帮助大模型更好地理解任务要求，提高生成结果的准确性。

不清晰的提示词：

" 请帮我润色这句话：‘我很喜欢这个电影，它很好看’。"

优化后的提示词（提供样例）：

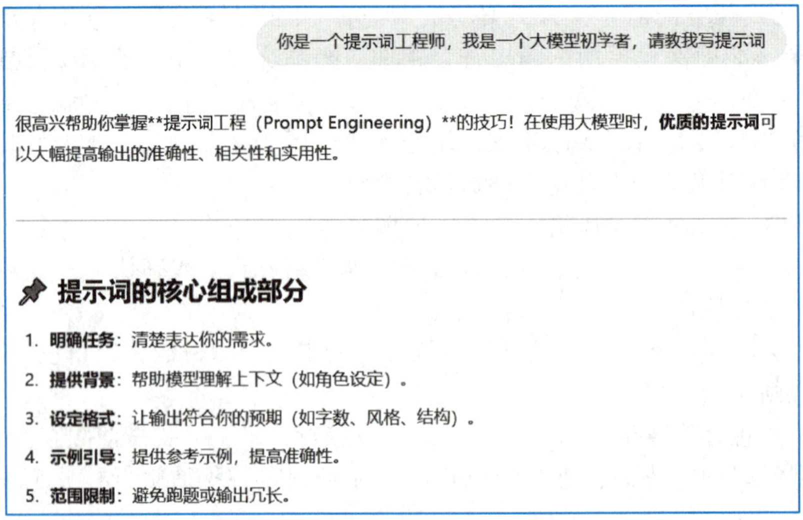

图 7.21　指定任务角色样例

*" 请帮我润色下面的句子，使其更流畅自然。例如：

原句：'这个苹果很好吃。'

优化后：'这个苹果鲜嫩多汁，味道香甜可口。'

现在请润色这句话：'我很喜欢这个电影，它很好看'。*"

（4）持续交流

① 多次问答，直到满意。

② 一个聊天窗口里的内容，大模型是有记忆的。

③ 新建对话，重新开始。

一个新聊天窗口，大模型没有其他窗口的记忆。当一个话题聊了很久，没有得到满意的答复，可以新建一个对话，从另外一个思路来交流，避免受之前聊天内容的影响。让大模型回答多次，综合答案，答案保持一致性。

7.3　AIGC 产品应用

7.3.1　文档写作

文档的写作是通过自回归模型（如 GPT 系列）、变分自编码器（variational autoencoder，VAE）、BERT 系列等文本技术实现的。这些技术根据给定的输入生成连贯且符合语法和语义的自然语言文本。

其中，自回归模型是用时间序列自身的历史值预测时间序列数据中的未来值，当前值往往受到过去值的影响，如股票价格数据、经济指标数据、气象数据、销售和交易数据、交通流量数据、能源消耗数据、金融市场数据、社交媒体数据等。

变分自编码器是一种生成模型，用于无监督学习，能够学习数据的潜在表示并生成新的数据实例。它常用于生成图像、文本等高维数据，适用于图像生成、数据去噪和异常检测等任务；除此以外，VAE 还可以生成新的音乐片段以及生成游戏中的环境或角色。

双向编码器表征法（bidirectional encoder representations from Transformers，BERT）考虑上下文的左右信息，能够生成更加细致的词表示，广泛用于文本分类、命名实体识别、问答系统等任务。

写作类的代表性产品（AIGC 写作类工具）有 ChatGPT（OpenAI）、DeepSeek、Jasper、Copy.ai、OpenAI API、Google Search、ALBERT、BERT-based chatbots 等。

这些写作类 AIGC 可以应用于多个领域，能协助创作者快速生成高质量的文本内容，模拟流畅的对话互动，提供优化建议，接受优化建议，对文本进行润色等。通常可以根据用户的具体需求，提供定制化的文本生成服务。用户只需提供相应的指令、关键词、主题或结构要求，AI 工具便能生成相应的内容。生成的文档可以保存为以 .docx 或 .doc 为扩展名的字处理文档，也可以直接发布到社交媒体平台上。

1. 文档写作基础

（1）文案类型

写作类 AIGC 工具可以生成多种类型的文案，包括但不限于以下几种。

新闻报道：根据提供的信息或数据，生成新闻稿、报道文章等。

商业文案：包括广告文案、营销邮件、产品描述、商业计划书等。

学术文章：撰写学术论文、研究报告、文献综述等。

技术文档：生成用户手册、操作指南、技术规范、API 文档等。

教育材料：制作教学大纲、课件、考试题目、学习指南等。

创意写作：包括小说、诗歌、剧本、故事梗概等。

法律文件：起草合同、诉状、法律意见书等。

行政文书：如通知、公告、备忘录、会议纪要等。

个人文档：简历、求职信、感谢信、邀请函等。

健康医疗文档：病历记录、健康指南、研究报告等。

旅游指南：生成旅游攻略、景点介绍、行程规划等。

社交媒体内容：为社交媒体平台撰写帖子、博客文章、视频脚本等。

（2）Markdown 格式

Markdown 是一种轻量级标记语言，由 Aaron Swartz 和 John Gruber 共同设计，目的是让写作和格式化更容易，同时也能直接以纯文本形式阅读。Markdown 的语法简洁明了，可以在任何设备上编辑和查看，易于学习，支持转换为 HTML、PDF 等多种格式，被广泛用于撰写文档、博客文章、笔记、电子邮件以及在线论坛的帖子等。Markdown 格式的文件通常以 .md 或 .markdown 为扩展名。

练习：通过 AIGC 工具进一步了解 Markdown 格式。

（3）字处理文档

字处理文档由字处理软件生成，一般用于文字的格式化和排版，常应用于编制文章、简历、信函、公文、报纸和书刊等字处理工作。现有的中文文字处理软件主要有金山公司的 WPS、Microsoft 公司的 Word、永中 Office 和以开源为准则的 OpenOffice 等。

在将 AIGC 产品生成的文案保存为字处理文档时，需要了解字处理文档的新建、打开、编辑、保存等基本操作以及文字、表格、图片的格式设置、样式设置等排版操作，用于在 AIGC 中给出更详细的提示词或获取格式建议以及完成文档的后续操作。

2. 写作类 AIGC 的功能

作为一个人工智能助手，AIGC 通常具有以下功能。

（1）文本生成

根据用户提供的关键词或主题，生成文章、报告、故事、诗歌等内容。创建电子邮件、信件、感谢信等正式和非正式的文书。

示例：

提示词：*"生成一篇关于"可持续发展的未来"的文章开头。*"

答案：随着全球气候变化和资源枯竭的问题日益严峻，可持续发展成了各国政府和企业的首要议题。未来的世界将如何平衡经济增长和环境保护？本文将探讨几种可能的路径，以实现可持续发展的未来。

（2）编辑和改写

优化现有文本，提高语言的流畅性和表达的准确性。改写句子或段落，以避免抄袭或提高原创性。

示例：

提示词：*"改写以下句子：许多学生发现数学考试很难。*"

答案：多数学生在数学考试中遭遇挑战。

（3）校对和修正

检查拼写、语法和标点符号错误。提供同义词建议，增强词汇多样性。

示例：

提示词：*"修正以下句子中的错误，给出修改说明。

错误句子：我昨天去图书馆借了一本很有名的书，名子叫《时间简史》，但是看了几页后，我发现我并不对它感兴趣。*"

答案：

昨天我去了图书馆，借了一本名为《时间简史》的著名书籍。但是，阅读了几页后，我发现自己对它并不感兴趣。

修改说明如下所示。

语序：将"我昨天去图书馆借了一本很有名的书"调整为"昨天我去了图书馆，借了一本名为《时间简史》的著名书籍"，使句子开头更加自然。

逻辑：原句中"名子叫《时间简史》"有些口语化，修改为"名为《时间简史》的著名书籍"更加书面化。

用词用字：将"名子"改为"名为"，因为"名子"是错别字，正确的应该是"名字"，但在这里使用"名为"更加合适。

（4）格式化

协助文本格式化，如调整标题层级、创建列表、插入表格等。

示例：

提示词：*" 将以下文本格式化为列表。

文本：苹果、香蕉、橙子、葡萄。*"

答案：

– 苹果

– 香蕉

– 橙子

– 葡萄

（5）摘要和提炼

从长篇文章中提取关键信息，创建摘要或概要，简化复杂内容，使其更加易于理解。

示例：

提示词：*" 从以下段落中提炼关键信息。

原文：研究表明，定期锻炼可以显著提高心血管健康，减少患心脏病和高血压的风险。专家建议成年人每周至少进行 150 分钟的中等强度锻炼。*"

答案：定期锻炼有助于提高心血管健康并降低心脏病和高血压风险。

（6）内容规划

帮助规划文章结构，包括引言、正文和结论，提供内容创意和话题建议。

示例：

提示词：*" 为一篇关于健康饮食的文章制定大纲。*"

答案如图 7.22 所示。

1	1. 引言
2	– 饮食对健康的重要性
3	2. 健康饮食的基本原则
4	– 营养均衡
5	– 控制热量摄入
6	3. 健康食品的选择
7	– 蔬菜和水果
8	– 全谷物
9	– 健康蛋白质来源
10	4. 饮食习惯的改善
11	– 定时定量
12	– 减少加工食品摄入
13	5. 结论
14	– 健康饮食对生活质量的积极影响

图 7.22　内容规划案例

　　写作类 AIGC 的规划功能，可以用于帮助我们的学习、成长，丰富我们的生活。如制定新知识的学习规划，设计包含营养分析、烹饪技巧的菜谱，进行包含景点、美食、购物推荐的旅行规划，甚至是让 AIGC 成为心理咨询师和健身顾问。

　　练习：请使用 AIGC，完成上述某项任务。

（7）风格调整

示例：

提示词：*"将正式文本调整为非正式文本。

正式文本：此报告详细分析了市场趋势，并提出了相应的策略建议。*"

答案：这份报告好好看了看市场的情况，然后给了一些建议。

根据目标读者或出版平台调整写作风格，如正式、非正式、学术等。还可以调整语气和表达方式，以适应不同的沟通目的。

（8）翻译

提供文本的翻译服务，支持多种语言之间转换。

示例：

提示词：*"将英文句子翻译成中文。The quick brown fox jumps over the lazy dog.*"

答案：敏捷的棕色狐狸跳过了懒狗。

（9）写作指导

提供写作技巧和建议，帮助解决写作过程中的难题。

示例：

提示词：*"提供写作建议。我不知道如何开始我的论文。*"

答案：首先，明确你的论文主题和研究问题。然后，进行文献回顾，以了解该领域已有的研究。接下来，制定你的研究方法和论文大纲。

（10）资料搜集

为你的写作项目搜集相关资料和引用。

示例：

提示词：*"查找半年内人工智能在医疗领域应用研究的 SCI 一区文献 3 篇。给出相应的文献引用以及文献链接。*"

答案如图 7.23 所示。

根据我找到的信息，以下是近半年内人工智能在医疗领域应用研究的SCI一区文献示例及其相关信息：

1. 文献名称: "IEEE Transactions on Medical Imaging"
   - 期刊信息: 位于中科院1区，最新影响因子为8.9
   - 应用领域: 主要涉及身体结构、形态和功能成像以及微观生物实体成像，包括超声、X射线、磁共振、放射性核素、微波和光等多种医学成像方式 [1] 。

2. 文献名称: "IEEE Transactions On Pattern Analysis and Machine Intelligence"
   - 期刊信息: 位于中科院1区-Top，影响因子为20.8
   - 应用领域: 主要发表关于计算机视觉和图像理解、模式分析和识别以及机器智能的选定领域的文章 [3] 。

3. 文献名称: "Nature Machine Intelligence"
   - 期刊信息: 位于中科院1区-Top，影响因子为18.8
   - 应用领域: 覆盖机器学习、机器人和人工智能领域的广泛主题 [3] 。

以上列出的是一些在医学人工智能领域具有高影响力和认可度的SCI一区期刊，它们发表了与人工智能在医疗领域应用相关的高质量研究论文。由于直接提供具体论文的链接较为困难，建议您访问这些期刊的官方网站或数据库进行更深入的搜索，以找到具体的论文及其引用信息。

图 7.23　资料收集示例答案

本示例中，每个文献后面的上标数字既表示标注序号，也可以链接到这段文字的原文链接上。答案还对没有完成的提示词任务进行说明和给出建议。

值得注意的是，这类答案能帮助用户进行信息筛选，但是用户需要对内容进行进一步的验证核实，保证信息属实、使用时应合理合规合法。

（11）创意写作

协助创作小说、剧本、歌词等创意文学作品。

示例：

提示词：*" 为我国人工智能的发展情况写一首七言诗，诗中包含使用人工智能技术要遵守法律和伦理的句子，加入一些历史元素。*"

答案：智慧如潮涌东方，千年文明谱新章。人工智能展宏图，法治伦理共护航。古韵今风融智海，守正创新继华光。铭记历史守初心，合规前行路更长。

（12）技术写作

帮助撰写技术文档、用户手册、操作指南等。

示例：

提示词：*" 撰写一个冰箱温度调节的操作方法和操作流程 *"

答案如图 7.24 所示。

一、操作方法

1. 打开冰箱门，找到位于冰箱内部或外部的温度调节旋钮或按键。

2. 根据需要调整温度，通常温度调节分为几个档位，如低、中、高或具体温度值。

3. 调整完毕后，关闭冰箱门，观察冰箱运行情况。

二、操作流程

1. 确认冰箱已通电，且冰箱内无异常情况。

2. 打开冰箱门，查看当前温度。

3. 以下为具体操作步骤：a. 若冰箱为旋钮式调节：i. 用手轻轻转动温度调节旋钮，顺时针方向为提高温度，逆时针方向为降低温度。ii. 调整至所需档位，如"1"至"7"档，或根据具体温度值调整。iii. 调整完毕后，关闭冰箱门。b. 若冰箱为按键式调节：i. 找到温度调节按键，通常标有"温度"、"冷"、"暖"等字样。ii. 按下按键，进入温度设置界面。iii. 使用"+"或"-"按键调整温度，直至显示所需温度值。iv. 确认无误后，退出设置界面，关闭冰箱门。

4. 观察冰箱运行情况，确保温度调节生效。如需进一步调整，可重复上述操作。

5. 遵循冰箱使用说明书，遵守法律和伦理规定，合理调节温度，确保食品储存安全。

注意事项：

1. 调节温度时，避免频繁开关冰箱门，以免影响冰箱内部温度稳定。

2. 调整温度后，耐心等待一段时间，让冰箱内部温度达到设定值。

3. 请勿将温度设置得过低或过高，以免影响冰箱正常运行和食品储存质量。

4. 定期检查冰箱温度，确保食品储存安全。

图 7.24 技术写作示例答案

技术写作可以帮助用户搭建框架和了解文档的写作方法，但内容涉及生产和使用安全以及法律，需要用户进一步验证后使用。

案例：采用智谱清言生成一篇介绍四川非物质文化遗产的文档，如图 7.25 所示。

图 7.25　智谱清言"对话"工作界面

　　在生成文档后，AIGC 工具一般还会给出修改建议，提供一些方便用户进一步操作的按钮，如图 7.26 所示。用户也可以根据自己的需要提出要求进行进一步的修改，也可以要求工具重新回答一次，可以看出 AIGC 工具给出的答案是否具有一致性。

图 7.26　AIGC 工具给出修改建议

在智谱清言提供的按钮中，⧉ AI编辑按钮可以切换成如图 7.27 所示的工作窗口，单击窗口左上方的箭头，可以返回如图 7.25 所示的对话框。

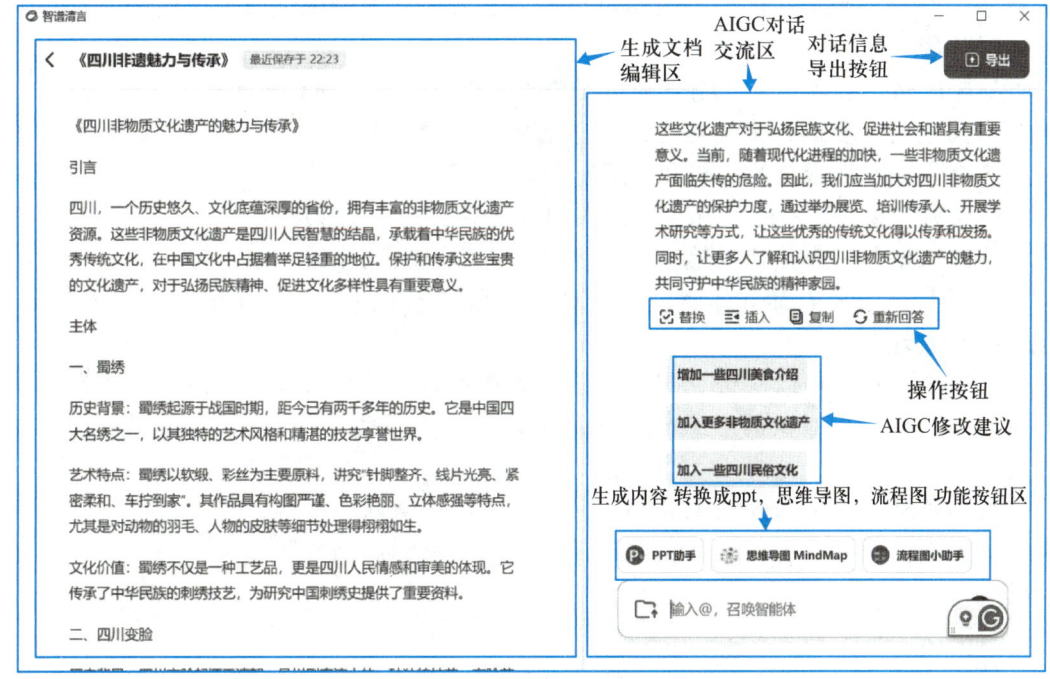

图 7.27　智谱清言"生成文档"工作界面

Ⓜ 按钮可以将当前的回答复制成 Markdown 格式。

Ⓔ 按钮用于复制当前答案中的文字。

⚲分享 按钮可以将对话以链接的方式进行分享。

7.3.2　图像生成

图像生成是由含有能生成逼真图像的对抗网络、生成高质量图像的扩散模型（diffusion model，DM）等模型的 AIGC 产品生成与现实世界中图像相似的合成图像。绘画类的 AIGC 工具可以为设计师等专业的视觉内容创作者激发灵感，为媒体编辑、写手作者等文字内容创作者提供智慧图库。

当前，相当一部分的 AIGC 工具都有 AI 画图的应用，也有专门进行绘画等艺术创作的 AIGC 工具，如百度的文心一格，字节跳动公司的即梦 AI 等。生成的图像可以复制、分享。部分 AIGC 工提供.jpeg 格式的下载。

1.　图像生成基础

在生成图像前要了解图像的绘画风格、常用提示词等，以便生成更高质量的图像。生成的图像可以以单个文件下载，也可以插入需要图像的文档中。

（1）绘画风格

AIGC 工具中涉及的绘画风格丰富多样，主要包含写实风格、抽象派风格、印象派风格、油画风格、素描风格、水彩风格等，不同的 AIGC 工具能处理的绘画风格不尽相同。

写实风格：追求对现实事物高度逼真的描绘，注重细节的精准呈现，包括物体的形态、纹理、光影和色彩等，尽可能还原真实世界中的视觉效果，使画面看起来如同照片般真实。

抽象风格：脱离对具体物象的写实描绘，以点、线、面、色等基本元素为核心，通过自由组合、变形、重构等方式表达情感、思想或概念，强调形式和色彩本身的表现力，注重引发观众的联想和主观感受。

印象派风格：注重光线和色彩的表现，强调瞬间感受和印象。

油画风格：具有独特的笔触质感，色彩丰富且层次厚重，通过色彩的叠加和混合来表现物体的光影和立体感，画面具有较强的艺术感染力和质感，可细腻写实，也可抽象表现。

素描风格：一种以线条和阴影为核心的艺术表现手法，它通过简约的线条描绘和明暗对比来捕捉对象的形态与质感，既可以是写实的细节再现，也可以是抽象的情感表达。

水彩风格：以水为媒介调和颜料，色彩透明、清新、淡雅，具有独特的晕染效果，能够营造出柔和、灵动的氛围，笔触轻盈自然，画面给人一种清新明快、水润通透的感觉。

（2）绘图提示词

使用 AIGC 工具进行绘图时，可以使用如下结构：画质效果＋色彩与色调＋主题描述＋背景描述＋视角。

画质效果常用词汇如表 7.1 所示。

表 7.1　画质效果常用词汇

画质效果	常用词汇
画质	最佳品质、高清画质、4K 分辨率、超现实细节、微距细节、动态模糊
场景效果	复古色调，亚光质感，柔焦处理，景深虚化，逆光剪影，柔和光影、朦胧氛围，胶片颗粒，褪色效果，霓虹光晕，工业光魔级特效
构图效果	黄金分割，对称构图，框架式构图，俯视视角，鱼眼透视，负空间留白，对角线分割，层次叠加，强烈对比
风格效果	水墨晕染，铅笔素描，赛博朋克，低多边形，剪纸层叠，故障艺术，厚涂笔触，浮世绘海浪、水彩晕染、油画笔触、HDR 效果，写实风格，卡通渲染
光影效果	丁达尔效应，明暗对比，霓虹反射，烛光温暖，冷调背光，霓虹辉光，漏光效果，投影戏剧化，电影级灯光
材质效果	金属抛光，磨砂质感，细腻质感，玻璃折射，皮革纹理，水渍痕迹，纸张褶皱，玉石通透，木纹年轮，复古泛黄

色彩与色调用词汇：鲜艳的，暗淡的，多彩的，明亮的，淡黄色，桃红色，玫瑰红，深紫色，翠绿色等。

背景描述词汇：蓝天白云，绿色的田野，金灿灿的稻田，黄灿灿的油菜花，冬日雪景，满园春色，天鹅绒般的夜空等。

主题描述常用词汇如表 7.2 所示。

表 7.2　主题描述常用词汇

主题	常用词汇
角色元素	男孩，女孩，母亲，父亲，一群孩子，一群老人，演员，模特，工人，白领，画家，厨师，司机，熊猫，狮子，猫等
表情	愤怒，微笑，大笑，哭泣，害羞，生气，嫌弃，委屈，苦恼，害怕，恐惧等
服装	衬衫，裙子，汉服，藏服，西装，靴子，凉鞋，皮鞋，鸭舌帽，太阳帽等
场景	办公室，家里，户外，丛林，高速公路，河道，草原，高山，大海，悬崖，沙滩，水下等
文化符号	农夫与蛇，鲤鱼跃龙门，剪纸镂空，门神镇宅，书法印章等
梦幻世界	魔法城堡，时光隧道，桃花源，蓬莱仙阁，巧克力王国，星空奇观等

视角词汇：仰视，平视，俯视，背视，特写，全景，广角，平行视角，穿越视角，悬停视角，透视等。

2. 图像生成类型

（1）从文本到图像

AIGC 工具使用自然语言处理技术将输入的文本描述转换成一种数字表示形式，即嵌入向量。这通常通过预训练的语言模型如 BERT 或 GPT 完成，这些模型能够捕捉文本中的语义信息。根据文本描述生成各类图像，包括人物、风景、物体、虚拟场景等。

如给出提示词：*" 暹罗猫烘焙师揉面团，姜饼屋厨房蒸汽缭绕，糖粉悬浮微粒，烤箱透出橙黄光晕，黏土动画定格质感，柔焦景深效果；*"

AIGC 可以生成如图 7.28 所示的图像。

图 7.28　文本生成图像

（2）图像处理

图像处理是指使用算法对图像进行分析以实现某些效果或提取信息的过程。在 AIGC 的背景下，图像处理通常包括以下方面。

图像识别：AI 能够识别图像中的对象、场景和活动。

图像分割：将图像分割成多个部分或对象，以便于进一步分析。

风格转换：将一张图像的风格应用到另一张图像上，或转换成另外一种画风（图 7.29）。

图像生成：基于文本描述或条件生成全新的图像内容。

图 7.29　图像风格转换

（3）图像修复和增强

图像修复（image inpainting）是指填补图像中缺失或损坏的部分，如内容填补：自动识别图像中的缺失区域，并利用周围的像素信息来推测并填充这些区域的内容；纹理合成：对于纹理丰富的区域，工具可以合成相似的纹理来填补缺失部分，使其与周围区域协调；结构重建：对于图像中的结构性缺失，如线条、边缘等，工具可以重建这些结构，保持图像的整体连贯性。面部修复：特定于人脸的修复，可以修复照片中的人脸缺陷、去除皱纹、斑点等。去除物体：从图像中移除不需要的物体，如日期戳、水印或杂物，并填补移除后留下的空白。

在图 7.30 中，左侧是修复前的图片，右侧是修复后的图片。修复后的图片中，缺失的部分被填补，裂纹和色差也被去除，整体呈现出质量更高的新图像效果。

图像增强（image enhancement）是指提高图像的质量和视觉效果。如分辨率提升：通过算法提高图像的分辨率，使得图像看起来更加清晰；去噪：减少或消除图像中的噪点，提高图像的清晰度和质量；对比度增强：调整图像的对比度，使得图像中的暗部和亮部更加分明；色彩校正：优化图像的色彩平衡，使其更加自然或符合特定的色彩风格；动态范围调整：通过 HDR（高动态范围）技

图 7.30　图像修复

术，增强图像的亮部和暗部细节；细节强化：突出图像中的细节，如边缘、纹理等，使图像更加生动。

百度出品的文心一格能将用户上传的模糊图片进行高清增强处理，如图 7.31 所示。

3. 图像生成

利用绘画类的 AIGC 工具生成图像，和文本写作类的 AIGC 工具一样，用户输

图 7.31　图片增强处理

入自己的创想文字或提供参考图，设置期望的画作风格、内容参考图、尺寸大小等参数，即可生成 AI 画作。

以即梦 AI 为例生成一幅具有卡通风格的开学萌娃图片。操作步骤如下。

（1）进入 AI 作图

登录即梦 AI（图 7.11），选择"AI 作图"中的"图片生成"选项，进入新的窗口，窗口分为两栏，左侧栏为创作区，右侧栏为作品展示区，在作品展示区上方还可以进行"仅看收藏""聚合相同输入""类型"展示设置。此时在左侧栏选择"图片生成"选项卡，开始图片创作，如图 7.32 所示。

（2）图片创作

图片创作是对生成图片的各参数进行设置。

① 输入绘画风格、主题等提示词。在提示词对话框中输入"卡通风格 萌娃开学"。

在对话框中，可以通过"导入参考图"按钮，导入本地图片进行图片生成；可以通过"T"按钮录入增强的文本进行文本增强；还可以借助嵌入的"DeepSeek-R1"文本模型生成提示词。通过对话框可以按需设置提示词，需要注意的是，本对话框字符数上限为 800。

② 选择生图模型。本示例选择"图片 2.0 Pro"生图模型。

即梦 AI 提供了 4 种生图模型供用户选择，以满足不同的需求。

③ 设置精细度。本示例的精细度设置为 5。

精细度的设置范围为 0~10，值越大，生成的效果质量越好，也更耗时。

④ 设置图片比例。本示例选择 4∶3。

⑤ 设置图片尺寸。本示例选择默认的 1 024×768。

和精细度一样，图片尺寸设置越大，图片质量越好，耗时也更长。用户可以通过中间的"解绑比例/约束比例"按钮 ![button]，设置图片是否要进行图片尺寸比例的约束。

（3）立即生成

单击"立即生成"按钮即可生成图片。

即梦 AI 按照用户的设置生成多张图片供用户选择，如图 7.33 所示。

（4）图像的利用和再创作

用鼠标指向生成的图像，使用如图 7.34 所示的右上方工具条可以将生成的图片上传、下载、收藏、删除等。下载的图片通常以.jpeg 的格式保存。还可以通过图 7.34 所示的下部工具条上的按钮，进行超清、细节修复、局部重绘、生成视频、扩图、

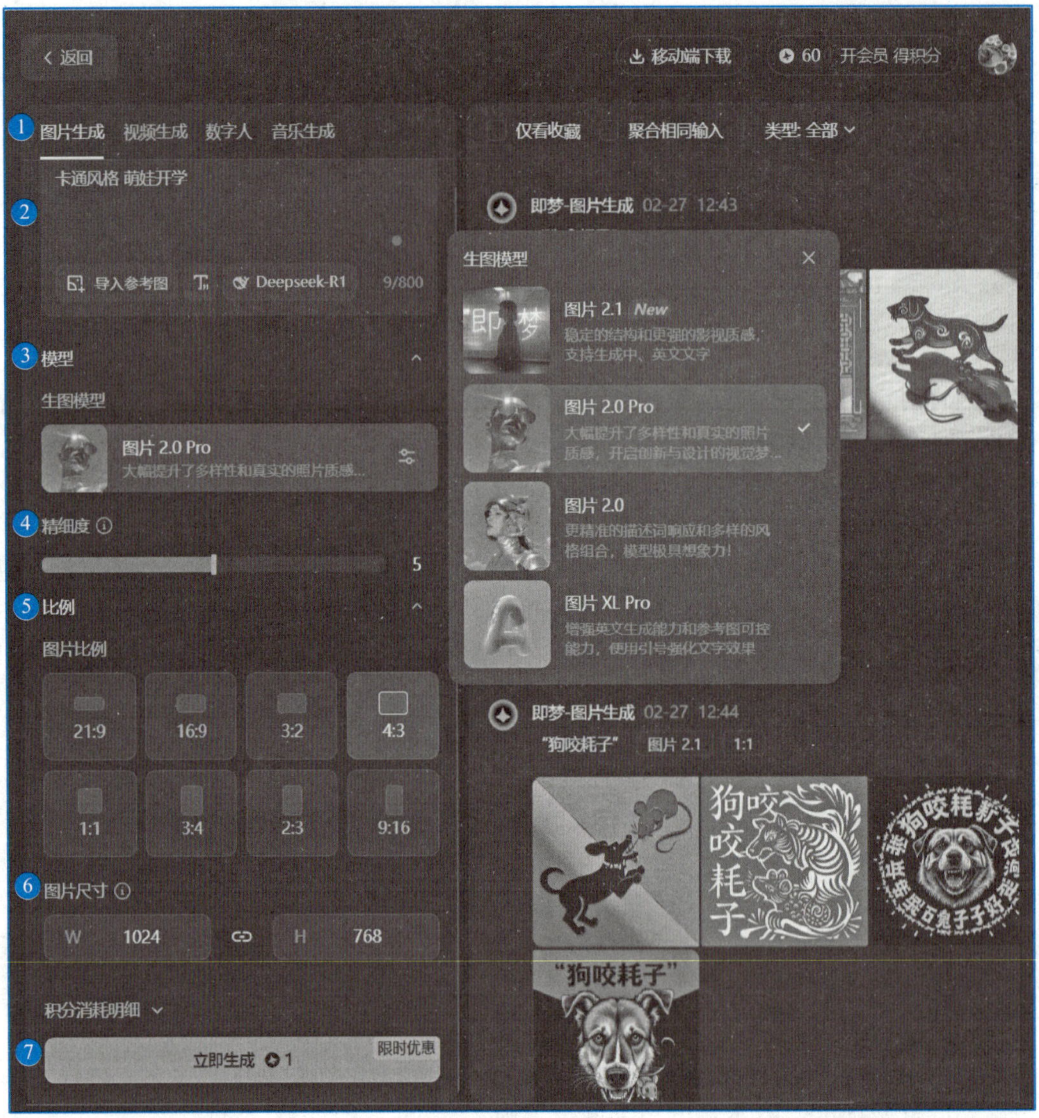

图 7.32　图片生成

图 7.33　萌娃开学图片

图 7.34　生成图像的利用与再创作

消除等二次创作。

7.3.3　音乐、视频以及多模态生成

1. 音频生成

音频生成是人工智能领域的重要分支，通过算法生成逼真的声音、语音，包括语音合成、音乐创作等。其主要技术包括 WaveNet、Tacotron 等。

WaveNet 是由 DeepMind 提出的音频生成模型，采用了基于卷积神经网络和自回归技术的深度生成模型，能够生成自然、清晰的语音。

Tacotron 是一种基于循环神经网络和注意力机制的语音合成模型。它将文本映射到声谱图（spectrogram），再通过 Vocoder（如 WaveNet）生成波形。

音频生成的代表性产品（AIGC 工具）有 Google Assistant、Lyrebird、Descript Overdub、即梦 AI、Amazon Polly、Microsoft Azure Speech 等。

在这些产品中，用户可以按需通过文本提示生成音乐。生成的音乐以.WAV或.mp4 的格式提供下载，不同的产品提供的格式可能不同。以即梦 AI 为例，如图 7.35所示。

图 7.35　即梦 AI "音乐生成" 界面

进行音乐生成的操作步骤如下。

① 确定作品类型，给出提示词。选择生成"人声歌曲"或"纯音乐"。

若选择"纯音乐"，可以通过"随机灵感"描述想要生成的音乐，也可以由用户自己输入提示词描述，如图 7.36 所示。

若选择"人声歌曲"，可以通过"一键生词"生成歌词，也可以在对话框中输入歌词。如在对话框中输入"请生成一首体现小学生运动会上激情昂扬，勇敢拼搏精神的歌曲"，"一键生词"按钮切换为"一键润色"按钮，单击按钮，生成具体的歌词，如图 7.37、图 7.38 和图 7.39 所示。

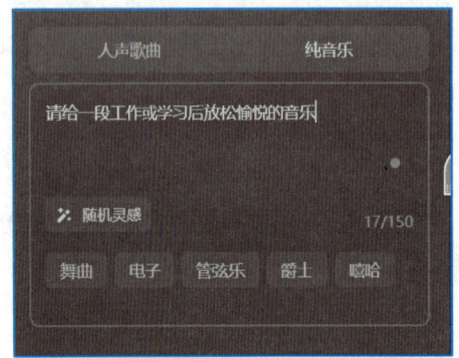

图 7.36　为纯音乐设置提示词

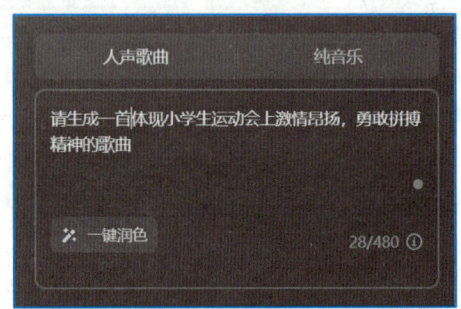

图 7.37　输入歌曲提示词

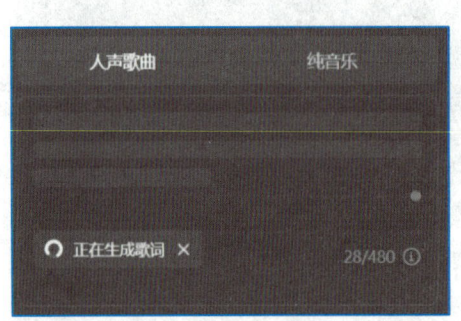

图 7.38　"一键润色"生成歌词

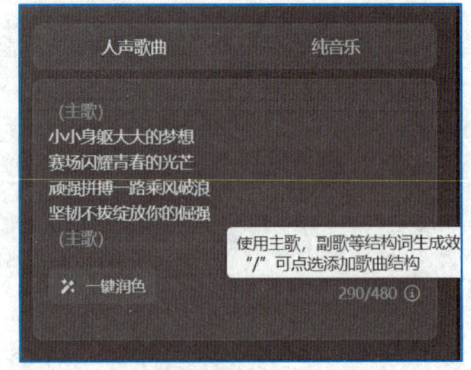

图 7.39　生成歌词

② 选择音乐风格。"人声歌曲"可在呈现的列表中对曲风、心情、音色等音乐风格进行进一步的设置。"纯音乐"可进行"舞曲""电子""管弦乐""嘻哈"等音乐风格的设置。

③ 生成音乐。单击"立即生成"按钮，生成定制的音乐。

④ 在窗口右侧呈现生成的音乐，如图 7.40 所示。

⑤ 生成音乐的利用和再创作。用户可以对生成的音乐进行下载、收藏、删除、举报等操作，也可以进行编辑和再生成一次。

2. 视频生成

视频生成模型通过算法生成逼真的视频内容，常见的技术包括时序生成对抗网络（TGAN）、视频扩散模型和 Transformer 架构等。

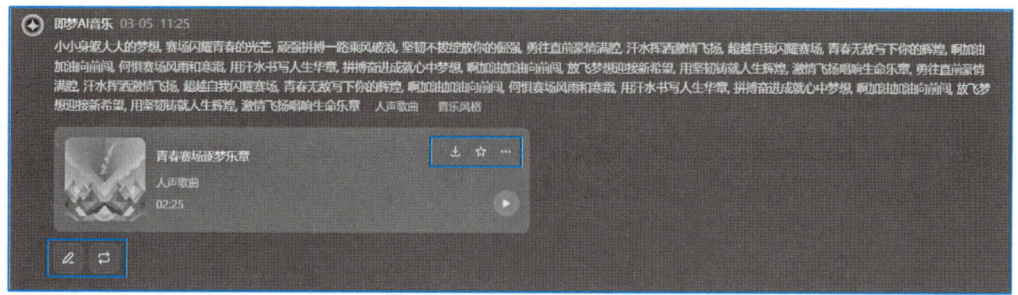

图 7.40　通过人声歌曲生成的歌词和歌曲

TGAN 是生成对抗网络的扩展，专门设计用于生成视频数据。TGAN 不仅要生成每一帧图像，还需要考虑帧与帧之间的时序关系，从而生成连贯的视频。

代表性产品如 RunwayML、豆包、即梦 AI、Deepfake、Google Research 等。

通过这些 AIGC 产品，用户可以按需通过文本或提供图片生成视频。仍以即梦 AI 为例，如图 7.41 所示。操作步骤如下。

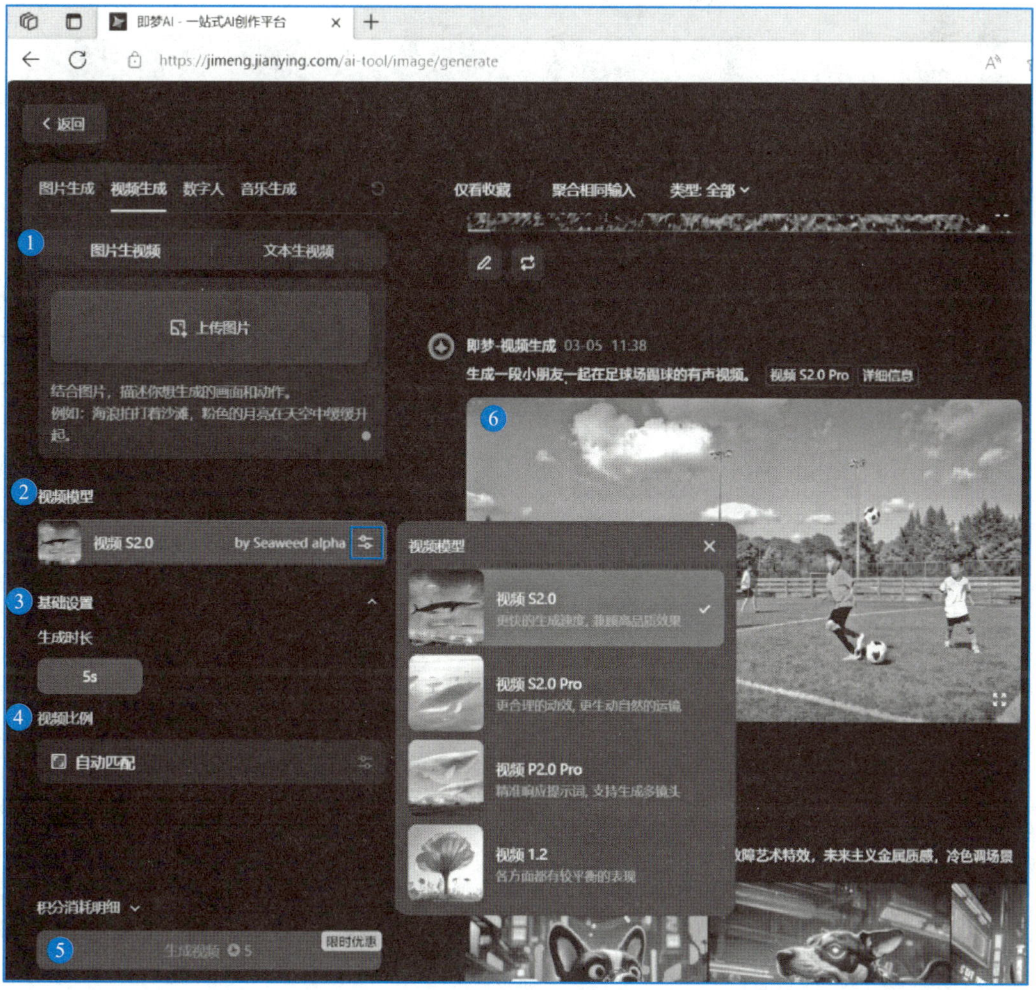

图 7.41　即梦 AI "视频生成" 界面

① 创作前先确定创作源，选择由图片生成视频还是由文本生成视频。

选择图片生成视频，可以根据图片结合提示词进行视频创作。

② 选择视频模型。单击图中的"生成模型选择"按钮，在出现的级联菜单中，可以根据提示选择相应的视频模型进行生成视频。

③ 对生成时长等进行基础设置。

④ 对视频比例进行设置。

⑤ 单击"生成视频"按钮。

⑥ 在窗口右侧呈现生成的视频。

其他的 AIGC 工具生成视频界面布局会有所不同，有些可能还会给出样例引导，在操作上与即梦 AI 相似，如图 7.42 所示的智谱清言的"清影-AI 生视频"。

图 7.42　智谱清言的"清影-AI 生视频"

3. 多模态生成

多模态生成模型旨在处理不同类型的数据（如图像、文本、音频等）并将它们融合在一起，生成跨模态的输出。常见的有 CLIP 模型、T2I（text-to-image）和 I2T（image-to-text）模型等。

对比语言-图像预训练（contrastive language-image pretraining，CLIP）模型是由 OpenAI 提出的，该模型将图像和文本嵌入到同一语义空间中，使模型能够理解图像和文本之间的关系。CLIP 通过大规模的训练，能通过文本描述生成与之对应的图像，或根据图像生成相应的文本描述。

　　T2I 和 I2T 采用 Transformer 架构，结合注意力机制来处理图像和文本数据，其中，T2I 模型将文本输入转化为图像，I2T 则是将图像转换为描述性文本。

　　随着生成式 AI 技术的迭代升级，AIGC 产品将构建全链路智能化创作引导系统。基于扩散模型、Transformer 架构与多模态对齐算法，用户可通过自然语言指令、语音交互或素材上传，实现跨模态内容生成——包括但不限于文生图（如 Stable Diffusion）、图生视频（如 Sora）、音视频互转（如语音驱动数字人）等复杂创作场景。

　　多模态生成的代表性产品如 Stable Diffusion、豆包、即梦 AI、Google's Imagen、Fotor 等。

　　如图 7.11 所示的即梦 AI——一站式 AI 创作平台可以生成音乐、视频以及融合文本、声音、图片、视频等数据生成"数字人"。

　　即梦 AI 的"数字人"可以将文字、图形、声音、视频融合生成新的视频，是多模态生成的典型应用，如图 7.43 所示。

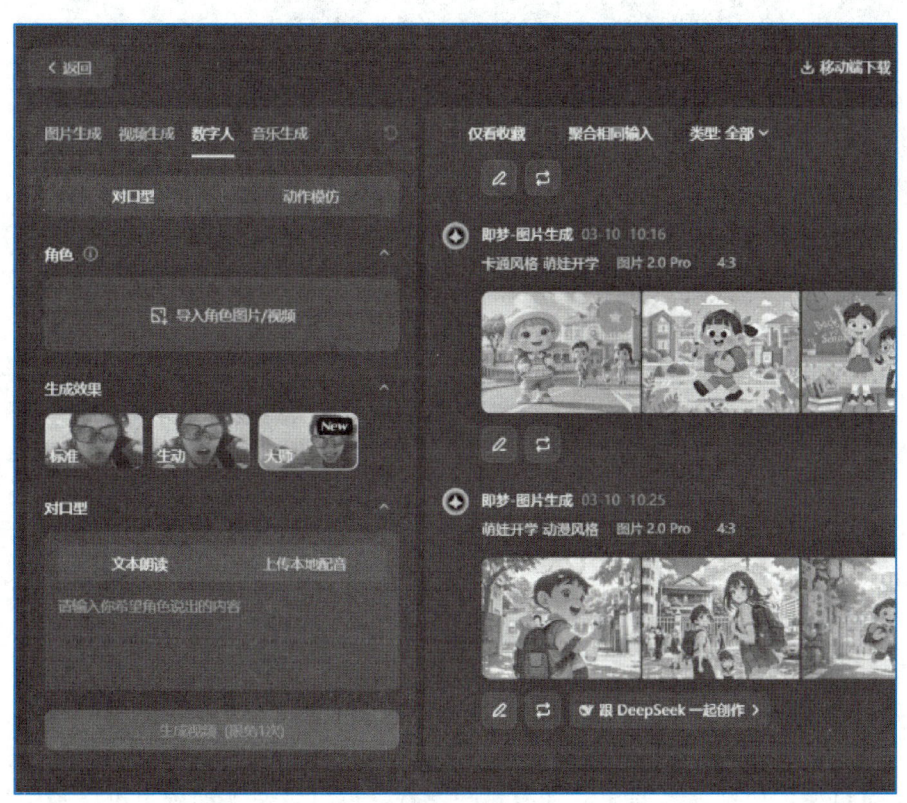

图 7.43　"数字人"创作界面

以生成开口说"开学了"的萌娃为例，如图 7.44 演示生成数字人的操作步骤。

（1）选择创作类型，进入创作环境

"数字人"可以生成口型和动作模仿两种类型的作品，本例选择"对口型"。

（2）进行各类参数设置

① 导入角色图片或视频。导入在即梦 AI "图片生成"中生成的卡通风格的萌

图 7.44 "萌娃开学了"案例创作

娃开学图片。

② 选择生成效果。本例选择"大师"模式。"数字人"中有"标准""生动""大师"三种生成效果模式。

"标准"：仅修改口型。适合演讲、对白。

"生动"：生成更丰富的面部动作。适合唱歌、表演。

"大师"：生成超逼真的全身动作和背景动效。

③ 对口型选择声音来源。融合需要的声音，可以是文本朗读也可以是本地已有的配音。本例选择"文本朗读"，需要在对话框中输入朗读的文本："开学啦~"。

④ 选择"朗读音色"。"数字人"为文本朗读配置了丰富的音色，如图 7.45 所示。本例选择需要的音色："活泼女孩"。

⑤ 选择语速。"数字人"为融合的视频提供了 0.8 倍速到 2 倍速的语速调节度。本例选择 0.8 倍速。

（3）生成视频

前面各项设置完成后，单击"生成视频"按钮生成视频，如图 7.46 所示。

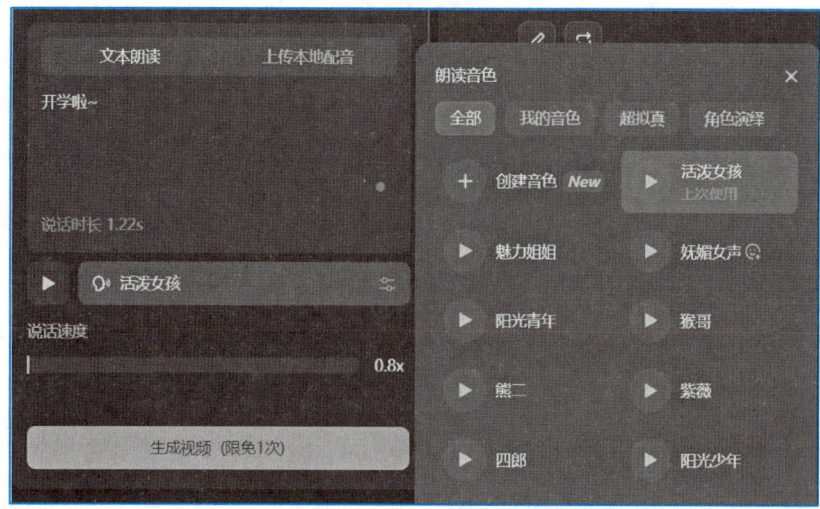

图 7.45　"朗读音色"列表

图 7.46　多模态视频效果

7.3.4　演示文稿生成

演示文稿（powerpoint，PPT）常用在工作汇报、产品推介、管理咨询、项目竞标等活动中，它可以方便、灵活地把文字、图片、图表、声音、动画和视频等多种媒体元素集成到一个文稿中，利用多感官进行演示，始终吸引观众的注意力。用户可以使用 AIGC 直接生成以.ppt、.pptx 等为扩展名的演示文稿，也可以根据 AIGC 提供的 PPT 内容框架、PPT 大纲、PPT 样式搭配等手动制作演示文稿。

1. PPT 制作基础

借助 AIGC 制作 PPT 时，需要了解演示文稿的新建、打开、编辑、图形图像、音视频等对象插入、保存等基本操作，版式、主题、对象格式和配色方案等静态效果设置以及动画、动作、超链接等动态效果的设置，以便更明确给出指令，完成文档的后续操作。

2. PPT 制作

AIGC 工具可以根据用户提供的文字、文档或网络搜索结果设计 PPT 的大纲、内容框架（图 7.47），并为用户提供多种风格的模板以供选择，生成 PPT 后，为用户提供在线浏览、修改编辑、下载等功能。

智谱清言的清言 PPT 可以为用户提供内容生成、PPT 制作、生成演讲稿，如图 7.48 所示。

示例： 为蜀南竹海制作宣传 PPT。

图 7.47　智谱清言 PPT

操作步骤如下。

① 输入指令。在如图 7.48 的问题对话框中输入指令为蜀南竹海制作宣传 PPT。单击对话框右上角的"发送"按钮。智谱清言的对话框切换为 PPT 制作窗口。

② 编辑、确定大纲内容。在 PPT 制作窗口中，窗口分为 2 栏，左侧为 PPT 大纲，右侧为用户和清言 PPT 的对话框。用户可以在左侧进行大纲的编辑操作，在右侧继续对清言 PPT 提出新的指令，或接受清言 PPT 给出的建议，或进行替换、插入、复制等操作，如图 7.49 所示。

③ 选择模板，生成 PPT。当左侧的大纲内容确定后，单击 生成PPT 按钮，进入模板选择环节，如图 7.50 所示。选好模板后，单击左侧窗口右上角的"生成 PPT"按钮。演示文稿进入渲染环节。

④ 幻灯片的预览与编辑。如图 7.51 所示，单击窗口中的"去编辑"按钮，可以进入图 7.48 所示的在线预览、编辑状态。

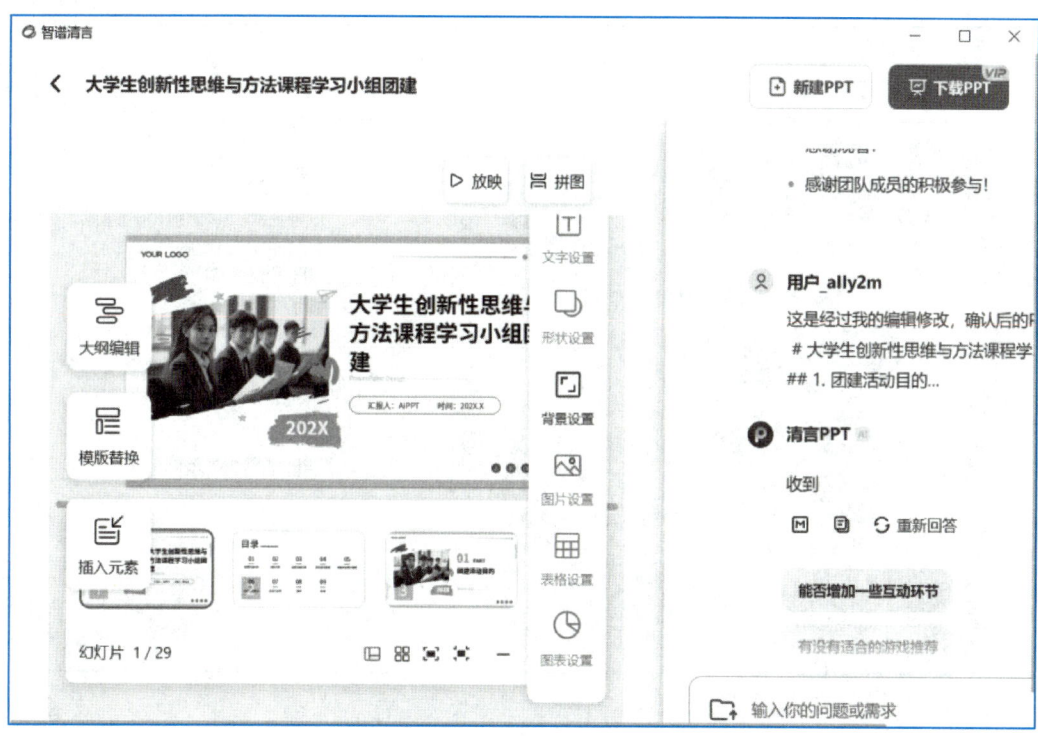

图 7.48　智谱清言 PPT 演示文稿编辑界面

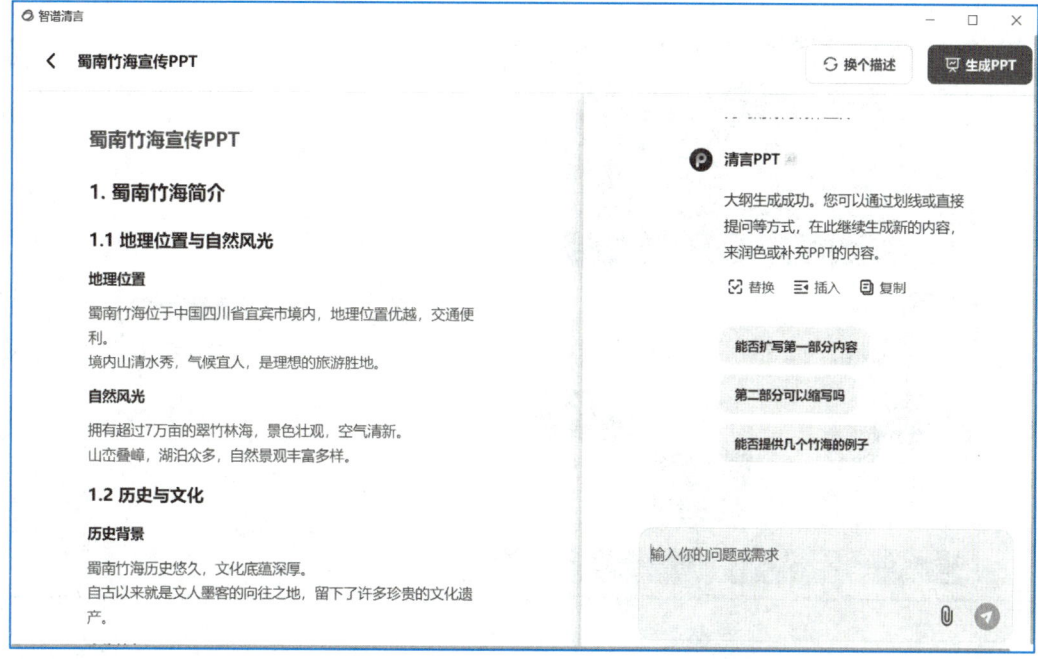

图 7.49　智谱清言 PPT 大纲编辑窗口

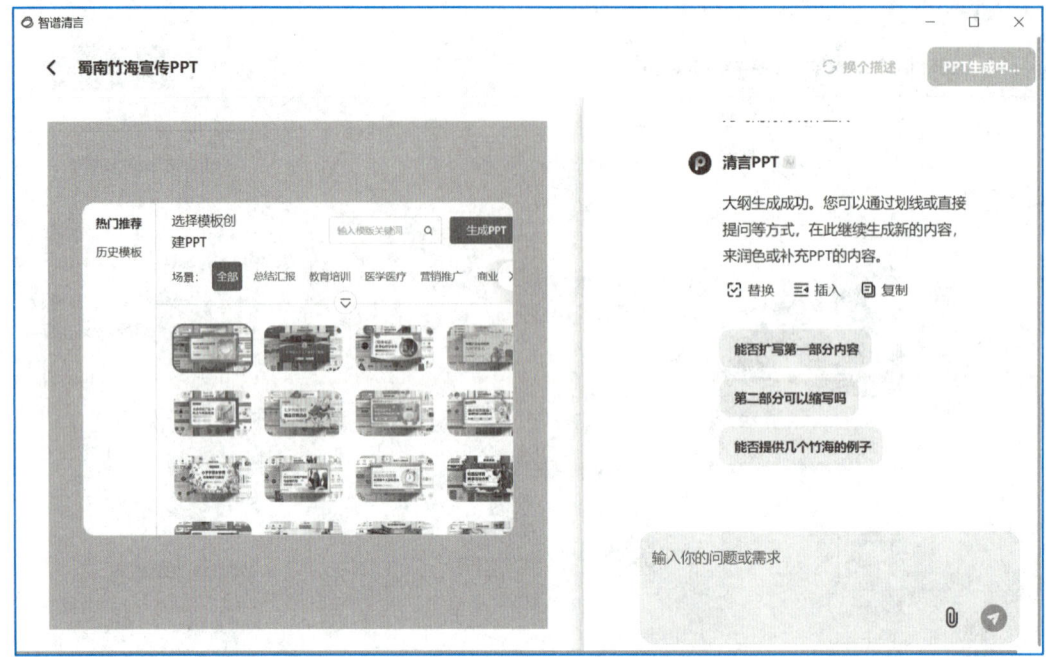

图 7.50　智谱清言模板选用窗口

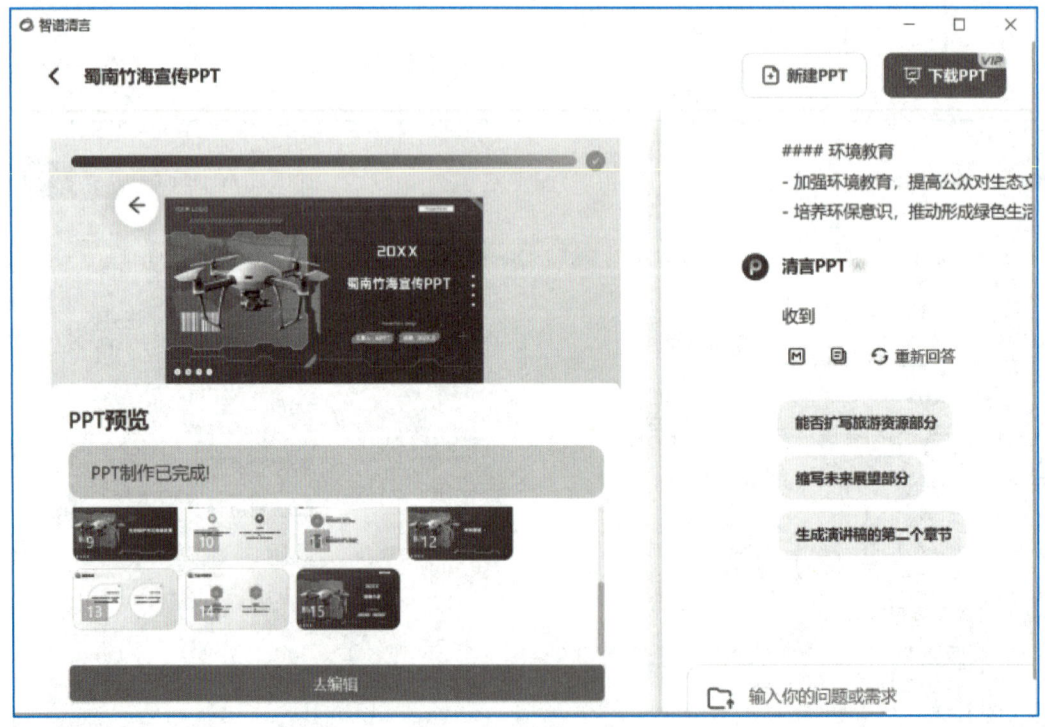

图 7.51　智谱清言幻灯片预览窗口

⑤ 下载 PPT。单击窗口右上角的"下载 PPT"按钮，用户可以进行 PPT 下载，并对下载的 PPT 进行再次编辑。

需要注意的是，AIGC 制作 PPT 时，无法自动从本地添加图片、音视频等，需要下载后，手动加入与内容匹配的图片或音视频。

7.3.5　电子表格及数据分析

电子表格是一种用于组织和分析数据的软件工具，它以表格的形式呈现信息，使得数据的管理和分析变得更加直观和高效，广泛应用于个人财务管理、数据分析、报告生成、数据可视化等领域。常见的电子表格软件有微软公司的办公软件套件 Excel，WPS 金山公司的表格等。生成的表格通常保存在以.xls、.xlsx 为扩展名的文件中。

1. 电子表格基础

电子表格以工作簿为单位保存，一个工作簿包含一个或多个工作表；每个工作表都是一个独立的表格，可以用来组织和存储不同类型的数据；每一个工作表由一系列按行和列排列的单元格组成。每个单元格可以包含数据、公式或注释。

电子表格可以实现数据输入、数据格式化等基本操作，还可以通过公式和函数、排序筛选等操作，按需实现统计汇总和可视化。

（1）数据输入

用户可以直接在单元格中输入文本、数字、日期和时间。

（2）公式和函数

电子表格允许用户使用公式来执行计算。这些公式可以包含内置函数，如求和（SUM）、平均值（AVERAGE）、最大值（MAX）等。

（3）数据格式化

可以更改单元格的格式，如字体、颜色、对齐方式、数字格式等。

（4）数据排序和筛选

用户可以按照特定的列对数据进行排序，或者根据特定条件筛选数据。

（5）数据验证

可以设置规则来限制输入单元格中的数据类型或范围。

（6）数据透视表

这是一个强大的数据分析工具，可以快速地对大量数据进行汇总和分析。

（7）图表和图形

电子表格软件通常提供创建图表和图形的功能，以直观地展示数据。

2. AIGC 处理电子表格

AIGC 可以根据用户提示生成电子表格，提供格式建议，进行公式与函数编写、数据处理、批量数据分析，对于 Excel 还可以提供 VBA 编程。下面以 ChatGPT 为例，介绍 AIGC 处理电子表格的方法。

（1）生成电子表格

用户可以上传数据或提供需要的内容，ChatGPT 就可以生成一个 Excel 文件

（.xlsx）并提供下载。

如图 7.52 所示，生成一个教材订购表。

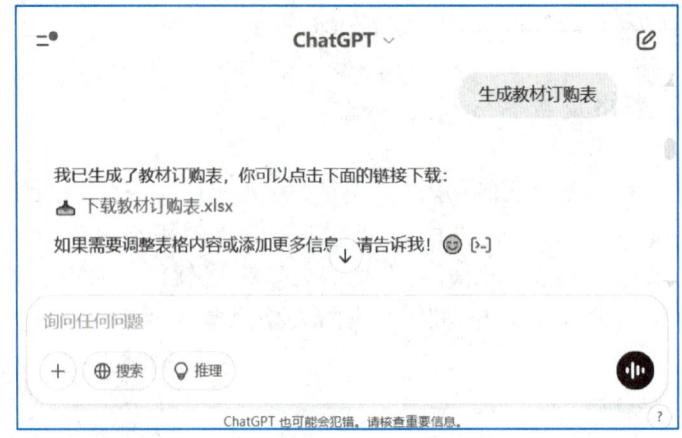

图 7.52　生成 Excel 表指令

通过链接下载的教材订购表在 WPS 中打开，如图 7.53 所示。

	A	B	C	D	E	F	G	H
1	教材名称	作者	出版社	ISBN	单价（元）	订购数量	总价（元）	
2	人工智能导论	张伟	清华大学出版社	978-7-302-12345-6	59.9	30	1797	
3	机器学习基础	李明	机械工业出版社	978-7-111-23456-7	79.8	25	1995	
4	深度学习原理	王芳	电子工业出版社	978-7-121-34567-8	99.5	20	1990	
5	计算机视觉	赵强	科学出版社	978-7-03-45678-9	88	15	1320	
6	自然语言处理	陈静	人民邮电出版社	978-7-115-56789-0	76.5	35	2677.5	
7								

图 7.53　教材订购表

（2）公式与函数编写

生成表格或通过对话框的"+"按钮上传表格数据后，直接在 ChatGPT 对话框中给出计算需求，ChatGPT 就会给出公式和操作方法，如常见的求和（图 7.54）、查找数据等。如果有大量数据，ChatGPT 可以通过公式或函数实现批量处理，如删除重复值，拆分或合并单元格数据。

（3）格式设置与格式建议

ChatGPT 对 Excel 进行的格式设置包括：①调整列宽、行高；②加粗、居中对齐、改变字体颜色；③设置单元格边框；④条件格式，如颜色标注大于 100 的数据；⑤自动生成格式化的 Excel 文件。

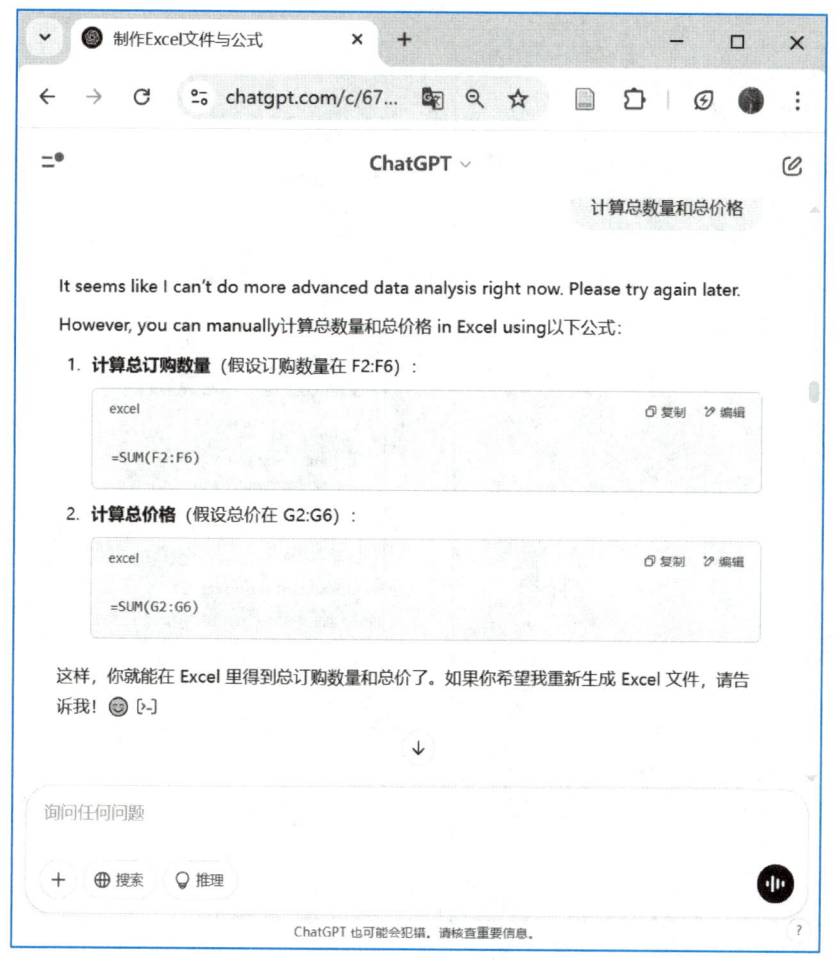

图 7.54　借助 AIGC 使用公式和函数

ChatGPT 可以为用户提供表格的格式设置建议，给出操作方法步骤，并呈现最终设置效果，如图 7.55 所示。

还可以根据提示使用 Python 或 VBA 编程自动生成格式化的 Excel，如图 7.56 所示。

（4）批量数据分析

ChatGPT 可以对 Excel 数据进行分析，如：①统计某列的平均值、最大值、最小值；②生成自动分类汇总表；③使用透视表对数据进行动态分析。

7.3.6　代码生成

代码生成模型旨在根据自然语言描述或代码片段，自动生成对应的编程代码。随着深度学习和自然语言处理技术的进步，代码生成模型已经能够自动化很多编程任务，尤其在自动化软件开发、代码补全、Bug 修复等方面表现出色。常见的有 Codex 模型、CodeBERT 模型、CodeGeeX 模型、PanGu-Coder 模型。

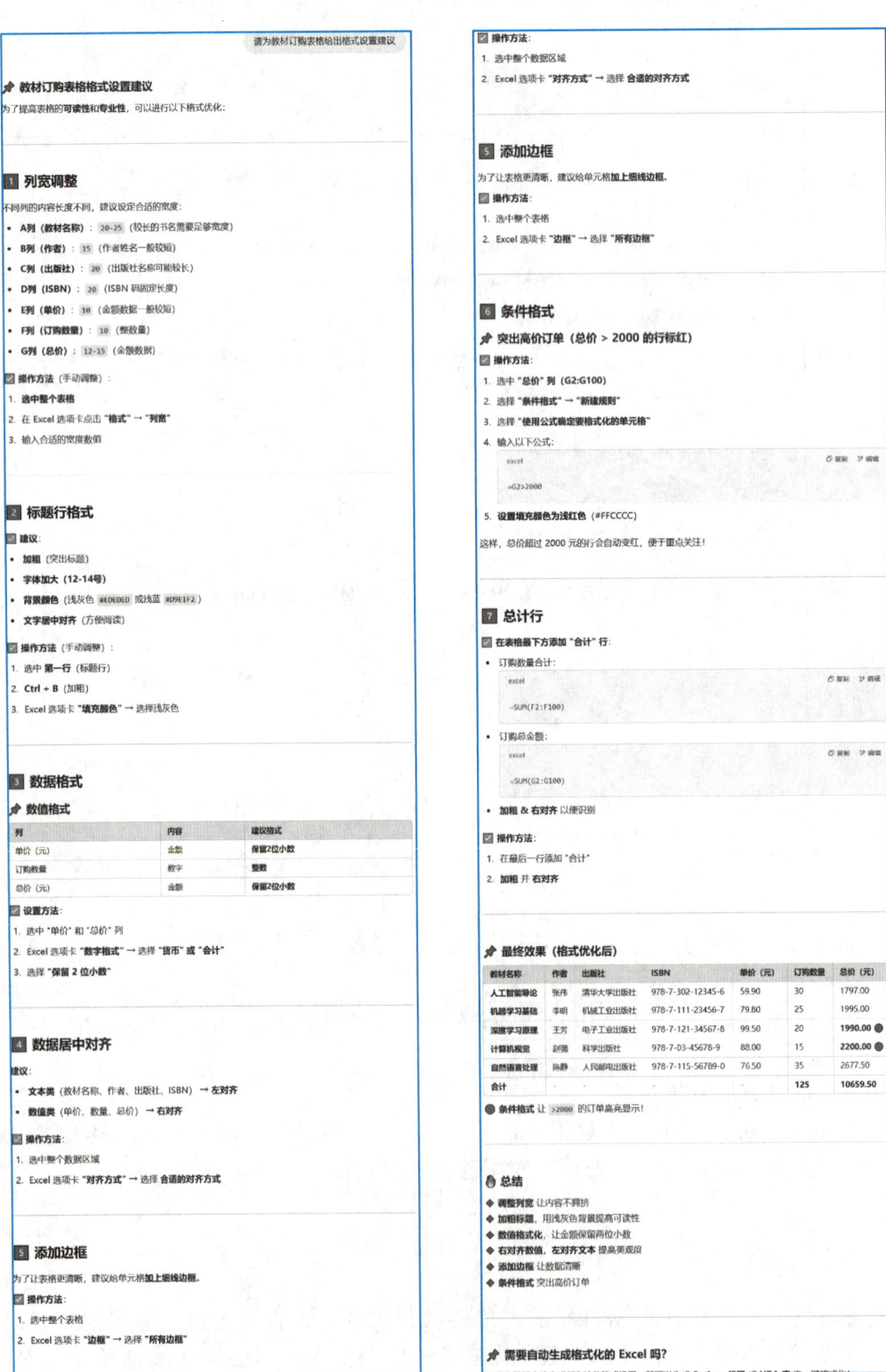

图 7.55　借助 AIGC 进行格式设置

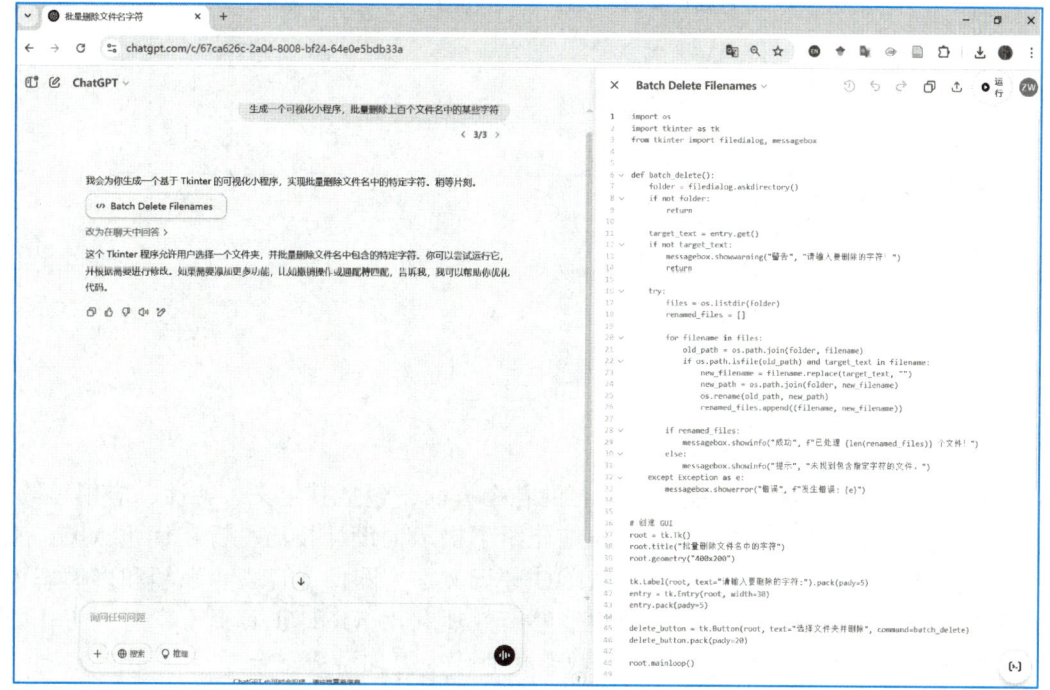

> 🔧 **需要自动生成格式化的 Excel 吗?**
>
> 如果你希望**自动完成所有这些格式设置**,我可以生成 **Python 代码** 或 **VBA 宏** 来一键格式化!
>
> 你希望哪种方式? 😊

图 7.56　使用编程格式化 Excel 表格

Codex 是由 OpenAI 推出的一个强大的代码生成模型,基于 GPT-3 架构,能够根据用户的自然语言理解复杂的编程任务和问题,生成高效的代码。

CodeBERT 是微软和华为联合推出的一种代码生成模型,采用了 BERT 架构。在编程任务中应用了预训练和微调的技术,能够理解代码和自然语言的双向表示。

CodeGeeX 是由清华大学知识工程实验室研发的一款全能智能编程助手,基于大模型构建,支持生成 Python、C、Java、JavaScript 和 Go 等多种主流编程语言的代码。

PanGu-Coder 是由华为诺亚方舟实验室语音语义实验室联合华为云 PaaS 技术创新实验室共同研发的一款代码生成模型。这个模型不仅熟悉常见的算法,还能熟练地使用各种 API,甚至能够求解高等数学问题。

内嵌了这些模型的代表性产品有 GitHub Copilot、Replit、VsCode、Microsoft's IntelliCode 等,随着技术的发展,大多数的文本类大模型也支持代码生成。

除了前文通过 Python 代码和 VBA 编程的方式对电子表格数据进行分析外,AIGC 工具还能根据用户指令生成 C、C#、Java 等多种语言代码,默认情况为 Python 代码。

如图 7.57 所示,用户给出提示词: *"生成一个可视化小程序,批量删除上百个文件名中的某些字符 *",AIGC 工具将窗口分为两栏,左边是对话窗口,展示对话

图 7.57　代码生成

内容和指令执行情况；右边是代码窗口，显示 AIGC 生成的代码，并提供了复制、共享、运行等按钮，供用户使用。

　　用户可以直接在代码窗口运行代码，也可以将代码复制到编译器中进行编辑、运行、调试；如果遇到问题或有新的需求，还可以将报错信息或新需求输入对话框，AIGC 会根据提示信息给出解决方案，如图 7.58 所示。

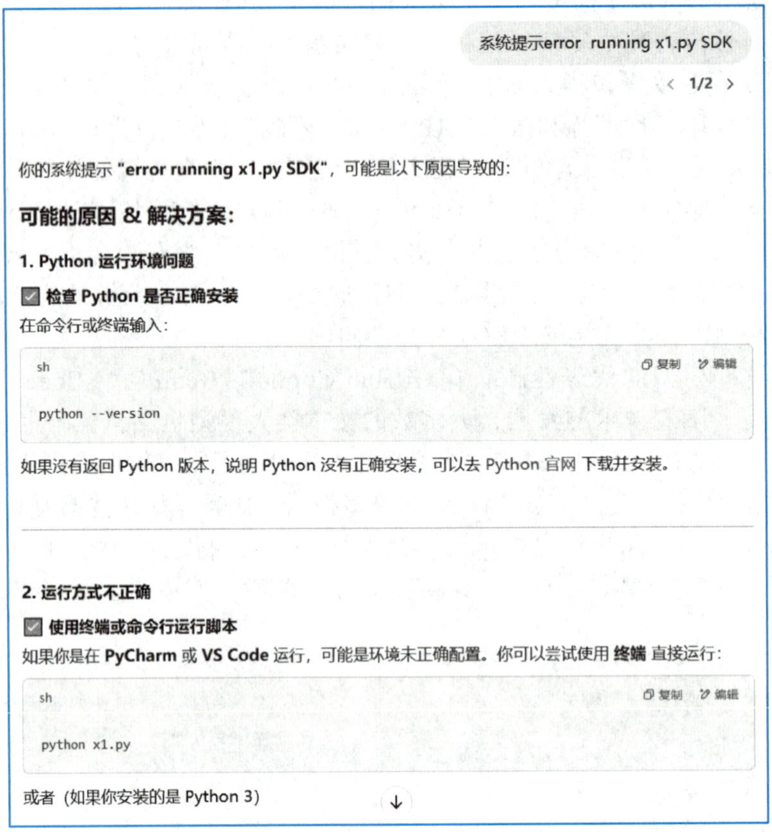

图 7.58　AIGC 解决报错信息

7.4　本章小结

　　本章全面介绍了人工智能生成内容的各个方面，包括其定义、特性、应用领域、技术基础、主流模型和常用产品。详细介绍了提示词设计技巧，旨在优化 AIGC 工具的交互体验。重点讲解如何利用 AIGC 进行文本、图像、音频、视频和多模态内容的生成。通过本章的学习，读者将能够有效地利用 AIGC 工具提升学习、工作效率，并为日常生活带来便利，从而在数字化时代中更加游刃有余。

7.5　本章习题

1. 请简述 AIGC 的三个主要特点。
2. AIGC 与传统内容生成方式相比,有哪些优势?
3. 请列举至少三个 AIGC 的主要应用领域。
4. 在教育行业中,AIGC 可以如何发挥作用?
5. 请列举三种常用的 AIGC 模型,并简要说明它们的特点。
6. GPT-3 是哪个公司开发的?它有哪些优势?
7. 提示词有哪些要素?
8. 请简述利用 AIGC 工具进行文本生成的基本步骤。
9. 请举例说明 AIGC 在图像生成领域的应用。
10. 如何提高 AIGC 生成图像的真实性?
11. 请简述多模态生成的概念及其应用价值。
12. 什么叫"幻觉问题"?在采用 AIGC 生成的答案时,需要从哪些方面采取哪些措施避免出现幻觉问题?

7.6　本章实验

1.　文档制作
根据本章知识内容,使用 AIGC 工具生成一篇完整的文章或报告。
要求:
① 在内容健康向上的范围内,不限主题,不限 AIGC 工具。
② 根据文章或报告内容生成多幅内容相关的图片,并放在恰当的地方。
③ 根据大模型提供的格式建议进行排版。
④ 以.docx 格式保存文件。

2.　电子表格与数据分析
根据实验 1 的内容设计数据,生成电子表格。
① 表格中包含文本、数值、日期时间等数据类型的字段。
② 表格中至少有 70 条记录。
③ 对表中的数据进行分析、添加图表。
④ 根据大模型提供的格式建议进行格式设置。
⑤ 以.xlsx 格式保存文件。

3. 演示文稿制作

将实验 1、实验 2 的内容形成 PPT，用于汇报文档的内容。

① 幻灯片中要有和内容匹配的 AIGC 生成的图片、音频、视频。

② 含有实验 2 中的电子表格和基于电子表格的图表。

③ 幻灯片应用某种主题模板，具有静态格式和动态效果设置。

④ 以 .pptx 为格式保存文件。

4. 代码生成

根据本章知识内容，使用代码生成功能解决学习、生活中的一个小问题。例如：

① 单词记忆：编写一个 Python 程序，随机显示单词并要求输入中文释义，帮助记忆单词。

② 批量整理学习资料：使用 Python 批量重命名、分类学习资料文件（如按课程、日期整理）。

③ 自动生成学习计划：写一个脚本计算每天需要学多少内容，生成日程表。

④ 定时提醒：用 Python 编写一个每日提醒小工具（如定时喝水、锻炼）。

⑤ 记账工具：写一个脚本记录日常支出，自动分类并生成消费分析报表。

⑥ 天气预报：写一个爬虫获取每日天气信息并发送到微信或邮件。

⑦ 购物清单生成：输入常买的物品，自动生成超市购物清单。

⑧ 批量图片处理：使用 Python 或 Pillow 库自动裁剪、调整大小、加水印等。

第 8 章　人工智能伦理与安全

在当今数字化时代，人工智能技术飞速发展，为人类社会带来变革的同时，也引发了信息安全、伦理等诸多问题。本章聚焦人工智能伦理治理与安全，探讨传统信息安全风险与 AI 安全、AI 技术的伦理原则、伦理治理框架以及未来面临的挑战。通过案例分析，希望为人工智能技术的健康发展提供有益的思考和指导，确保其成为推动社会进步的力量，而非带来新的危机。

8.1　计算机安全

计算机安全是保障信息系统及其处理、存储、传输数据的机密性、完整性和可用性（CIA 三要素）的技术与管理体系。随着数字化进程加速，其重要性已从单一技术问题上升为国家安全、经济发展和社会稳定的核心支撑。传统计算机安全以边界防护为核心，通过防火墙、入侵检测、加密算法等技术构建防御体系。但在人工智能时代，攻击面从代码漏洞扩展至数据、算法和模型层面，安全范式发生根本性变革。

8.1.1　传统计算机安全体系

传统计算机安全体系是指为保护计算机硬件、软件和数据免受偶然或恶意破坏、更改和泄露而采取的一系列技术和管理措施。国际标准化组织（ISO）定义其为"为数据处理系统建立和采用的技术和管理的安全保护"。中国公安部计算机管理监察司则将其定义为"计算机资产安全，即计算机信息系统资源和信息资源不受自然和人为有害因素的威胁和危害"。其核心目标是实现信息安全的 CIA 三元组。

保密性（confidentiality）：确保信息不被未授权的用户或实体获取。例如，通过加密技术保护数据，防止信息在传输或存储过程中被窃取。

完整性（integrity）：确保信息在存储、传输或处理过程中未被篡改，保持数据的准确性和一致性。例如，采用数据校验和数字签名技术，防止数据被恶意修改。

可用性（availability）：确保授权用户或实体能够在需要时访问信息和资源，保障系统的正常运作。例如，通过冗余设计和备份机制，防止硬件故障或网络攻击导致系统瘫痪。

信息安全技术是保障CIA的关键技术，主要包括但不限于数据加密、数字签名、认证等方面。

1. 数据加密

数据加密指通过加密算法和加密密钥将明文转变为密文，而解密则是通过解密算法和解密密钥将密文恢复为明文。主要包括对称加密、非对称加密、混合加密。

（1）对称加密

使用相同的密钥进行加密和解密，如图8.1所示。对称加密具有执行效率高，使用简单等特点，但在网络传输中密钥交换的安全性难以保障，容易受到中间人攻击。常见的对称加密算法有AES（高级加密标准）、DES（数据加密标准）和3DES。

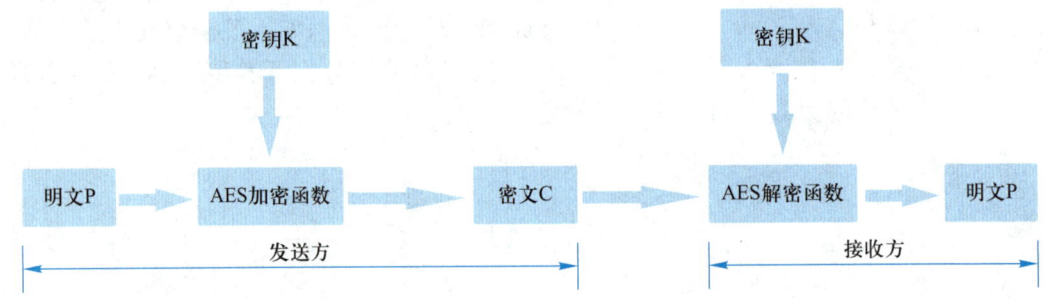

图8.1　AES对称加密示意图

（2）非对称加密

使用一对密钥：公钥和私钥，公钥加密、私钥解密，或反之，具体如图8.2所示。非对称加密的公钥是可以被公开的，接收方只需要使用自己持有的私钥进行解密，这样就可以很好地避免密钥在传输过程中产生的安全问题。RSA（Rivest–Shamir–Adleman）算法、椭圆曲线加密（elliptic curve cryptography，ECC）算法等都属于非对称加密算法。

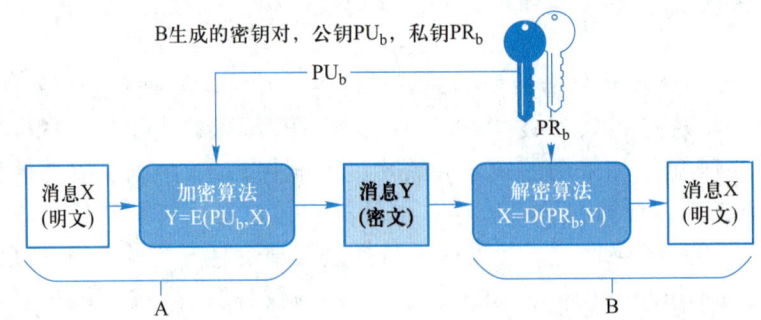

图8.2　非对称加密示意图

（3）混合加密

混合加密是一种将对称加密和非对称加密相结合的加密方法，旨在结合两者的优点，同时克服各自的缺点。发送者先使用非对称加密方法（如RSA）生成一个对称密钥,然后用这个对称密钥来加密实际的数据。接收方使用自己的私钥解密对称密钥,然后再用对称密钥解密数据。

2. 数字签名

数字签名是一种基于非对称加密技术的安全机制,用于验证信息的完整性和发送者的身份。其核心原理包括签名和验证两个过程,结合了哈希算法和公钥加密技术,如图 8.3 所示。

（1）签名过程

发送方先使用哈希算法（如 SHA-256）将原始信息转换为固定长度的摘要,然后使用私钥对消息摘要进行加密,生成数字签名,再将原始信息和数字签名一起发送给接收方。

（2）验证过程

接收方使用公钥对数字签名进行解密,得到消息摘要,并对收到的原始信息使用相同的哈希算法计算出新的摘要。后续将解密得到的摘要与自己计算的摘要进行对比,如果一致,说明信息未被篡改且确实来自发送方。

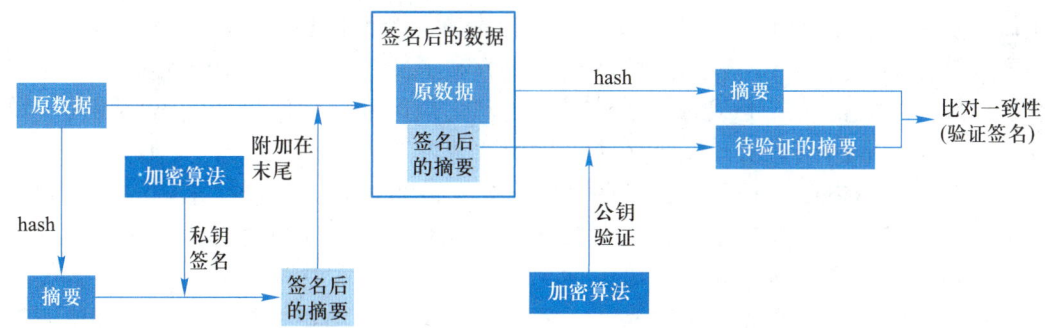

图 8.3　数字签名的签名和验证过程

3. 认证

认证就是指用户必须提供身份证明,主要包括身份认证和数字认证。认证的标准方法就是弄清楚他是谁,他具有什么特征,他知道什么可用于识别他的东西。验证用户身份的技术有口令、智能卡、生物识别（指纹、虹膜、人脸识别）、双因素/多因素认证等。数字证书是一种检验用户身份的电子文件,也是企业现在可以使用的一种工具。这种证书可以授权购买,提供更强的访问控制,并具有很高的安全性和可靠性,一般由认证机构颁发,用于验证用户或设备的身份,如 X.509 证书。

此外,还有防火墙、入侵检测与预防系统、虚拟专用网络（virtual private network,VPN）、访问控制、安全审计、容灾备份与恢复、防病毒与反恶意软件、安全协议、区块链、量子加密、可信计算等信息安全技术。

目前,国家密码管理局已发布了一系列国产商用密码标准算法,包括 SM1（SCB2）、SM2、SM3、SM4、SM7、SM9 以及祖冲之密码算法（ZUC）等。这些算法是由中国国家密码管理局发布的密码算法标准,旨在保障国家信息安全,统称为国密算法。

2022 年，中国银联面临超过 3 000 万次网络攻击，这些攻击包括但不限于 SQL 注入攻击、DDoS 攻击、恶意软件攻击等。这些攻击的频率和强度都在不断增加，对银联的信息安全防护能力提出了严峻挑战。在跨境支付过程中，银联使用 SM9 算法对支付数据进行加密。当用户发起跨境支付请求时，支付数据（如账户信息、交易金额、交易时间等）首先被加密成密文，然后通过网络传输到境外的金融机构。境外金融机构接收到密文后，使用对应的解密密钥进行解密，还原出原始的支付数据，从而完成支付交易。这种加密方式使得即使数据在传输过程中被截获，攻击者也无法获取到明文的支付数据，从而有效防止了数据泄露的风险。

8.1.2　AI 安全新范式

传统计算机安全技术在防御已知威胁方面表现出色，但在面对复杂的未知攻击时往往显得力不从心。传统网络安全的核心在于边界防御，其假设内部网络是安全的，而外部网络是不可信的，这种假设在现代复杂的网络环境中已不再适用。例如，某政务云平台因传统 WAF（Web 应用防火墙）无法识别 AI 生成的钓鱼邮件，导致百万条公民信息泄露。AI 可以根据目标用户的个人信息和行为习惯，自动生成高度个性化的钓鱼邮件内容，这些邮件在内容和形式上更加逼真，更容易欺骗用户点击其中的恶意链接或下载恶意附件。传统基于规则和特征匹配的网络应用防火墙（web application firewall，WAF）难以识别这种由 AI 生成的复杂钓鱼邮件。

从 2022 年 ChatGPT 到 2025 年的 DeepSeek，随着人工智能技术的兴起，网络安全领域迎来了新的机遇和挑战。AI 技术的应用使得安全系统能够通过机器学习和深度学习算法自动识别和响应未知威胁，从而提高安全防护的效率和准确性。AI 技术的引入为网络安全带来了新的解决方案。AI 安全系统通过机器学习和深度学习算法，能够自动识别和响应未知威胁，从而提高安全防护的效率和准确性。AI 在网络安全中的具体应用如下。

威胁识别和预警：AI 通过分析网络流量、用户行为日志和系统日志等数据，能够建立正常行为的基线，并检测与基线偏离的异常行为。

自动化防御：AI 不仅能够识别威胁，还能够自动化地采取防御措施，例如，自动将恶意 IP 地址加入黑名单。

安全漏洞的发现和修补：AI 通过对系统进行全面扫描，能够主动发现安全漏洞，并提供相应的修复措施。

预测分析和防御建议：AI 能够分析网络攻击的趋势和模式，预测未来可能出现的威胁，并提供相应的防御建议。

中国在应对新型网络威胁方面走在了世界前列。腾讯玄武实验室在 AI 安全领域进行了深入研究和实践，开发的告警研判机器人能够对 EDR 设备上报的告警进行智能分析，融合丰富的安全领域先验知识，自动执行调查和取证工作，如图 8.4 所示。此外，玄武实验室还提出了端侧提示词隐私保护方案，解决了用户对隐私信息泄露的担忧。这些实践案例充分展示了 AI 技术在网络安全领域的应用潜力和优势。

蚂蚁集团的"智能风控大脑"则在金融领域发挥了重要作用，成功拦截了多起

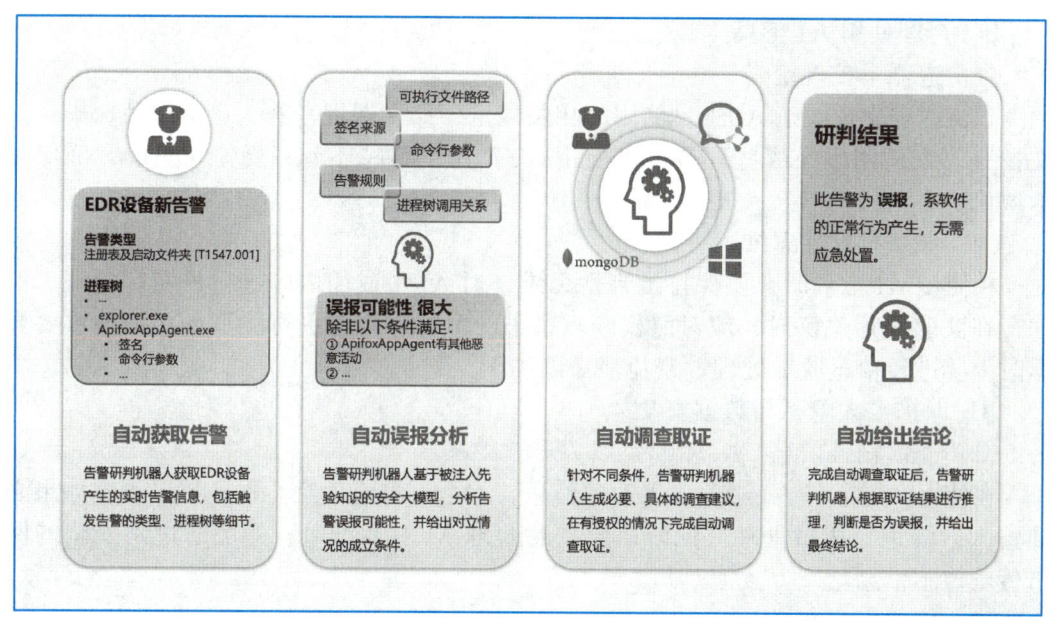

图 8.4　玄武告警研判机器人功能

利用 Deepfake 技术进行的诈骗行为。然而，国产大模型在发展过程中也面临着诸多安全挑战。例如，DeepSeek 虽然具备动态令牌检测和多模态生物特征验证等安全防护机制，但在面对复杂的网络攻击时仍需不断优化和完善。文心一言也曾遭遇 prompt 注入攻击事件，2023 年社交媒体上出现大量诱导生成的案例，给其安全防护体系敲响了警钟。

8.1.3　大学生与网络安全

在传统安全和 AI 安全的背景下，大学生应该从多个方面提升自身的安全意识和防护能力。

1. 提升安全意识与知识

（1）学习相关知识

大学生应主动学习计算机安全和 AI 安全的基本知识，了解传统网络安全技术如防火墙、杀毒软件、入侵检测系统等的作用和局限性。同时，要关注 AI 安全的最新动态，包括 AI 模型的安全漏洞、对抗性攻击、数据投毒等。

（2）关注政策法规

大学生应了解国家和地方政府出台的相关政策法规，如教育部发布的《人工智能教育白皮书》，明确 AI 技术应用的边界和规范。在安全立法方面，近年来我国颁布实施了《中华人民共和国网络安全法》《中华人民共和国数据安全法》《中华人民共和国个人信息保护法》等法律法规，并出台了《网络安全审查办法》《生成式人工智能服务管理暂行办法》等规章政策，形成了我国网络安全政策法规体系，大学生在使用网络及相关数据时要遵守相应的法律法规。

2. 合理使用 AI 工具

（1）遵循学校规定

严格遵守学校关于 AI 工具使用的相关规定，如在课程考查、竞赛作品、毕业论文撰写等方面明确在哪些环节可以使用 AI 工具，哪些环节需要独立完成，确保学术诚信。

（2）保持批判性思维

在使用 AI 工具时，要保持批判性思维，对 AI 生成的内容进行核实和验证。例如，在获取医疗建议时，应对照权威教科书、医院官网等进行验证；在处理重要数据时，要进行信息脱敏处理，避免泄露隐私。

3. 保护个人隐私与数据安全

（1）谨慎输入信息

在使用 AI 工具时，避免输入敏感信息，如个人身份信息、财务数据等。如果必须输入，要进行脱敏处理。同时，要注意管理 AI 对话记录，避免通过不安全的网络传输敏感信息。

（2）使用安全网络

尽量使用校园网或安全的网络环境访问 AI 工具，避免在公共 Wi-Fi 下进行敏感操作。

4. 培养技术能力与安全技能

（1）参与实践项目

积极参加学校或科研机构组织的 AI 安全实践项目，如北京信息科技大学举办的"AI 进校园：如何正确看待与使用 DeepSeek"学业发展主题沙龙，通过实践提升对 AI 安全的理解和应对能力。

（2）学习安全技术

掌握一些基本的 AI 安全技术，如数据投毒检测与防御方法、对抗样本攻击的防御策略等。例如，了解如何通过数据增强技术提高模型的鲁棒性。

5. 注重伦理与社会责任

（1）遵循伦理原则

在使用 AI 工具时，要遵循伦理原则，避免利用 AI 技术进行虚假信息传播、诈骗等非法活动。同时，要关注 AI 技术可能带来的社会影响，如对就业结构的冲击、对社会公平的影响等。

（2）参与伦理讨论

积极参与关于 AI 伦理的讨论和研究，如在课堂上、学术活动中探讨 AI 应用中的伦理问题，培养对技术的深度思考和责任感。

总之，在 AI 时代，大学生要树立正确的安全观念，合理使用 AI 工具，保护个人隐私和数据安全，同时培养自己的技术能力和伦理意识，做到现代科技与传统学术的有机结合，为未来的学术和职业发展奠定坚实的基础。

8.2　人工智能伦理原则

人工智能（AI）作为当今科技领域的热门话题，正以前所未有的速度融入我们的生活，从智能语音助手到自动驾驶汽车，从推荐算法到医疗诊断辅助，其应用范围日益广泛。然而，技术的飞速发展也带来了诸多伦理挑战，这就要求我们在享受技术红利的同时，必须遵循一系列伦理原则，确保人工智能技术的发展和应用能够尊重人权、促进公平正义、保护隐私安全，并对社会和环境负责。一般来说，应遵循以下原则。

1.　尊重人类尊严和权利

人工智能的发展不应侵犯个人的基本权利和自由，包括隐私权、言论自由和不受歧视的权利。这意味着人工智能系统的设计和应用必须以尊重人的尊严为前提，不能用于侵犯或削弱这些基本权利。例如，在数据收集和使用过程中，应充分尊重用户的隐私选择，明确告知用户数据的用途和范围，并获得用户的明确同意。

2.　透明度和可解释性

人工智能系统应当是透明的，其决策过程和逻辑应当能够被人类理解和解释。这种透明度有助于建立公众信任，确保人工智能的决策可以被审查和质疑，从而防止滥用和不当行为。例如，在医疗诊断辅助系统中，医生需要了解系统是如何得出诊断结果的，以便做出准确的判断和决策。

3.　公平性和非歧视

人工智能系统不应加剧社会不平等或歧视。它们应当以公平的方式对待所有用户，无论其种族、性别、年龄或其他社会身份。这要求开发者在设计和训练人工智能时，要考虑到数据的多样性和代表性，以避免偏见的产生。例如，在招聘系统中，应确保算法不会因为性别、种族等因素而对某些候选人产生不公平的歧视。

4.　安全性和可靠性

人工智能系统必须确保安全和可靠，以防止对人类造成伤害。这包括技术层面的安全性，如防止黑客攻击，也包括道德层面的安全性，如确保人工智能不会做出有害的决策。例如，在自动驾驶汽车中，系统必须具备高度的安全性和可靠性，以保障乘客和行人的生命安全。

5.　责任和问责制

在人工智能系统中，必须明确责任和问责制。当人工智能系统造成损害时，必须有明确的主体承担责任。这要求开发者、部署者和使用者都对人工智能的行为负责，并在出现问题时能够追踪责任。例如，在医疗手术机器人中，如果因为系统故障导致手术失败，需要明确是设备制造商、医院还是操作医生的责任。

6.　隐私和数据保护

人工智能系统在处理个人数据时，必须遵守隐私和数据保护的法律和道德规范。这意味着数据的收集、存储和使用都应当是合法的，并且用户应当对其个人数据拥有控制权。例如，在社交媒体平台上，用户应有权决定自己的数据如何被使用，平台应提供清晰的隐私设置选项。

7．可持续发展和环境责任

人工智能的发展应当考虑到对环境的影响，促进可持续发展。这包括减少能源消耗、优化资源使用以及在设计和部署过程中考虑到对生态系统的影响。在数据中心的建设和运营中，应采用节能技术和设备，减少对环境的负面影响。

8．国际合作和共享

人工智能是一个全球性的问题，需要国际合作来共同解决伦理挑战。不同国家和地区应当共享最佳实践、技术和知识，以确保人工智能的全球治理和伦理标准。各国可以共同制定人工智能伦理准则，推动全球范围内的人工智能技术健康发展。

8.3　人工智能伦理问题与法律教育

随着人工智能技术的飞速发展，它为人们的生活带来了诸多便利，在医疗、教育、交通运输、制造业等领域产生了广泛而深远的影响。然而，人工智能技术的发展也带来了一些不容忽视的问题，如用户隐私泄露、伦理与道德观念冲击、利用 AI 技术违法犯罪等。总之，人工智能技术的发展既带来了巨大的机遇，也伴随着诸多挑战。我们需要在享受其带来的便利的同时，积极应对和解决由此产生的问题。

8.3.1　隐私与安全性问题

案例 1：AI 换脸技术的滥用——杭州"AI 换脸"侵犯公民个人信息案

2023 年，浙江省杭州市萧山区检察院对一起利用"AI 换脸"技术侵犯公民个人信息案依法提起民事公益诉讼。被告虞某通过互联网学习掌握"AI 换脸"软件使用方法后，于 2021 年至 2022 年 8 月间，创建了多个社交群组并发布大量淫秽视频、图片，所涉成员达 2 000 多人。部分视频、图片系被告在未取得被编辑人同意的情况下，利用"AI 换脸"软件，将从互联网等渠道收集到的被编辑人人脸信息与部分淫秽视频中的主体人脸信息进行替换合成，制作生成的伪造视频、图片。

侵犯隐私和安全具体表现在个人信息的非法获取及肖像权的侵害。虞某非法获取众多人脸信息，利用深度合成技术非法处理后，制作淫秽视频在超过 2 000 人的网络社交软件群组中进行传播，违反了法律法规和社会公德，侵害了公共信息安全，破坏社会公共秩序。虞某的行为不仅侵犯了被换脸者的肖像权，还侵犯了个人信息权益。在"AI 换脸"技术中，涉及人脸识别、关键点定位、特征提取等多项技术，将静态图片中的特征与原视频的面部特征、表情等通过算法融合，可能涉及肖像权及个人信息权益侵害问题。

从女子地铁照被"一键脱衣"到该案中普通人的形象被嫁接到淫秽视频中，"AI 换脸"技术的滥用，看似是对被侵害的个人的人格权、肖像权、名誉权、隐私权的侵害，实际上更是对社会公序良俗的践踏，是对稳定的社会环境和清朗的网络空间的挑战。

《中华人民共和国民法典》规定，任何组织或者个人不得以丑化、污损，或者利用信息技术手段伪造等方式侵害他人的肖像权。未经肖像权人同意，不得制作、使用、公开肖像权人的肖像，但是法律另有规定的除外。

案例 2：智能语音助手泄露用户隐私

2023 年，某知名智能语音助手被曝出存在隐私泄露问题。据报道，该语音助手在用户不知情的情况下，记录了大量用户的私人对话，并将这些对话数据传输给第三方公司进行分析和处理。这些对话内容涉及用户的个人生活、工作、家庭等敏感信息，甚至包括一些用户的私人计划和商业机密。

该事件引发了公众对智能语音助手（图 8.5）隐私安全的广泛关注。用户在使用智能语音助手时，往往对其安全性抱有信任，但此类事件的发生严重破坏了这种信任关系。智能语音助手的不当使用不仅侵犯了用户的隐私权，还可能对用户的个人生活和工作造成严重影响。

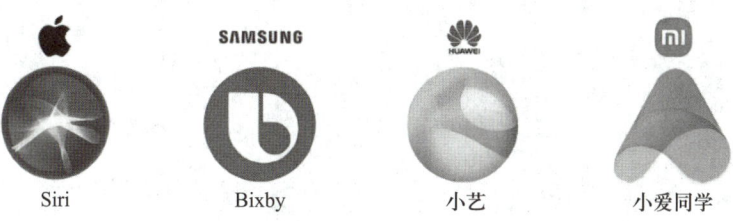

图 8.5　常见手机语音助手

《中华人民共和国网络安全法》规定，网络运营者应当建立健全用户信息保护制度，加强对用户个人信息的保护。

8.3.2　责任归属问题

案例 3：特斯拉自动驾驶汽车撞人事故

2024 年，一辆特斯拉自动驾驶汽车在城市道路上发生撞人事故，导致一名行人死亡。事故发生时，车辆处于自动驾驶模式，驾驶员声称自己在事故发生前并未注意到前方的行人。特斯拉公司则表示，自动驾驶系统在当时的情况下已经尽力避免事故，但未能成功。

此案例涉及自动驾驶技术（图 8.6）的责任归属问题，即在自动驾驶汽车发生事故时，责任应如何划分。是车辆制造商的责任，还是驾驶员的责任，或者是软件开发者的责任，这需要进一步的调查和法律界定。

图 8.6　自动驾驶汽车

《中华人民共和国侵权责任法》规定，行为人因过错侵害他人民事权益，应当承担侵权责任。

8.3.3　知识产权问题

案例 4：Midjourney AI 绘画作品版权纠纷

2023 年，一款名为 Midjourney 的 AI 绘画工具（图 8.7）引发了版权纠纷。用户通过输入简单的文本描述，Midjourney 可以生成高质量的绘画作品。然而，一些艺术家发现，Midjourney 生成的作品与他们的原创作品高度相似，甚至直接复制了他们的创作风格和元素。这些艺术家认为，Midjourney 未经许可使用了他们的作品进行训练，侵犯了他们的版权。他们要求 Midjourney 停止使用他们的作品，并对已生成的侵权作品进行处理。

图 8.7　MJ 中文站网站首页

此案例涉及人工智能在内容生成过程中版权归属的问题，即 AI 生成的内容是否属于"合理使用"的范畴。如果 AI 生成的作品侵犯了他人的版权，那么 AI 的训练数据和生成过程就需要重新审视。

《中华人民共和国著作权法》第二十二条规定了合理使用的情形，包括个人学习、研究或者欣赏等，但需要符合合理使用的标准。

通过对这些案例的分析，我们可以看到人工智能技术在隐私与安全性、责任归属以及知识产权等方面存在的问题。这些问题不仅涉及技术层面，还涉及法律和伦理层面。在享受人工智能技术带来的便利的同时，我们必须高度重视这些问题，遵守相关法律法规，维护个人和社会的权益。同时，我们也要具备正确的价值观和责任感，在人工智能领域中，每个人都应承担起相应的社会责任，共同推动人工智能技术的健康发展。

8.4　人工智能伦理治理

在人工智能技术迅猛发展的今天，伦理治理已成为全球关注的焦点。随着 AI 技术在各个领域的广泛应用，它所带来的伦理挑战也日益凸显，包括但不限于隐私保护、数据安全、算法偏见、责任归属以及知识产权等问题。这些问题不仅关系技术的发展，更关系社会的稳定和人类的福祉。因此，建立一套有效的伦理治理体系，对于确保人工智能技术的健康、可持续发展至关重要。

伦理治理的核心在于平衡技术进步与社会伦理、法律规范之间的关系，确保技术的发展不会损害个人权益、社会公正和环境可持续性。这要求我们不仅要关注技术本身，还要关注技术应用的社会影响以及这些影响如何被法律和伦理框架所规范。伦理治理的目标是促进技术创新与社会责任的和谐统一，为人工智能技术的发展提供明确的道德指导和法律支持。

在全球范围内，不同国家和地区都在积极探索适合自身国情的人工智能伦理治理模式。中国的人工智能伦理治理体系正在逐步完善，而国际合作则为全球治理提供了宝贵的经验和平台。

8.4.1　国内人工智能伦理规范

在中国，人工智能伦理治理正逐渐形成一套完整的体系，以确保技术发展与社会伦理、法律规范相协调。《关于加强科技伦理治理的意见》《新一代人工智能伦理规范》《中国关于加强人工智能伦理治理的立场文件》《人工智能伦理治理标准化指南（2023 版）》（图 8.8）等文件陆续发布，对人工智能伦理概念和范畴、人工智能

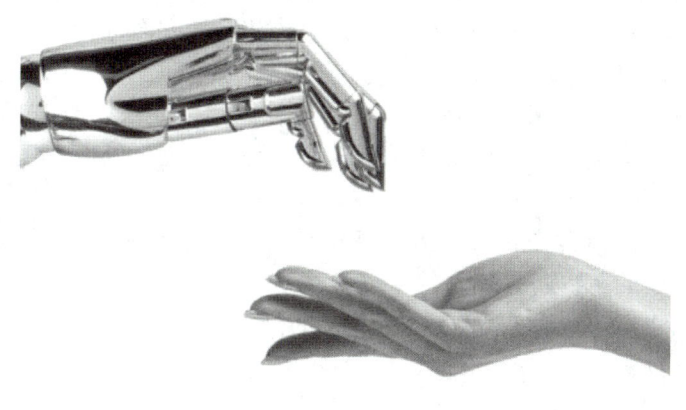

图 8.8　《人工智能伦理治理标准化指南（2023 版）》封面

伦理风险评估、人工智能伦理治理技术和人工智能伦理治理标准化做出了一系列探讨和要求。以下是中国在人工智能伦理治理方面的最新进展和成果。

立法与司法实践：中国已经通过多个法律文件，如《中华人民共和国网络安全法》《中华人民共和国民法典》等，对个人信息保护、数据安全等进行了明确规定。特别是在"AI换脸"技术领域，中国法院已经开始审理相关案件，如杭州互联网法院对虞某利用"AI换脸"软件非法处理他人人脸信息案的判决，体现了司法对人工智能伦理问题的积极回应。

技术监管与安全评估：公安部网络安全保卫局联合国家重点实验室等单位，对人脸识别与活体检测技术进行安全测评，覆盖了境内用户量大、问题隐患突出的App，及时发现并通报风险隐患，要求运营主体升级安全保护措施。

打击犯罪行为：2020年以来公安机关在"净网"专项行动中累计侦破侵犯公民个人信息案件3.6万起，抓获犯罪嫌疑人6.4万名，有效维护了网络空间安全和公民合法权益。

伦理原则的探索：中国在国际合作中也积极参与探索建立广泛认可的AI伦理原则，推进敏捷灵活的AI治理。2021年9月25日，国家新一代人工智能治理专业委员会发布《新一代人工智能伦理规范》，旨在将伦理道德融入人工智能全生命周期，为从事人工智能相关活动的自然人、法人和其他相关机构等提供伦理指引。

8.4.2　国际合作治理

在全球范围内，人工智能伦理治理正成为各国共同关注的议题。以下是国际合作在人工智能伦理治理方面的最新进展和成果。

国际伦理原则的建立：国际社会正在探索建立广泛认可的AI伦理原则。例如，经济合作与发展组织（OECD）提出了AI原则，旨在为AI的全球治理提供指导。

立法与监管合作：不同国家和地区在AI立法和监管方面进行合作，以合理平衡风险防范与发展诉求。欧盟探索AI算法分类分级监管机制，避免过度规制商业领域应用。

技术风险防范：针对深度伪造和合成内容，国际社会关注立法防范风险同时留出发展空间。例如，美国、英国等相关国家都在考虑立法限制或规范"AI换脸"技术的使用。

跨学科参与和国际合作：推动人工智能治理的跨学科参与和国际合作，以实现安全可信、负责任的AI发展。

这些进展和成果不仅体现了对技术发展的规范和引导，也彰显了对人类社会伦理价值的尊重和维护。

8.5　人工智能发展与挑战

在探讨人工智能的发展与挑战时，我们必须认识到，随着技术的不断进步，人工智能（AI）正在以前所未有的速度重塑我们的世界，并对经济社会发展产生颠覆性的影响。

8.5.1　人工智能对社会的影响

经济与就业：人工智能作为新一轮科技革命和产业变革的核心力量，促进社会生产力的整体跃升，推动传统产业升级换代，驱动"无人经济"快速发展。然而，这也可能导致许多传统职业的消失，加剧高技能工作和低技能工作之间的收入差距，改变劳动力市场，创造出新型职业。

社会结构与权力分配：人工智能将改变社会和经济，尤其是对阶层变化的影响。它将改变劳动力市场，导致一些传统的职业失去市场需求，同时创造出一些新的高技能工作，这将改变社会职业的构成，进而影响阶层结构。

社会公平与伦理：人工智能技术会带来效率提升，但人类对人工智能的态度影响了技术的应用。人工智能在促进社会公平方面存在优势，可能以更低成本为更广泛人群提供更优质的商品和服务，降低不平等。同时，由于人工智能的中性化，或许能够降低人类偏见、促进社会公平。

安全与隐私：随着人工智能应用的普及，数据隐私和安全问题日益严重。如何确保个人信息不被滥用，成为亟待解决的问题。

8.5.2　未来展望

技术进步与应用领域拓展：未来的人工智能将具备更强大的学习能力，能够自我修正、自我学习，不断提高自身的智能水平。随着技术的进步和应用场景的拓展，人工智能将逐步渗透到医疗、教育、金融等更多领域，为人类生活带来更多便利。

人机交互与合作：随着自然语言处理等技术的进步，人机交互将变得更加自然、便捷。人工智能将成为人类生活和工作的得力助手。

全球治理与合作：未来，我们不仅要关注技术本身的进步，还要思考如何在全球治理上实现共赢。国际合作和交流将是推动人工智能健康发展的重要基石。

安全治理：随着大模型与 AIGC 的快速融合发展，人工智能在应用层的风险也相应增加，所带来的虚假信息、偏见歧视乃至意识渗透等问题无法避免，对个人、机构乃至国家安全都产生较大的风险。因此，加强安全治理刻不容缓，已经成为各方最大的共识。

综上所述，人工智能的发展带来了前所未有的机遇，同时也伴随着挑战。我们必须在推动技术进步的同时，认真考虑如何确保技术的发展符合伦理标准，保护个人隐私，促进社会公平以及加强全球合作，共同应对挑战。

8.6　本章小结

　　本章全面探讨了人工智能伦理与安全这一重要议题。首先，深入剖析了信息安全的基本概念、传统信息安全的技术范畴以及 AI 背景下的安全新范式，为理解人工智能安全奠定了基础。接着，详细阐述了人工智能伦理原则，包括尊重人类尊严和权利、透明度和可解释性、公平性和非歧视、安全性和可靠性、责任和问责制、隐私和数据保护、可持续发展和环境责任、国际合作和共享等方面，强调了这些原则在人工智能发展中的重要性。通过具体案例，如"AI 换脸"技术的滥用、语音助手泄露用户数据、特斯拉自动驾驶汽车撞人、Midjourney AI 绘画作品版权纠纷等，生动展示了人工智能伦理问题与法律教育的现实意义。最后，介绍了人工智能伦理治理的国内国际进展以及人工智能发展对社会的影响和未来展望。通过本章的学习，读者应能深刻理解人工智能伦理与安全的复杂性和重要性以及在技术发展过程中遵循伦理原则和法律法规的必要性。

8.7　本章习题

　　1. 简述信息安全的含义及其重要性。
　　2. 说明人工智能伦理原则。
　　3. 简述"语音识别"技术不当使用带来的安全和法律问题。
　　4. 解释人工智能伦理治理的必要性及其主要内容。
　　5. 讨论人工智能在各个领域的应用可能带来的伦理问题，并提出解决方案。
　　6. 分析人工智能对就业市场的影响，并结合自己所学专业谈谈如何应对可能出现的就业结构变化。
　　7. 探讨如何在人工智能教育中融入伦理和安全教育，提高学生的伦理意识。
　　8. 讨论人工智能技术发展与个人隐私保护之间的平衡问题。
　　9. 分析国际合作在人工智能伦理治理中的作用和挑战。

8.8　本章实验

　　实验：综合实验。
　　请依据自身专业，选择合适的算法解决对应行业常见的实际问题。